»Ein außergewöhnliches Buch. Doireann Ní Ghríofa schreibt mit einem magischen Wissen über sich selbst und die Welt, über das Erinnerte und das Imaginierte. Dies ist ein Buch über das Leben, seine Wunder und seinen Schmerz, geschrieben mit Hunger und Anmut, jede Zeile ein Zauber.« *Emilie Pine*

»Ní Ghríofas Prosadebüt ist literarische Recherche, Autofiktion und Biografie in einem. Ein Gesang auf die Liebe, den Schmerz und weibliche Schaffenskraft.« *WDR5*

»Kraftvoll und betörend.« *The New York Times*

»Dieser Text ist spannend und poetisch, und er gehört zum Allertollsten, was ich nicht nur in diesem Jahr lesen durfte.« *Maria-Christina Piwowarski*

»Brillant.« *Lauren Elkin*

»Doireann Ní Ghríofa erzählt so poetisch, sprachmächtig, wie manchmal zum Zusammenzucken roh und drastisch von den Erfahrungen, die ein Mann nicht machen kann.« *Frankfurter Rundschau*

»Das Genre sprengend ... ein fesselndes Original.«
The Guardian

»Doireann Ní Ghríofa schreibt so kraftvoll, rührend und zauberhaft, wie man es selten vorher gelesen hat.«
freundin

»Ein tastendes, vielstimmiges und dabei berührend-
poetisches Buch, wie ich noch nie zuvor eines
gelesen habe. Die Lektüre hat mich einmal
komplett umgekrempelt und meine Obsession mit
Doireann Ní Ghríofa und ihrem Werk ist jetzt
ungefähr genauso groß wie deren Obsession mit der
Geschichte von Eibhlín Dubh.«   *Magda Birkmann*

»Außergewöhnlich, intensiv, lyrisch.«
The Sunday Times

»Ein Buch wie dieses kommt nur alle paar Jahre und
verwischt jede klare Definition von Genre und Form.
Ohne zu übertreiben: ›Ein Geist in der Kehle‹ ist
verblüffend und vollkommen neu.«
The Irish Independent

»Als ich angefangen habe, dieses Buch zu lesen, habe
ich mich gefragt, was es von mir will, wohin es mich
führen möchte. Und schon nach dreißig Seiten habe
ich gedacht: Was auch immer es will, ich bin bereit,
es zu geben, und ich werde ihm überallhin folgen, so
sehr hat es mich in seinen Bann gezogen. Dies ist eine
Geschichte vom Sichverlieren und vom Finden. Dies ist
eine Erzählung von parallelen Leben, von einem Echo
durch die Jahrhunderte. Dies ist ein weiblicher Text.
Und wir brauchen ihn unbedingt.«   *Mareike Fallwickl*

»Als wir uns zum ersten Mal begegneten, war ich ein Kind und sie schon seit Jahrhunderten tot.« So beschreibt Doireann Ní Ghríofa das erste Zusammentreffen mit Eibhlín Dubh Ní Chonaill, eine der letzten Edelfrauen des alten irischen Adels, die im 18. Jahrhundert ein legendäres Trauergedicht für ihren brutal ermordeten Mann schuf – heute Schullektüre in Irland. Langweilig für die elfjährige Doireann, aber: »Wie sehr ich sie auch zu vertreiben versuche, die Verse lassen mich nicht in Ruhe.« Besessen von den Parallelen zu ihrem eigenen Leben macht sie sich als junge Mutter und Lyrikerin schließlich auf die Suche nach der verschwiegenen Geschichte hinter dem Gedicht.

In ihrem ungewöhnlichen Prosadebüt, das in 20 Sprachen übersetzt wurde und inzwischen zum Kultbuch geworden ist, verbindet Doireann Ní Ghríofa literarische Recherche, Autofiktion und Biografie zu einem Buch voller Poesie. Eine große Geschichte über weibliche Erfahrung und Selbstfindung.

DOIREANN Ní GHRÍOFA ist eine irische Dichterin und Essayistin. Ihre Themen kreisen um Mutterschaft und Begehren, Tod und Familie, in ihrem Schreiben überbrückt sie die Grenzen zwischen Vergangenheit und Gegenwart. Sie ist vielfach preisgekrönt, ihre Werke sind in zahlreiche Sprachen übersetzt. Für ihre Texte erhielt sie unter anderem das Lannan Literary Fellowship (USA), den Ostana-Preis (Italien), ein Seamus Heaney Fellowship (Queen's University), den Hartnett Poetry Award und den renommierten Rooney Prize for Irish Literature. Mit »Ein Geist in der Kehle« gelang ihr ein international gefeierter Bestseller und der vielfach beachtete Durchbruch auf literarischer Ebene, sie gewann damit u. a. den An Post Irish Book of The Year Prize.

Doireann Ní Ghríofa

Ein Geist in der Kehle

*Aus dem Englischen übersetzt
von Cornelius Reiber (Text)
und Jens Friebe (Lyrik)*

btb

Die Originalausgabe erschien unter dem Titel
»A Ghost in the Throat« bei Tramp Press, Dublin.

Der Verlag behält sich die Verwertung der urheberrechtlich
geschützten Inhalte dieses Werkes für Zwecke des Text- und
Data-Minings nach § 44 b UrhG ausdrücklich vor.
Jegliche unbefugte Nutzung ist hiermit ausgeschlossen.

Penguin Random House Verlagsgruppe FSC® N001967

1. Auflage
Genehmigte Taschenbuchausgabe März 2025
btb Verlag in der Penguin Random House Verlagsgruppe GmbH,
Neumarkter Str. 28, 81673 München
Copyright © 2020 Doireann Ní Ghríofa
Copyright © 2023 der deutschsprachigen Ausgabe
im btb Verlag, München
produktsicherheit@penguinrandomhouse.de
(Vorstehende Angaben sind zugleich
Pflichtinformationen nach GPSR)

Umschlaggestaltung: Semper Smile
nach einem Entwurf und Motiven von © Zoe Norwell
Druck und Einband: GGP Media GmbH, Pößneck
MSP · Herstellung: BB
Printed in Germany
ISBN 978-3-442-77489-0

www.btb-verlag.de
www.facebook.com/penguinbuecher

Den drei Eileens,
die die Laterne anzündeten,
durch deren Licht ich sehe:

Eileen Blake, Eileen Forkan und
Eibhlín Dubh Ní Chonaill.

Inhalt

1. ein weiblicher text 11
2. ein flüssiges echo 37
3. andernorts atmen 47
4. im melksaal 55
5. ein unwissenschaftlicher mischmasch 83
6. der sektionsraum 111
7. kalte lippen auf kalte lippen 135
8. kerker 153
9. blut im matsch 161
10. zwei straßen, beide verschwommen 185
11. klecks. klecks. 199
12. omen – von flugzeugen und staren 213
13. die oberfläche zersplittern 221
14. jetzt, damals 239

15. eine folge von schatten   259
16. wildbienen und ihre summende
    wissbegier   301
17. wie verschwommen der ginster   317

caoineadh airt uí laoghaire
the keen for art ó laoghaire   323
klagelied für art ó laoghaire   359

DANK   377

LITERATUR   379

Wir sind ein Echo, das schwirrend dahinjagt
durch eine Reihe von Räumen.

Czesław Miłosz

Dá dtéadh mo ghlao chun cinn
go Doire Fhíonáin mór laistiar

Should my howl reach as far
as grand Derrynane

Reichte mein Schmerzensschrei
bis nach Derrynane

Eibhlín Dubh Ní Chonaill

1. ein weiblicher text

> thug mo shúil aire duit,
> thug mo chroí taitneamh duit,
>
> how my eye took a shine to you,
> how my heart took delight in you,
>
> mein Aug' hell erleuchtet,
> mein Herz voller Freude,
>
> *Eibhlín Dubh Ní Chonaill*

DIES IST EIN WEIBLICHER TEXT.

Dies ist ein weiblicher Text, erdacht beim Falten der Kleidung anderer. Ich trage ihn bei mir im Geist und er wächst, allmählich und sacht, während meine Hände Tausende Pflichten verrichten.

Dies ist ein weiblicher Text, entstanden aus Schuld und Begehren, verwoben mit einem Soundtrack von Kinderreimen aus Zeichentrickfilmen.

Dies ist ein weiblicher Text, und es ist ein kleines Wunder, dass es ihn überhaupt gibt, wie jetzt in diesem Augenblick, da er in ein anderes Bewusstsein dringt durch das gewöhnliche Wunder gedruckter Schrift. Gewöhnlich auch die Splitter von Gedanken, wie sie von meinem Körper zu deinem schießen.

Dies ist ein weiblicher Text, geschrieben im einundzwanzigsten Jahrhundert. Wie spät es ist. Wie viel sich verändert hat. Wie wenig.

Dies ist ein weiblicher Text, der auch ein *Caoineadh* ist: ein Trauergesang und Klagelied, eine Hymne, ein Choral und eine Totenklage. Stimm ein.

2012

Mein Morgen verläuft jeden Tag weitgehend gleich. Ich küsse meinen Mann und fühle dabei einen Stich – egal, wie oft wir uns morgens so verabschieden, vermisse ich ihn bereits, wenn er das Haus verlässt. Noch während man sein Motorrad in die Ferne davondonnern hört, beginne ich rasch meinen Tag. Erst füttere ich unsere Söhne, dann räume ich die Spülmaschine ein, hebe Spielzeug vom Boden auf, wische Flecken weg, schaue auf die Uhr, bringe unseren Ältesten zur Schule, gehe wieder nach Hause mit dem Kleinen und dem Baby, seufze und schlafe, lache und küsse, sinke aufs Sofa, um den Jüngsten zu stillen, schaue wieder auf die Uhr, lese *Die Raupe Nimmersatt* ein paarmal nacheinander vor, versuche, im Bad über dem Waschbecken Babyspeichel auszuwaschen, scheitere, baue einen Turm aus Klötzen zum Umstoßen, versuche, den Boden zu wischen, gebe auf, als das Baby schreit, küsse die Knie des Kleinen, der auf dem halb gewischten Boden ausgerutscht ist, schaue wieder auf die Uhr, wische verschütteten Saft auf, setze den Kleinen an einen Tisch vor ein Puzzle und trage den Kleinsten nach oben ins Bett.

Das Baby schläft in einer Wiege aus dritter Hand, zusammengehalten mit schwarzem Klebeband, und die Wände des Schlafzimmers unserer Mietwohnung schmücken keine pastellfarbenen Wandgemälde, sondern Gebilde aus schwarzem Schimmel. Mir fällt immer kein

Schlaflied ein, also greife ich auf die Lieder von Mixtapes aus meiner Jugend zurück. Ich habe »Karma Police« so oft zurückgespult, dass ich schon oft befürchtete, das braune Band könnte reißen, aber jedes Mal, wenn ich Play drückte, spielte das Gerät das Lied wieder ab. Jetzt, in meiner Erschöpfung, kehre ich zu dieser Melodie zurück und summe sie leise, während das Baby glucksend von meiner Brust trinkt. Sobald sich sein Kiefer entspannt und sich seine Augen nach hinten verdrehen, schleiche ich mich davon, erneut fasziniert vom Gedanken, wie oft einzelne Augenblicke meines Tages von unzähligen anderen Frauen in unzähligen anderen Wohnungen durchlebt werden, verbunden mit mir im Text unserer Tage. Ich frage mich, ob sie ihre Schufterei genauso lieben wie ich, ob sie die gleiche Freude daran haben, langsam Listen wie meine abzuarbeiten, auf der so einfache Dinge stehen wie:

    Zur Schule bringen
    Wischen
    Oben staubsaugen
    Milch abpumpen
    Mülleimer
    Geschirrspüler
    Wäsche
    Klo putzen
    Milch/Spinat/Huhn/Porridge
    Von Schule abholen

Bank + Spielplatz
Abendessen
Baden
Ins Bett bringen

Ich trage meine Liste so nah bei mir wie mein Handy, und es verschafft mir große Befriedigung, wenn ich wieder einen Punkt von der Liste streichen kann. Diese Art Auslöschung gefällt mir. Doch egal, wie viel meiner Energie in die Erledigung der Pflichten fließt, löst sich die Ordnung jedes Zimmers hinter mir direkt wieder auf, als legte eine Schattenhand schon die noch ungeschriebene Liste für die nächsten Tage an: wieder aufräumen, wieder staubsaugen, wieder abstauben, wieder wischen und fegen und wienern. Wenn mein Mann zu Hause ist, teilen wir die Aufgaben im Haushalt auf, aber wenn ich allein bin, arbeite ich alleine. Ich sage es ihm nicht, aber mir ist es lieber so. Ich habe gerne die Kontrolle. Trotz aller Aufgaben auf meiner Liste und trotz meiner Hingabe an ihre Erledigung sieht das Haus so munter durcheinander aus wie jedes andere Haus mit kleinen Kindern, nicht sauberer, nicht schmutziger.

Heute Morgen habe ich bislang erst ~~Zur Schule bringen~~ von der Liste gestrichen, was auch einschließt, dass ich die Kinder wecke, anziehe, wasche und ihnen Essen mache, den Frühstückstisch abräume, die Jacken, Mützen und Schuhe suche, Zähne putze, mehrfach das Wort »Schuhe« rufe, eine Brotdose fülle, eine Schultasche kontrolliere, erneut »Schuhe« rufe und dann, endlich, zur Schule und zurück laufe. Seit ich wieder zu Hause bin, habe ich den Geschirrspüler bislang erst halb eingeräumt, meinem Sohn halb beim Puzzeln geholfen und halb den Boden gewischt – nichts, was ich von meiner Liste streichen könnte. Ich klammere mich an meine Liste, da sie es ist, die mich an der Hand durch meine Tage führt und die Stunden in eine Abfolge kleiner, bewältigbarer Aufgaben unterteilt. Nach dem Abarbeiten einer guten Liste, wenn ich wieder in den Armen meines schlafenden Mannes liege, ist ihr Text zu einer Reihe von Kritzeleien geworden, eine Auslöschung, auf die ich mit Freude und Genugtuung schaue, da das schrittweise Ausstreichen dieses handgeschriebenen Dokuments mir das Gefühl gibt, dass ich den Tag über Wertvolles geleistet habe. Die Liste ist meine Landkarte und mein Kompass zugleich.

Ich merke, wie ich in Verzug gerate, also überfliege ich den Text der heutigen Aufgaben, um mir Überblick zu verschaffen, stelle dann den Geschirrspüler an und ziehe einen Strich durch das Wort. Ich lächle, als ich dem Kleinen helfe, das fehlende Puzzleteil zu finden, klatsche, als es vollständig ist, und hole schließlich die Fernbedienung. Ich kuschle nicht mit ihm, während er *Die Oktonauten* anschaut. Ich setze mich nicht mit ihm aufs Sofa und schließe dort nicht für zehn Minuten meine müden Augen. Stattdessen eile ich in die Küche, wische den Boden fertig, leere die Mülleimer und streiche diese Aufgaben dann schwungvoll von der Liste.

Über der Spüle schrubbe ich meine Hände, Nägel und Handgelenke und dann noch einmal. Ich nehme Teile von Trichtern und Filtern aus dem Dampfsterilisator, um die Milchpumpe zusammenzusetzen. Solche Geräte sind nicht billig, und da ich keiner bezahlten Arbeit mehr nachgehe, habe ich sie gebraucht gekauft. Die Anzeige wirkte auf meinem Bildschirm fast so anrührend wie die Geschichte mit den Babyschuhen, die meist Ernest Hemingway zugeschrieben wird –

Gekauft für 209 €, zu verkaufen für 45 € VB.
Einmal benutzt.

Seit Monaten vollführen diese Maschine und ich jeden Morgen das gleiche kleine Ritual, um Milch für die Babys von Fremden abzupumpen. Ich öffne meinen BH und schiebe meine Brust in den Trichter. Es ist immer die rechte Brust, da meine linke Brust eine faule Sau ist: einen Monat nach der Geburt hat sie die Produktion weitgehend eingestellt, sodass sowohl das Baby als auch die Maschine ausschließlich von der rechten Brust versorgt werden müssen. Ich drücke den Schalter, zucke zusammen, wenn sie unangenehm an meiner Brustwarze ruckelt, setze mich richtig hin und drehe dann am Regler für die Intensität, mit der die Maschine am Fleisch zieht. Zunächst sind die Züge des Mechanismus schnell getaktet und fest und ahmen das schnelle Saugen des Babys nach, bis sie glaubt, dass die Milch zu fließen begonnen haben muss.

Wenig später pendelt sich die Pumpe auf einen gleichmäßigen Rhythmus ein: längeres Ziehen, Loslassen, wieder Ziehen. Das Gefühl an der Brustwarze ist wie eine Reihe kleiner Stromstöße oder ein seltsam stechendes Kribbeln. Im Gegensatz zum Stillen des Babys brennt dieser Vorgang immer, er ist nie angenehm, aber der Schmerz ist erträglich. Schließlich setzt sich die Milch wie von der Maschine gefordert in Bewegung, von irgendwo unter meiner Achselhöhle. Ein Tropfen fällt von der Brustwarze herab und wird direkt in die Maschine gesaugt, dann noch einer, und noch einer, bis sich eine kleine Pfütze am Boden der Flasche bildet. Ich wende meinen Blick ab.

Wenn ich morgens besonders müde bin, träume ich dabei manchmal eine Weile vor mich hin oder vertiefe mich für zehn Minuten in ein Buch aus der Bibliothek, aber heute nehme ich, wie an so vielen anderen Tagen, meine zerlesene Fotokopie von *Caoineadh Airt Uí Laoghaire* zur Hand und heiße die Stimme einer anderen Frau willkommen, eine Weile in meiner Kehle zu spuken. So fülle ich die einzige kleine Stille meines Tages, indem ich die Lautstärke ihrer Stimme aufdrehe zur Begleitung des Keuchens und Surrens der Pumpe, bis ich nur noch dieses Geräusch höre. Auf dem Rand der Seiten tritt mein Bleistift ins Gespräch mit vielen früheren Versionen meiner selbst, ein sich wandelndes Gedankenprotokoll, in dem jedes Fragezeichen nach dem Leben der Dichterin fragt, die das *Caoineadh* verfasst hat, aber nie mein eigenes hinterfragt. Einige Minuten später schrecke ich auf und sehe, dass sich die Pumpe mit blasser, warmer Flüssigkeit gefüllt hat.

—

Als wir uns zum ersten Mal begegneten, war ich ein Kind und sie schon seit Jahrhunderten tot.

Das Bild: Ich bin elf, ein Mädchen, das schlecht in Mathe und in Sport ist, ein Mädchen, das dazu neigt, aus dem Fenster zu starren, ein Mädchen, dessen einzige echte Begabung das Tagträumen ist. Die Lehrerin ruft meinen Namen und reißt mich mit einem Ruck zurück in den dünnwandigen Fertigbau. Ihre Stimme lässt einen schönen Tag des Jahres 1773 erstehen und englische Soldaten in einem Graben auf der Lauer liegen. Ich füge Wasser hinzu, das ihnen bis über die Knie reicht. Ihre Musketen sind auf einen jungen Mann gerichtet, der jetzt aus dem Sattel stürzt, in sehr langsamer Zeitlupe. Eine Frau reitet heran und kniet sich über ihn, ihre Stimme erhebt sich mit einer altertümlichen Formel aus Atem und Silben, die die Lehrerin ein ›Caoineadh‹ nennt, eine Totenklage. Ihre Stimme erzeugt ein Echo, das stark genug ist, um ein Mädchen mit dunklen Haaren und abgekauten Nägeln in der Ferne zu erreichen. Mich.

Im Unterricht wird uns ein Bild gezeigt von dieser Frau, wie sie allein dasteht, malerisch im Wind als kerniges irisches Mädchen mit rosigen Wangen. Dies, so sagt man uns, ist Eibhlín Dubh Ní Chonaill, eine der letzten Edelfrauen des alten irischen Adels. Ihre Geschichte klingt traurig, ja, aber schon auch öde. Schullektüre. Langweilig. Mein Blick schweift schon wieder mit den Krähen in die Ferne, während mir mein meistgehasster Popsong in Dauerschleife durch den Kopf geht, »*and you give yourself away ...*«. Wie sehr ich sie auch zu vertreiben versuche, die Verse lassen mich nicht in Ruhe.

—

Zu der Zeit, als ich ihr wiederbegegne, erinnere ich unser erstes Treffen nur noch dunkel. Als Jugendliche schwärme ich wie verrückt für dieses *Caoineadh*, hingerissen von der tragischen Liebesgeschichte, die diese Verse erzählen. Als Eibhlín Dubh beschreibt, wie sie sich auf den ersten Blick verliebt und dann ihre Familie verlässt, um einen Fremden zu heiraten, liebe ich sie dafür, wie jedes jugendliche Mädchen Geschichten liebt, die vom Weglaufen für immer erzählen. Als sie ihren ermordeten Geliebten findet und händeweise von seinem Blut trinkt, male ich durchbohrte Herzen an den Rand. Obwohl ich es noch nicht verstehe, gerät jedes Mal irgendetwas in mir in Aufregung, wenn ich wieder dieses Bild einer Frau vor mir sehe, die über dem toten Körper ihres Geliebten kniet und aus ihm trinkt, etwas, das sich ähnlich anfühlt wie das innere Glitzern, wenn ein Freund seine jugendlichen Hüften an meine und seine Lippen an meinen Hals presst.

Meine Hausaufgabe bekomme ich mit einem großen

roten X zurück, und, schlimmer noch, der darunterge-
kritzelten Ermahnung der Lehrerin: »Lass deine Fantasie
nicht mit dir durchgehen!« Ich habe diese Verse so tief
empfunden, dass ich mir sicher bin, dass meine Antwort
richtig ist, und blättere, mit selbstgerechter Empörung
und großem Unmut, nach vorne zum Gedicht zurück.
Bei der Aufgabe »Beschreibe die erste Begegnung der
Dichterin mit Art Ó Laoghaire« hatte ich geschrieben:
»Sie springt auf sein Pferd auf und reitet mit ihm für immer fort«, sehe jetzt aber mit Erstaunen, dass die Lehrerin
recht hat: Das Bild kommt im Text nicht vor. Wenn nicht
aus dem Gedicht, wo kam es dann her? Ich sehe es genau
vor mir: Eibhlín Dubhs Arme um die Hüfte ihres Geliebten geschlungen, die Hände über seinem warmen Bauch
verschränkt, das Trommeln der Hufe, und das lange Band
ihrer Haare hinter ihr her flatternd. Vielleicht ist es nicht
real für meine Lehrerin, für mich schon.

—

Wenn mein Verständnis des Gedichts als Kind, nun ja,
kindlich war und meine Interpretation als Jugendliche
nicht viel mehr als Schwärmerei, dann las ich es noch mal
anders als Erwachsene.

Es gab keinen Unterricht mehr, den ich zu besuchen
hatte, ich musste keine Schulbücher mehr lesen oder
Gedichte analysieren, hatte mir aber selbst einen neuen
Lehrplan erstellt. Da wir versuchten, den Unterhalt unse-

rer Familie mit nur einem Gehalt zu bestreiten, brachte ich mir bei, Sparsamkeit zu üben. Ich studierte sorgfältig Kleinanzeigen und die Angebote im Supermarkt. Ich traf irgendwelche Fremden aus dem Internet und überreichte ihnen Münzen im Tausch gegen Stapel ihrer Babykleidung. Ich verkaufte Stapel unserer eigenen. Ich durchstöberte Flohmärkte und feilschte um Kinderspielzeug und Treppengitter. Kindersitze fürs Auto kaufte ich ausschließlich im Sonderangebot. Man konnte bei dieser Sparsamkeit eine gewisse Hartnäckigkeit lernen, und ich machte sie mir schnell zu eigen.

Meine ersten Jahre als Mutter, mit all ihrer Müdigkeit, Ehrfurcht und Reizbarkeit, fanden in verschiedenen Mietwohnungen in der Innenstadt statt. Auch wenn ich auf dem Land aufgewachsen war, liebte ich es dort: die Terrassen mit lächelnden Nachbarn und ihren vielen Katzen und Terriern, unsere nebeneinander aufgereihten Mülltonnen, die Schreie vor Wut oder Lust im Dunkel der Nacht, und die Partys am Wochenende mit ihren fröhlichen, betrunkenen Chören. Unsere Wasserhähne tropften, es gab Ratten in dem winzigen Hof, und das nächtliche Flimmern der Stadt machte die Sterne unsichtbar, aber wenn ich aufwachte, um meinen ersten Sohn zu stillen, und dann meinen zweiten, konnte ich die Vorhänge öffnen und den Mond zwischen den Türmen stehen sehen. In diesen Zimmern in der Stadt schrieb ich ein Gedicht. Ich schrieb noch eins. Ich schrieb ein Buch. Sofern man die Gedichte, die mir in diesen

Nächten kamen, als Liebesgedichte bezeichnen kann, galt ihre Verliebtheit dem Regen und den Alpenblumen, dem eigenartigen Vokabular eines schwangeren Körpers, den Wolken und den Großmüttern. Kein einziges Gedicht kam mir zur Feier des Mannes, der neben mir schlief, während ich schrieb, des Mannes, dessen mondbeschienene Haut immer meine Lippen anzog. Die Liebe, die ich für ihn empfand, fühlte sich zu umfassend an, um sie in das begrenzte, ordentliche Gefäß eines Gedichtes zu gießen. Ich konnte sie nicht in Worte fassen. Ich kann es noch immer nicht. Während er träumte, sah ich Gedichte durch das Dunkel auf mich zuschnellen. Die Stadt hatte etwas in mir entzündet, etwas, das pulsierte, verletzlich wie eine Fontanelle, etwas, das bebte, wie ich, zwischen Glück und Erschöpfung.

Wir waren in drei Jahren bereits zweimal umgezogen, und die Schlagzeilen vermeldeten weiterhin, dass die Mieten stiegen. Unsere Vermieter sahen in solchen Meldungen immer eine Chance, und wer konnte es ihnen verdenken? Ich. Ich gab ihnen jedes Mal die Schuld, wenn wir wieder mit einem Achselzucken vertrieben wurden. Ganz gleich, wie überschwänglich ihre Empfehlungsschreiben waren, ich nahm es ihnen jedes Mal übel, wenn wir uns schon wieder gezwungen sahen, eine Wohnung zu verlassen. Jetzt standen wir erneut vor einem Umzug. Ich hatte wochenlang gesucht, bis ich schließlich eine nahe gelegene Kleinstadt mit niedrigeren Mieten fand. Wir unterschrieben einen neuen Mietvertrag, packten unser Auto voll und verließen die Stadt. Ich wollte nicht weg. Ich fuhr langsam, konnte kaum schalten, da mein Arm zwischen unserem alten Fernseher und einer Mülltüte voller Teddys eingeklemmt war, während meine Stimme unseren Chor durch »*Five little ducks went swimming one day*« trug. Ich fand den Weg über mir unbekannte Straßen, »*over the hills and far away*«, hielt Ausschau nach Wegweisern Richtung Bishopstown und Bandon, Macroom und Blarney, während ich »*Mammy Duck said Quack, Quack, Quack ...*« sang, bis mein Blick an einem Straßenschild nach Kilcrea hängen blieb.

Kilcrea – Kilcrea – das Wort hallte in meinem Kopf nach, als ich die neue Tür aufschloss, hallte weiter nach, während ich Dreck von den Fliesen schrubbte und das Gesicht verzog über die Biografie der Blut- und Spermaflecken auf den Matratzen. *Kilcrea, Kilcrea,* das Wort verfolgte mich tagelang, während ich Bücher und Mäntel und Babyphone auspackte, Löffel und Handtücher und verhedderte Ladekabel, bis mir endlich einfiel – *ach ja!* –, dass Kilcrea der Name des Friedhofs in dem Gedicht aus meiner Schulzeit war, wo die Dichterin ihren Geliebten begrub. Ich zuckte innerlich zusammen bei der Erinnerung daran, wie ich für dieses Gedicht damals geschwärmt hatte, so wie ich zusammenzuckte, wenn ich mich an all die dürren Rockstars erinnerte, deren Bilder ich als Jugendliche aus Heften ausgerissen und an die Wände geklebt hatte, an das Vokabular, das ich mir wegen ihnen erschloss, um mein aufkeimendes Begehren in

Worte zu fassen. Allgemein zuckte ich innerlich zusammen, wenn ich an mein jugendliches Ich dachte. Es war mir unangenehm, dieses Mädchen, das ihre Wünsche so unverfroren zeigte, das Mädchen, das ihre mit Tipp-Ex auf die Schultasche gepinselten Sehnsüchte so offen zur Schau trug, das ihre eigenen Markierungen über all die Schichten von Graffiti an Häuserwänden kritzelte, das Fremde aus Busfenstern schamlos anstarrte, das ihnen direkt in die Augen blickte und den Blick so lange hielt, bis sie ihre eigene Lust in ihnen aufsteigen sah. Das Mädchen, das bei verbotenen Handlungen hinter der Schule erwischt wurde und dem ein Schulverweis drohte. Das Mädchen, das als *Luder*, *Nutte* und *frigide Schlampe* bezeichnet wurde. Das Mädchen, dem man mit Schweigen begegnete. Das Mädchen, das bestraft und nochmals bestraft wurde. Das Mädchen, dem das egal war. Ich war jetzt hier und sang einem Kind Lieder vor, während ich die Scheiße aus der Toilette eines Fremden kratzte. Und wo war *sie*?

—

Auf dem Schulparkplatz war ich etwas zu früh dran, als ich meinen älteren Sohn abholte, und suchte unter einem Baum Schutz vor dem Regen. Mein jüngerer Sohn träumte unter der Regenhaube in seinem Kinderwagen, und ich bewunderte seine speckigen Ärmchen mit ihren Grübchen, als ich sie zurück unter die Decke schob. *Dort*.

Im kümmerlichen Gras neben dem Asphalt brummten Hummeln umher – wenn ich einen eigenen Garten hätte, dachte ich, würde ich ihn mit niedrigen Kleewäldern und all dem hässlichen Unkraut bepflanzen, das sie so lieben, und ich würde mich auf die Knie werfen, den Bienen zu Diensten. Ich blickte über sie hinweg zu den Hügeln in der Ferne und kramte, da ich wieder an das Straßenschild dachte, nach meinem Handy. Das *Caoineadh* hatte viel mehr Strophen, als ich in Erinnerung hatte, dreißig oder mehr. Die Landschaft des Gedichts erwachte beim Lesen zum Leben, sie war lebendig überall um mich herum, lebendig und voller Regengeprassel, und ich fühlte mich in ihr lebendig. Unter dem tropfnassen Baum sah ich ihre Söhne: »*Conchubhar beag an cheana / is Fear Ó Laoghaire, an leanbh*« – was ich mir als »der süße kleine Conchubhar / und Fear Ó Laoghaire, das Baby« übersetzte. Ich stellte erschrocken fest, dass Eibhlín Dubh damals gerade schwanger war, mit ihrem dritten Kind, genau wie ich. Bei meinen früheren Lektüren hatte ich sie mir nie als Mutter vorgestellt, oder vielleicht hatte ich diesen Teil ihrer Identität einfach ausgeblendet, da die Kollision von Mütterlichkeit und Begehren nicht zu dem gepasst hätte, wie mein jugendliches Ich sie sehen wollte. Als meine Fingerspitzennarbe jetzt über den Text fuhr, sah ich es fast vor mir, wie sie in der Dunkelheit ihr Wiegenlied summte. Ich ging den Text ganz durch, von Anfang bis Ende, scrollte dann zum Anfang zurück und las alles noch mal von vorne. Dieses Mal langsamer.

Das Gedicht begann aus der Perspektive Eibhlín Dubhs, wie sie einen Mann beobachtete, der über einen Markt schlenderte. Sein Name war Art, und wie er so ging, wollte sie ihn. Nachdem sie zusammen durchgebrannt waren, führten sie ein Leben, das man nur als opulent bezeichnen konnte: ach, die prächtigen Schlafgemächer, ach, die köstlichen Mahlzeiten, ach, die Mode, ach, die endlos langen Morgenstunden in üppigen Daunendecken. Als Arts Frau fehlte es ihr an nichts. Ich beneidete sie dafür, wie sie lebte, und fragte mich, wie viele Bedienstete wohl nötig waren, um alles am Laufen zu halten, wie viele Schattenfrauen ihre Schattenarbeit verrichteten, die Art von Schattenfrauen, von denen ich abstamme. Eibhlín widmet Vers um Vers der Beschreibung ihres Geliebten, die so lebhaft ist, so vibriert von tiefer Liebe und Sehnsucht, dass sie noch immer mitreißend wirkt, doch dass das Gedicht nach seiner Ermordung verfasst wurde, bedeutet auch, dass die Trauer ihren düsteren Schatten über jede Zeile der Feier wirft. Wie intensiv sich solche Beschreibungen nach seiner Ermordung angefühlt haben müssen, als jedes hingeschriebene Detail ihn wieder heraufbeschwor, lebendig und tadellos gekleidet, mit einer glänzenden Brosche am Hut und dem »Anzug nach feinster Mode, für dich im Ausland genäht und gewoben«. Sie zeigt uns Art, wie sie ihn begehrte, und nicht nur sie, sondern auch andere, wie zum Beispiel die vornehmen Frauen der Stadt, denn –

Wenn du in der Stadt
durch die Prachtstraßen liefst,
knicksten die Frauen
der Kaufleute tief.
Denn sie erkannten in dir gleich den Mann,
mit dem man das Bett
und den Sattel gern teilt
und Kinder zeugt.

Obwohl das Paar unter dem Regime der Angst und Grausamkeit der Strafgesetze gegen die katholische Bevölkerung lebte, war ihr Mann unbeugsam. Trotz seiner vielen Feinde schien Art Eibhlín irgendwie unverwundbar, bis zu dem Tag, an dem »sie zu mir kam, deine Stute, / die Zügel hingen zu Boden, / verschmiert war dein Herzblut von ihrer Wange / bis zu dem Sattel«. In diesem furchterregenden Moment zögerte Eibhlín nicht und suchte auch keine Hilfe. Sie sprang in den blutverschmierten Sattel und ließ sich vom Pferd ihres Mannes zu dessen Leiche tragen. In ihrem Schmerz und ihrer Trauer stürzte sie sich auf ihn, weinte und trank händeweise von seinem Blut. Selbst in diesem Augenblick blanken Grauens war sie noch voller Begehren – über seinen Leichnam gebeugt, brüllte sie, er solle von den Toten auferstehen und zurückgehen mit ihr in die Betten »mit weißem Linnen / und verzierten Quilts, / die lassen den Schweiß dir rinnen«. Aber Art war tot, und der Text, den sie verfasste, wurde zu einem sich entwickelnden Protokoll der Feier und des Leides, der Lust und der Erinnerungen.

In der Dunkelheit der Trauer ist ihre Wut ein Streichholz, entzündet und funkensprühend. Sie verflucht den Mann, der die Ermordung Arts angeordnet hat: »Morris, du Gnom, dir soll Qual widerfahren! / Schweres Blut soll dir sprotzen aus Herzen und Leber! / Der Star soll dich plagen! / Deine Knie sollen splittern!« Solche Wutausbrüche lodern auf, legen sich und lodern wieder auf, da das Gedicht vom doppelten Feuer der Wut und des Begehrens genährt wird. Eibhlín verflucht alle, die in den Verrat an Art verwickelt sind, einschließlich ihres eigenen Schwagers, den »kleinen, gemeinen, / nichtsnutzigen Clown«. Wut. Wut und Leid. Wut und Leid und Liebe. Sie empfindet Verzweiflung für ihre beiden kleinen Söhne, und ein ungeborenes Kind, das »dritte, das ich in mir trag', / wird, fürchte ich, niemals atmen«. Welche Verluste diese Frau erlitten hat. Welche Verluste ihr noch bevorstehen. Sie leidet, wie auch das Gedicht selbst; der Text ist ein leidender Text. Er schmerzt. Als die Schulglocke läutete, fand mich mein Sohn im Regen stehend, das Gesicht den Hügeln zugewandt, in denen Eibhlín Dubh einst lebte.

In dieser Nacht strampelte das Baby in meinem Bauch so stark, dass ich irgendwann den Versuch zu schlafen aufgab und nach meinem Handy griff. Mein Mann schmiegte sich instinktiv mit seinem schlafenden Körper von hinten an meinen; obwohl er schon schnarchte, spürte ich, dass er unten gegen meinen Rücken eine Erektion bekam. Ich hielt ganz still, bis ich sicher war, dass er schlief, und rückte dann von ihm weg, um mir flüsternd das Gedicht vorzusprechen, eine Stimme über Hunderte von Jahren hinweg zu beschwören, von ihrem schwangeren Körper zu meinem.

Als alle anderen träumten, lag ich mit offenen Augen im Dunkeln.

—

Als ich endlich einschlief, erwachte eine andere Mutter. Während sie spürte, wie ein Maul fest an ihrer Milch sog, schwang sie sich auf, mit Krallen und Sehnen, streckte sich und öffnete dann ihre Flügel, glatt wie ein Cape. Ein Junges klammerte sich an ihr Fell, während sie zuckte und sich für den Flug heraus aus steinernen Gebilden bereit machte, welche lange zuvor von Menschen erträumt, entworfen und gebaut worden waren. Dann war sie in der Luft, schoss herab und stieg auf, stürzte wieder nach unten und verschlang jede Wassermücke, die sie über dem Lough fand, während ihr Junges sich festklammerte, still und säugend, die Augen geschlossen, versunken im Schwung der Mutter. Wenn man eine fliegende Fledermaus sieht, spürt man es als Flimmern am Rande des Gesichtsfelds, Phantome hingeschwungener Anführungszeichen in der Dunkelheit. Ein komplexes System der Echoortung ermöglicht es ihr, sich in der

Nacht zurechtzufinden, geleitet von den Echos, die auf ihre Stimme antworten.

—

Die Monate vergingen, wie Monate so vergehen, in einem Kreislauf aus Einkaufslisten, Magen-Darm-Infekten, Ostereiern, Staubsaugen und Stromrechnungen. Mein Bauch wurde dicker und dicker, bis sich mein dritter Sohn eines morphiumhellen Tages im Juli langsam seinen Weg aus meinem Bauch zu meiner Brust bahnte und ich wieder in die brutale Erschöpfung des nächtlichen Stillens geriet. In diesen Wochen der gelben Windeln, in denen sich alles um die erratische Welt der Bedürfnisse anderer drehte, waren die Zeilen des *Caoineadh* der einzige dauerhafte Halt. Indem ich mich in den Strudel jener Tage stürzte, hatte ich mich eines Gefühls beraubt, so kostbar und ungreifbar allgegenwärtig, dass ich ohne es nicht ich selbst war. Begehren. Nach der Geburt war jedes Flackern der Lust so vollständig in mir erloschen, dass ich mich völlig leer fühlte. Um sein Bedürfnis nach Intimität zu befriedigen, diente mein Körper dem kleinen Körper eines anderen und bekam sie von ihm zurück. Ich verspürte weiterhin starke körperliche Bedürfnisse, aber sie waren nie sexuell. Ich wurde jetzt von Milch beherrscht, einem Ozean, dessen Wellen nach den Gesetzen seiner eigenen Gezeiten wogten und brandeten.

Sex war ein Problem. Er tat weh, jedes Mal. Nach

der Geburt fühlte es sich monatelang so an, als ob eine innere Tür zugeschlagen worden wäre. Ich wollte vom Leben nichts weiter, als mit meiner animalischen Erschöpfung irgendwie durch den Tag kommen, bis die Dunkelheit mich schließlich ins Bett und in eine weitere Nacht mit zerrissenem Schlaf führte. Wie schnell es ging, dass mich das Begehren verließ – mit einem Schlag und unsichtbar verdunstet, wie eine Pfütze wieder in den Himmel aufsteigt. Ich war nicht ich selbst. Ich war ein großer, zerlumpter Pullover, mit aufgelösten und ausgefransten Nähten, und doch war dieses Kleidungsstück so bequem, so weich und so leicht, dass ich mir nichts sehnlicher wünschte, als für immer in seine sanfte Masse gehüllt zu sein. Ich war völlig erschöpft, ja, doch auch weitgehend zufrieden. Aber ich fand diese Enthaltsamkeit zu schrecklich, um sie dem Mann, den ich so sehr liebte, aufzuerlegen. Mein Mann beteuerte zwar, dass alles in Ordnung sei und er gerne warte, bis die Erschöpfung vorüber sei und ich ihn wieder wolle, aber ich konnte dieses sanftmütige Geschenk nicht annehmen. Also log ich. Ich machte aus dem Verlangen eine weitere lästige Pflicht, eine ungeschriebene Aufgabe, unsichtbar unten als letzter Punkt auf meinen Listen. Jedes Mal, wenn ich mich dazu zwang, entschied ich mich für einen doppelten Zwang, zum einen, weil es so schmerzhaft war, die verschlossene Tür aufzustoßen, zum anderen für einen emotionalen Zwang, weil er ein guter Mann ist und ich ihn absichtlich täuschte. Was den Sex selbst anbelangt, so tat es weh, derart weh, dass ich irgendwann anfing, mir währenddessen vor Schmerz in den traurigen Hautlappen zwischen Daumen und Zeigefinger zu beißen. Noch Tage, nachdem die Bissspuren verschwunden waren, zeichnete sich ein Muster aus blauen Flecken auf der Haut ab. Ich redete mir ein, dass es gut sein müsse, solche Schmerzen zu ertragen, wenn es der Lust eines anderen diente. Erst jetzt erkenne ich, dass ich seinen Körper zu einem weiteren Punkt auf meiner Liste mit Pflichten machte und dass ich es ohne seine Zustimmung tat. Ich schämte mich so sehr für mein Versagen – sowohl was die Ehrlichkeit als auch den Körper betraf –, dass ich versuchte, dieses Unglück zu verbergen. Stattdessen verabschiedete ich mich jetzt früh ins Bett. Ich erfand Ausreden. Ich schlief am Rande des Bettes. Dort bewahrte ich das *Caoineadh* unter meinem Kopfkissen, und wann immer ich mich bewegte, um das Baby zu stillen, drangen Eibhlín Dubhs Worte durch den schlaftrunken-tripartigen Nebel meiner Erschöpfung zu mir. Ihr Leben und ihre Sehnsüchte waren weit von meinem entfernt, und doch fühlte sie sich nah an. Es dauerte nicht lange, bis das Gedicht auch in meine Tage eindrang. Meine Neugierde wuchs, bis sie mich schließlich aus dem Haus und zu den einzigen Räumen trieb, die Abhilfe verschaffen konnten.

—

Das Bild: Es ist ein Dienstagmorgen, und ein Wachmann in einer zerknitterten blauen Uniform schließt eine Tür auf und tritt mit einer leichten Verneigung zur Seite, denn da komme ich, die Haare zu einem groben Dutt zusammengebunden, mit milchverschmierter Bluse, einem Baby im Tragetuch, einem Kleinkind im Kinderwagen, einer Windeltasche, aus der Bücher quellen, und etwas in den Augen, das man nur als gefährliches Leuchten bezeichnen kann. Ich weiß, dass ich bestenfalls ein Zeitfenster von sechs Minuten habe, bevor das Schreien losgeht, also schnalle ich den Kleinen im Buggy ab, schnell, schneller jetzt, und dränge ihn die Treppe hinauf. »Komm, weiter.« Ich werfe einen Blick in das Tragetuch, wo winzige Augenlider im Schlaf zucken, setze den Kleinen neben meine Füße und drücke ihm – nachdem ich mich rasch nach der Bibliothekarin umgesehen habe, die mich mal scharf zurechtgewiesen hat – eine verbotene Banane in die Hand. »Bitte«, flüstere ich, »bitte, bleib einfach still sitzen, während Mama einfach – einfach –?« Ich ziehe eine zerknitterte Liste aus der Windeltasche, meine Fingerspitzen rasen über die Buchrücken. *Nur zwei Minuten*, denke ich, *nur zwei*. Das Tragetuch windet sich, und das Baby haut einen gewaltigen Stoß in seine Windel. Ich lächle (wie könnte ich nicht?) und reiße die letzten beiden Bücher aus dem Regal. Ich lächle, als ich das Haar des Kleinen küsse, ich lächle, als ich meine Last seitwärts, Schritt für Schritt, die Treppe hinunterhieve, mit einer klebrigen kleinen bananenverschmierten Hand in meiner und einem sehr vertrauten Geruch, der aus dem Tragetuch aufsteigt.

Auf diese Weise also kommt eine Frau in meiner Lage dazu, jede Übersetzung von Eibhlín Dubhs Worten aufzuspüren, von denen es viele gibt, was wiederum viele solcher Bibliotheksbesuche erforderlich macht. Es gibt so viele Menschen, die den Versuch einer Übersetzung dieses Gedichts unternommen haben, dass es fast scheint, als handele es sich dabei um einen Initiationsritus, oder eine Reihe von Coverversionen eines beliebten alten Liedes. Viele der Übersetzungen finde ich schwach – tote Texte, die vergeblich versuchen, den pochenden Puls von Eibhlín Dubh zu finden –, aber einige bleiben mir im Gedächtnis. Nur wenige kommen ihrer Stimme nahe genug, um mich zu sättigen, und die begleitenden Seiten über sie sind oft so spärlich, dass sie mich hungrig zurücklassen. Und nicht nur hungrig. Ich sterbe vor Hunger. Ich sehne mich danach, mehr über ihr Leben zu erfahren, sowohl vor als auch nach der Zeit, als sie das Gedicht schrieb. Ich will wissen, wer sie war, woher sie kam und was dann geschah. Ich will wissen, was aus ihren Kindern und Enkelkindern wurde. Ich will genau wissen, wo sie bestattet ist, damit ich Blumen auf ihr Grab legen kann. Ich will alles über sie und ihr Leben wissen, und da ich faul bin, will ich all diese Antworten bequem vor mir ausgebreitet bekommen, am besten in einem einzigen Buch aus der Bibliothek. Die Literatur, die ich bekommen kann, scheint jedoch meist kein Interesse an solch nebensächlichen Fragen zu haben. Ich suche trotzdem weiter, weil ich überzeugt bin, dass es irgendwo einen Text geben muss, der meine Wissbegierde teilt.

Als ich die öffentlichen Bibliotheken durchhabe, bitte ich Freunde an der Universität um einen Gefallen und schleiche mich unter falscher Identität in die Unibibliotheken, um heimlich Kopien diverser Historiendarstellungen, Texte über das Übersetzen und Zeitschriftenartikel zu machen, wobei jede Quelle ein oder zwei Pinselstriche zu dem Porträt von Eibhlín Dubh hinzufügt, das in meinem Kopf entsteht. Ich benutze sie, um mein geheimes Lager von Informationen über sie mit neuen Wörtern zu füllen, und verstecke Kopien unter unserem Bett, im Auto und neben der Milchpumpe. Meine Wochen teilen sich zwischen den beiden Kräften von Milch und Text auf, Wochen, die bald schon in Monate und dann in Jahre übergehen. Ich richte mir mein Leben so ein, dass ich immer, wenn ich mal sitze, gleichzeitig blasse Silben aus Milch von mir gebe und selbst dunkle Nahrung aus Tinte trinke.

2. ein flüssiges echo

>   go ngeobhainn é im' thaobh dheas
>   nó i mbinn mo léine,
>   is go léigfinn cead slé' leat

>   I'd have seized it here in my right side,
>   or here, in my blouse's pleats, anything,
>   anything to let you gallop free,

>   ich hätte sie mit meiner rechten Seite gefangen,
>   in den Falten meiner Bluse, hätte alles getan,
>   was freien Galopp dir beschert,

>   *Eibhlín Dubh Ní Chonaill*

ICH SCHWIRRE durch chaotische Vormittage mit Wäschewaschen, Lunchboxen und Impfungen, immer in Vorfreude auf die nächste Sitzung an der Milchpumpe, da es der einzige Moment der Ruhe und Erholung in meinem Tag ist. Wenn ich dasitze und lese, während ich an meiner unersättlichen Maschine hänge, lasse ich meine Listen hinter mir und schlendere stattdessen durch Türen, die Eibhlín Dubh mir öffnet. Das Lesen sorgt für die seltsame Balance dieser Momente – dazusitzen und wieder etwas von mir herzugeben, fühlt sich angenehm an, wenn ich gleichzeitig wieder ein wenig von ihrem Leben in mich aufnehmen kann. Sobald dem Gefäß ein flüssiger Deckel gewachsen ist, schalte ich die Pumpe aus, füge ein Lesezeichen ein, seufze und mache mich wieder an die Arbeit. Ich hebe die Pumpe auf die Arbeitsfläche, leere sie bis auf den letzten Tropfen in eine sterile Flasche, schraube den Verschluss fest zu und schreibe von Hand das Etikett: DOIREANN NÍ GHRÍOFA – 03/10/2012 – 250 ml.

Durch eine Mutter-Kind-Gruppe hatte ich von der Milchbank erfahren. Als ich dann googelte, las ich, dass die Mägen von Frühgeborenen winzig und empfindlich sind und dass der Kontakt mit Babymilch zu Darmproblemen wie Nekrotisierender Enterokolitis oder einem Herz-Kreislauf-Kollaps führen kann. Manchmal, so las ich, kann das Trauma einer Frühgeburt dazu führen, dass die Milchbildung der Mutter abnimmt und sie kaum oder gar keine Muttermilch für das Stillen ihres Kindes hat. Als ich von diesen Schrecken las, hatte ich keine andere Wahl, als mich bei der Bank als Spenderin zu melden. Die unerlässliche Sorgfalt des Verfahrens wurde auf angenehme Weise ein wichtiges Element meines Tagesablaufs: das Desinfizieren, das Seifenwasser und der Dampf, die geschrubbte Haut, der makellose Motor. Da ich wusste, dass meine Milch bald von frühgeborenen und kranken Säuglingen getrunken werden würde, war ich sehr darauf bedacht, dass bestmögliche Bedingungen herrschten, und kühlte jede Flasche im Kühlschrank, bevor ich sie einfror.

Ich überprüfe jetzt die Thermometeranzeige meines Gefrierschranks und notiere sorgfältig die Ziffern, unterschreibe in meiner Tabelle und stelle die frisch gekühlte Flasche zu acht identischen gefrorenen Klötzen in den Gefrierschrank, die Ausbeute einer guten Woche. Um eine bestimmte Uhrzeit morgens ähnelt meine Küche einem Labor – hier die Temperaturtabelle, hier der Dampf spuckende Sterilisator, hier die Einzelteile meiner Maschine, hier die müde Frau und hier die Reihe der sterilen Gefäße. Hier ist ein Tag wie der andere.

Wenn der Gefrierschrank so voll ist, dass ich eine Tüte Erbsen nur noch mit Drücken und Schieben unterbringen kann, rufe ich bei der Milchbank in Irvinestown an, worauf sie mir eine Styroporbox schicken, die so groß ist, dass der Postbote sie mit beiden Armen umfassen muss. Ich fülle sie mit so vielen Flaschen wie möglich, unterschreibe die Formulare und verschließe den Karton, indem ich ihn mit dickem braunem Klebeband umwickle. Einmal. Zweimal. Jetzt muss das Baby eingemummelt, geküsst, im Buggy festgeschnallt und mit einem Teddy besänftigt werden. Sein Bruder muss von einem Duplo-Turm weggelockt, in seinen Mantel gesteckt und mit einem Lutscher bestochen werden, damit er mit in die Stadt kommt. Der Karton ist sowohl sperrig als auch schwer, sodass ich ihn nur transportiert bekomme, indem ich ihn auf den Griffen des Buggy aufbocke, unbeholfen mit Kinn und Ellenbeuge dort ausbalanciere und dabei noch versuche, die Hand des Kleinen zu halten. Das Ganze dauert zwanzig Minuten, sonst ein zehnminütiger Ausflug zur Post. Nach dieser Tortur stehe ich entnervt in der Schlange und schwöre mir, dass ich nächstes Mal meinen Mann bitten werde, den Karton aufzugeben.

Hinter der Scheibe am Schalter steht mein Lieblingspostbeamter. Ich habe sein wuscheliges graues Haar, seine schief sitzende Brille, sein Nikotinlächeln und die Art, wie er mich immer *love* nennt, lieb gewonnen. Er kommt zur Seitentür, und ich sehe ihm dabei zu, wie er Etiketten auf das Paket klebt – *Express Post, Next Day Delivery*. Er überreicht mir eine Quittung für die Erstattung der Portokosten, der einzige Moment bei diesem Verfahren, in dem es zum Austausch von Geld kommt.

Ich werde nie das weit entfernte Baby stillen, das als nächstes meine Milch trinken wird, noch werde ich jemals seine warmen Glieder an mich schmiegen, aber ich kenne die Route, die meine Milch auf ihrem Weg zu ihm zurücklegen wird. Ich habe Irvinestown in der Grafschaft Fermanagh gegoogelt und mir das Dorf mit seinem hübschen Park, drei Schulen, einem Pub namens *The Necarne Arms* und einem Fish-and-Chips-Shop namens *Joe 90s* angesehen. Auf einer gepflegten Anhöhe, zwischen Boutiquen und einem Friseursalon gelegen, weist ein dezentes Schild auf die Human Milk Bank des NHS Western Trust hin. Hier wird mein Karton mit Flaschen einen winzigen Beitrag zu den vielen Litern Muttermilch darstellen, die jedes Jahr sterilisiert, pasteurisiert und an Neugeborenen-Intensivstationen auf der ganzen Insel ausgeliefert werden: ein flüssiges Echo.

Indem ich meine Milch spende, will ich Familien in Not helfen, ein Bedürfnis, das auf Empathie beruht, schon, aber ich vermute, dass noch etwas anderes im Spiel ist: eine unausgereifte, westlich geprägte Vorstellung von Karma. Irgendwas in mir hängt dem Glauben an, dass ich für meine eigene noch junge Familie desto mehr Schutz erhalte, je mehr ich anderen helfe. Hinter dieser kruden Vorstellung von Karma und meinem Mitgefühl für imaginierte Babys und ihre imaginierten Familien lauert noch etwas anderes: eine Kontrollillusion. Es gibt so vieles in meinem Leben, über das ich keine Kontrolle habe. Ich habe keine Kontrolle über meine vielen schlaflosen Nächte. Ich habe keine Kontrolle über die Schrecken, die meine Vorstellung sich immer wieder durchzuspielen entscheidet, sobald ich die Augen schließe – das wiederkehrende Karussell von Meningitis, Komas, ins Meer gestürzten Autos, Wohnungsbränden oder Pädophilen. Ich habe keine Kontrolle über die Launen unseres Vermieters, ob – oder wann – seine Geldgier dazu führen wird, dass wir wieder umziehen müssen. Ich habe keine Kontrolle über die Chancen meiner Kinder auf einen Platz in der örtlichen Grundschule, deren Aufnahmepolitik (wie die der meisten irischen Schulen) von der Mitgliedschaft in der katholischen Kirche abhängt. Kontrolle habe ich aber über das Ritual der Milchproduktion: Wenn ich die Flaschen desinfiziere, die Teile der Pumpe in der richtigen Reihenfolge zusammensetze, akribisch alles notiere und dokumentiere, mich dazu entscheide, jeden Schritt mit größter Sorgfalt auszuführen.

Tag um Tag zahle ich in diese Versicherung ein, und einmal im Monat bekomme ich eine Nachricht zugeschickt, ein auf Postkartengröße gefaltetes und mit Clipart verziertes DIN-A4-Blatt, auf dem handschriftlich Details über die namenlosen Säuglinge notiert sind, die meine letzte Sendung erhalten haben: Zwillinge, bei deren Mutter es nach der Geburt zu Komplikationen kam, ein kleines Mädchen mit Nekrotisierender Enterokolitis oder ein Baby in Crumlin, das sich von einer Herzoperation erholt. Innen auf dem Zettel kleben immer mit Tesafilm fixierte Münzen, im genauen Gegenwert meiner Portokosten. In meiner Geldbörse bleiben sie mit ihren Kleberesten überall haften, sodass ich mich jedes Mal, wenn ich einer Kassiererin bei Aldi oder dem Fischhändler eine überreiche, daran erinnere, dass irgendwo ein kleines krankes Baby meine Milch im Mund hat. Ich habe mich zu einer Amme gemacht, nur dass meine Verbindung zu den fremden Säuglingen durch Maschinen, Motoren und über eine Entfernung hinweg hergestellt wird.

Meine Monate füllen sich mit Milch und Wäsche und Geschirr, mit Kinderliedern und Gutenachtgeschichten, mit gerissenen Einkaufstüten, verbeulten Dosen, Geburtstagsfeiern, Katern und Rechnungen. Ich entlocke meiner Welt viele kleine Freuden: frisch gewaschene Laken, die knatternd auf der Leine wehen, Gelächter in den Armen meines Mannes, bis ich keine Luft mehr bekomme, eine Gartenrutsche, die ich für einen Apfel und ein Ei über Kleinanzeigen gekauft habe, ein Picknick am Strand, drei kleine frisch gewaschene Haarschöpfe, Einkaufsliste um abgehakte Einkaufsliste, all meine winzig kleinen Siege.

Ich kämpfe gegen die Entropie, räume heruntergefallenes Spielzeug und verdreckte Kapuzenpullis weg, wische jede einzelne heruntergefallene Nudel und jede weggeschleuderte Brotkruste vom Boden auf, schrubbe Flecken weg und Geschirr sauber, bis keine Spur mehr übrig ist von den Kräften, die durch diese Räume gefegt sind. Jede Stunde bringt eine neue Variante des gleichen alten Durcheinanders mit sich. Ich fege. Ich wasche. Ich räume auf. Ich gehöre zu den Vielen, deren Arbeitstag keinen Feierabend kennt. Alle, deren Tage sich um die Hausarbeit drehen, kennen die Befriedigung, die solche Arbeiten verschaffen können, wenn man die vielen verschiedenen Elemente eines Durcheinanders bestimmt und auflistet, die sich jeweils durch eine Reihe klar definierter Operationen beseitigen lassen.

Es kann eine eigentümliche Zufriedenheit verschaffen, wenn man so von sich selbst absieht und in den Bedürfnissen anderer aufgeht: Diese Form von Auslöschung bereitet – mir – Freude. Ich bin so sehr damit beschäftigt, Listen abzuarbeiten, dass ich nie über die Räume hinausblicken muss, durch die ich eile. Das entschuldigende Lächeln eines Kindes, während der Vanillepudding in den Teppich einzieht, lässt mich zum Putzschwamm rennen. Nächtliche Fieberanfälle lassen mich aus dem Schlaf aufspringen und zum Thermometer und den Medikamenten rennen. Sobald meine Kinder weiterziehen, um woanders zu spielen, sammle ich rasch ihre Bauklötze vom Boden auf. Das Gesicht, das ich in den Spiegeln sehe, die ich eilig poliere, betrachte ich nicht genauer. Während ich putze, macht sich meine Arbeit selbst unsichtbar. Wenn jeder Tag einer vollgekritzelten Seite gleicht, dann besteht meine Aufgabe darin, ihre Buchstaben wegzuschrubben. Darin ist meine Arbeit die Auslöschung einer Anwesenheit.

—

Mein dritter Sohn beginnt zu laufen und zu sprechen, und ich eile weiter durch meine Stunden, singe ihm über die Schulter hinweg Lieder zu, während ich mich um eine weitere Ladung Wäsche kümmere, neue Gedichte abtippe, Schränke ausräume oder die Beule am Kopf seines Bruders küsse. Die Milchbank bevorzugt Spenden von Müttern junger Babys, also reduziere ich langsam die Zeit an der Pumpe, bis ich meinen letzten Karton abschicken kann. Erledigt, Strich durch.

Als die Belastung für meine Brüste nachlässt, stellt sich mein inneres Uhrwerk wieder auf seinen gewohnten Rhythmus ein, was einen hormonellen Umschwung mit sich bringt, der mich unerwartet trifft. Das Begehren kehrt zurück und reißt die Tür auf. Das Begehren wirft mich auf die Knie, lässt mich zittern und bitten, lässt mich im Dunkeln kriechen und keuchen. Das Begehren lässt mich auf Betten und auf Tischen liegen, animalisch, pochend und feucht. Jedes Mal, wenn ich komme, weine ich. Ich habe es vermisst, das Begehren, beseelend und gewöhnlich. Ich kann mich nicht erinnern, mich je so erleichtert gefühlt zu haben, oder so glücklich.

Schon bald teilt uns der Vermieter mit, dass ein Verwandter eine Wohnung braucht, und schickt uns fort mit einem weiteren exzellenten Empfehlungsschreiben. Ich mache mich sofort an die Arbeit und suche nach einer Wohnung, unserer fünften in fünf Jahren. Wenige Wochen nach unserem Auszug sieht ein Freund, dass unser altes Haus im Internet zu einer deutlich höheren Miete angeboten wird. Es ist mir egal. Ich bin wieder schwanger, froh und mit Staubwischen beschäftigt, mit Streichen und Entrümpeln. Ich kann mir nicht vorstellen, wie ich mit bald vier Kindern unter sechs Jahren die Zeit finden soll, mir die Zähne zu putzen, alte Gedichte zu lesen oder meinen Morgentee zu trinken, geschweige denn den Babys von Fremden Milch zu spenden. Zweimal hole ich die Tasche mit den Abpumputensilien hervor und überlege, ob ich sie weggeben soll.

Zweimal stelle ich sie wieder zurück.

Für alle Fälle.

—

Wenn eine Frau sich entscheidet, eine Schwangerschaft auszutragen, gibt sie etwas von ihrem Körper mit einer Selbstlosigkeit her, die so gewöhnlich ist, dass sie gar nicht wahrgenommen wird, nicht einmal von ihr selbst. Altruismus wird für ihren Körper eine ähnlich instinktive Kraft wie Hunger. Wenn sie, zum Beispiel, nicht genügend Kalzium zu sich nehmen kann, wird dieser Mineralstoff aus der Tiefe ihrer Knochen freigesetzt und dem Kind zur Verfügung gestellt, was zu Mangelerscheinungen im eigenen Organismus führt. Manchmal dient ein weiblicher Körper einem anderen, indem er einen Diebstahl an sich selbst begeht.

3. andernorts atmen

> chuiris parlús á ghealadh dhom,
>
> for you set a parlour gleaming for me,
>
> du ließest den Saal erstrahlen für mich,
>
> *Eibhlín Dubh Ní Chonaill*

EIN KÖRPER BIRGT so viel mehr als das Sichtbare. Bevor das *Caoineadh Airt Uí Laoghaire* niedergeschrieben oder übersetzt wurde, wurde es durch die mündliche Überlieferung bewahrt, indem es durch eine Abfolge weiblicher Körper hallte, vom weiblichen Mund zum weiblichen Ohr, Jahr um Jahr. Jahrzehnte, nachdem es gedichtet worden war, durchlief es erneut Körper, diesmal jedoch von der Stimme zur Hand zum Papier und schließlich in den literarischen Kanon. In Peter Levis Antrittsvorlesung als Professor für Lyrik in Oxford bezeichnete er es als das »großartigste Gedicht, das auf diesen Inseln im gesamten achtzehnten Jahrhundert geschrieben wurde«. Was hat es mit diesem Gedicht auf sich, dass es solch leidenschaftliche Bekundungen und solche Hingabe hervorruft?

Ich weiß, dass ich den vielen Übersetzer:innen und Wissenschaftler:innen dankbar sein sollte, die ihre Zeit Eibhlín Dubhs Werk gewidmet haben – ohne deren Zuwendung ihre Worte vielleicht nie zu mir gefunden hätten –, aber ein egoistischer Teil von mir ist versucht, sie zu verachten und ihre klapprigen Übersetzungen zu verfluchen. Nachdem ich mir jede einzelne Coverversion angehört habe, glaube ich nicht nur, dass ihr kein Mensch je so treu ergeben sein könnte wie ich, sondern verspüre auch den Drang, selbst zu singen. Ich weiß, wie unqualifiziert ich dafür bin, mich an einer eigenen Übersetzung zu versuchen – ich habe keinen Doktortitel, keine Professur und auch sonst keinen Ausweis, der mich dazu berechtigen würde –, ich bin einfach nur eine Frau, die dieses Gedicht liebt. Die Aufgabe des Übersetzens selbst ist mir jedoch nicht fremd, nicht nur, weil ich meine eigenen Gedichte übersetzt habe, sondern auch, weil sich dieser Vorgang so verwandt mit Haushaltung anfühlt. Im Italienischen bedeutet das Wort *stanza* ›Raum‹. Wenn ich mich mal wieder unzureichend qualifiziert und entmutigt fühle durch die Expertise derer, die vor mir durch diese Räume gingen, versichere ich mir, dass ich einfach nur Hausarbeit verrichte, und dieser Gedanke beruhigt mich, da die Sorge für einen Raum eine Form von Arbeit ist, von der ich weiß, dass ich sie so gut wie jeder andere verrichten kann.

In der kurzen Pause zwischen dem Abendessen und dem Ins-Bett-Bringen der Kinder räumt mein Mann den Tisch ab, während ich die Treppe hinaufeile, immer zwei Stufen auf einmal nehme und so mein eigenes Zuhause hinter mir lasse, um in das einer Fremden zu springen. Ich klappe meinen Laptop auf, öffne das Dokument, in dem Eibhlín Dubhs Worte auf mich warten, und eile durch die Tür einer neuen Strophe, vermesse Möbel und Teppiche, befühle die Textur von Stoffen zwischen Daumen und Finger und prüfe ihr Gewicht. Dann mache ich mich an die Nachbildung. Wenn ich ihre Gegenwart heraufbeschwören will, muss ich zuerst ein passendes Haus für sie bauen, die Zimmer sorgfältig eines nach dem anderen mauern und einrichten, in denen jeder Spiegel ihr Ebenbild zeigen wird.

Als ich die erste Strophe beendet habe, trete ich zurück und bewundere den Raum, den ich geschaffen habe. Trotz aller Anstrengungen lässt sich jedoch die Tür nicht richtig schließen, und die Dielen sind so ungehobelt, dass sich Leser:innen Splitter in die Füße rammen könnten, sollten sie den Raum barfuß betreten. Trotzdem, die erste Strophe ist fertig. Bleiben noch fünfunddreißig. Meine Übersetzung beginnt, wie sie weitergehen wird: Sie ist bei Weitem nicht fehlerfrei, aber es ist meine. Als ich diese erste unvollkommene *Stanza* noch einmal genau prüfe, bin ich zuversichtlich, dass ich es nicht bereuen werde, diese Arbeit auf mich genommen zu haben. Am darauffolgenden Abend wende ich mich der zweiten Strophe zu und betrachte es als gutes Omen, dass der erste Vers »*Is domhsa nárbh aithreach*« oder »Und nie hab ich's bereut« lautet. Er bildet den Auftakt einer Aufzählung, in der beschrieben wird, wie Art ein eheliches Heim für Eibhlín Dubh schuf:

> Und nie hab ich's bereut,
> du ließest den Saal erstrahlen für mich,
> erhelltest das Schlafgemach für mich,
> der Ofen war warm für mich,
> üppige Brote hoben sich,
> Bratspieße drehten sich,
> Rinder wurden geschlachtet für mich,
> in Entendaunen schlummerte ich
> bis zur Melkstunde mittags oder noch länger,
> wenn mir danach war.

Bei jedem übersetzten Vers dieser Strophe habe ich das Gefühl, dass ich die Hausarbeiten vergangener Jahrhunderte nachahme, indem ich Steppdecken mit Entenfedern stopfe, Wände streiche und Teig knete. Monatelang gehe ich streng methodisch vor, wäge Synonyme ab, nähe die Säume der Vorhänge und nähe sie dann noch mal, bis sie genau richtig fallen, lasse mein Auge zwischen den Verben hin und her wandern, glätte die Teppiche und poliere die rhetorischen Ornamente. Wie bei meiner Hausarbeit sind auch die Ergebnisse meiner Übersetzung oft unvollkommen, trotz aller Hingabe. Ich vergesse, mit dem Staubsauger unter einem Stuhl zu saugen, oder ich putze stundenlang die Fenster und hinterlasse trotzdem Schlieren. Oft übersehe ich Spinnweben. Ich stolpere oft. Aber ich mache trotzdem weiter. Die Arbeit gibt mir einen Sinn, über viele schöne Verse und viele fesselnde Monate. Als ich mich dem Ende des Gedichts nähere, verspüre ich jedoch fast so etwas wie Furcht. Ich will nicht, dass es zu Ende geht.

Indem ich mich den Worten von Eibhlín Dubh mit so großer Sorgfalt widmete, habe ich ihre Sprache auf eine Weise kennenlernen können, wie es mir sonst nicht möglich gewesen wäre. Ein so methodisches Unternehmen erfordert Bedächtigkeit, entschleunigtes Lesen in sich wiederholenden Schleifen: zurück, noch mal zurück und wieder zurück. Stundenlang habe ich mit gerunzelter Stirn auf den Bildschirm gestarrt und mit mir gerungen, wenn ich eine Formulierung von ihr zu erfassen und mit den beschränkten Mitteln einer anderen Sprache wiederzugeben versuchte. Diese Hingabe hat mir ermöglicht, und sei es nur das, langsam in ein intimes Verhältnis zu einer Dichterin hineinzuwachsen und an ihr zu wachsen, den spezifischen Schwung ihrer Gedanken und den Takt ihrer Sprache zu erkunden. Es macht mich traurig, Eibhlíns Räume hinter mir zu lassen, und es macht mich traurig, ihren Namen nicht mehr in meine Listen zu schreiben. Selbst als ich mir sicher bin, dass meine Übersetzung fertig ist, kehre ich oft zu Besuch zurück – und rücke hier einen Spiegel an der Wand zurecht, poliere dort einen Türbeschlag aus Messing –, aber trotz meiner Bemühung um jede einzelne Silbe und jeden Vers, trotz meiner Gewissenhaftigkeit beim Streben nach Texttreue, fühlt sich mein fertiger Text unerheblich an, so schief und fehlerhaft wie ich selbst. Ich habe meine Übersetzung lieb gewonnen, aber mir ist bewusst, dass diese Zuneigung eher in der doppelten Intimität von Vertrautheit und Nähe gründet als im Gefühl künstlerischen Gelingens. Ich klappe den Laptop zu und laufe nach unten, um mich bei meinem Mann darüber auszuweinen, dass mein Versuch genauso gescheitert ist wie die anderen Übersetzungen, über die ich geklagt hatte. Meine kommt, wie ihre auch, nicht an die Klangfarbe ihrer Stimme heran – oder zumindest nicht so nah, wie ich gehofft hatte. Er nimmt mich in den Arm.

Da man in meinem Dokument ihre Stimme nicht vernimmt, halte ich es für gescheitert – ein unvermeidliches Scheitern, aber ein Scheitern gleichwohl. Ich versuche, mich damit abzufinden und gleichzeitig gnädig mit mir selbst zu sein. Die Arbeit hat mir so viel gebracht. Zum einen habe ich gelernt, dass die Eigenschaft, die ich an Eibhlín Dubhs Werk am meisten schätze, nicht in einem der Räume liegt, über die ich stundenlang nachgedacht habe. Nein, meine Lieblingseigenschaft schwebt jenseits des Textes, in dem unübersetzbaren blassen Zwischenraum zwischen den *Stanze*, wo ich einen weiblichen Atem spüre, der auf der Treppe dazwischen verweilt, noch auf irgendeine Art dort anwesend ist, lange nachdem der Körper schon weitergeeilt ist, um andernorts zu atmen. Wenn in dieser Übersetzung irgendetwas von mir selbst verweilen sollte, dann ist es nur der müde Seufzer, der meinen Lungen entweicht, als ich mich schließlich zwinge, das Dokument zu schließen und weiterzumachen.

4. im melksaal

> Do bhuaileas go luath mo bhasa
> is do bhaineas as na reathaibh
>
> Fast, I clapped my hands,
> and fast, fast, I galloped,
>
> Schnell klatschte ich in die Hände
> und ritt so schnell,
> so schnell ich nur konnte,
>
> *Eibhlín Dubh Ní Chonaill*

EIN FAMILIENKALENDER vollgekritzelt mit Kugelschreiber- und Bleistiftstrichen, alle von derselben Hand – dies ist ein weiblicher Text. Monat um Monat mit Terminen, Schwimmunterricht, Halbtagsarbeiten, Kuchenbasaren, Spendenaktionen, Buchrückgaben in Bibliotheken, dem voraussichtlichen Geburtstermin eines Babys, Geburtstagsfeiern und Schulferien. *Strich Strich Strich.*

Jedes Jahr im November suche ich mir im Supermarkt einen neuen Kalender aus. Im Januar kommt dann der alte auf den Stapel: Das sind meine schönsten Jahre, archiviert in Papier und Tinte, in Weiß und Schwarz.

2012.

2013.

2014.

2015

Um 7.46 Uhr an einem Dienstag im Juni gleitet ein Ultraschallkopf über die Wölbung meines Bauches. Er verlangsamt, dann dreht er um. Je langsamer die Sonde, desto schneller mein Puls; er beschleunigt aus dem Kanter in den Galopp, als ich den Kopf hebe und sehe, wie sich die Sonde noch langsamer bewegt. Und noch langsamer. Stopp.

Noch während ich das Gel aus meinem Bauchnabel wische, ruft die Arzthelferin in der Entbindungsklinik an und verhandelt darüber, wie schnell sie einen Termin für einen Kaiserschnitt bekommen könne. Auch wenn ich nur die eine Seite des Gesprächs mitbekomme, füllt mein ausgeprägter Sinn für Ängste schon bald die Lücken. Nachdem sie aufgelegt hat, erklärt sie mir, dass sie einige Verkalkungen der Plazenta festgestellt habe, weiße Flecken, die auf Infarkte oder Schlaganfälle hinweisen. An diesen Stellen ist das Plazentagewebe abgestorben und nicht mehr in der Lage, ein Baby ausreichend zu versorgen, das jetzt viel, viel kleiner ist als erwartet und in der verringerten Fruchtwassermenge ums Überleben kämpft. Ein Baby. Mein Baby.

Kurz darauf bin ich im Krankenhaus. Ich muss selbst gefahren sein, kann mich aber an die Fahrt nicht erinnern. Eine Krankenschwester zieht mir die Leggings herunter und sticht mir eine Spritze mit Steroiden in die Pobacke, in der Hoffnung, die Lungenfunktion des Babys zu verbessern. Man nennt mir eine Zeit am nächsten Tag, zu der ich für einen Kaiserschnitt wiederkommen soll. Falls ich irgendeine Veränderung in den Bewegungen des Babys feststellen sollte, sagen sie, auch nur die geringste Veränderung, solle ich sofort ins Krankenhaus fahren – und dann nicht erst ins Wartezimmer, keine Aufnahme am Empfang, »rennen Sie einfach an den Sicherheitsleuten vorbei und direkt auf die Entbindungsstation«. »Aber die werden mich aufhalten«, sage ich lachend. Mein Lachen wird nicht erwidert.

»Nein, das werden sie nicht, die verstehen dann schon.«

»Soll ich meine Akte vorzeigen?«

»Nein, die werden wegen Ihres Gesichtsausdrucks Bescheid wissen.«

Mein Daumen zittert, als ich meinem Mann eine Nachricht schreibe, um ihm mitzuteilen, was passiert ist, ihn aber auch zu beruhigen, so wie ich mich selbst beruhige, so wie ich versuche, auch dich jetzt in deiner Entfernung zu beruhigen. Ich schreibe: »alles in ordnung. das baby kommt vielleicht morgen. ich gehe noch ein paar sachen einkaufen.« Dann schreibe ich meiner Mutter: »Kannst du kommen und auf die Jungs aufpassen? Der Arzt meint, das Baby könnte bald kommen. xx« Ich gebe in den Nachrichten, die ich verschicke, die Informationen weiter, die man mir gegeben hat, versuche dabei aber, eine gute Stimmung zu vermitteln, um zehn Minuten unbehelligt durch Penneys bummeln zu können, denn so schlimm kann die Situation ja nicht sein, wenn ich durch

Regalreihen mit Cartoon-Pantoffeln und Kapuzenpullovern schlendere und mit den Fingern gedankenverloren über Schichten von Fleece und Spitzen und Frotteepyjamas streiche. Mein Telefon brummt, als Antworten mit den wortlosen Punkten, Strichen und Ellipsen von Textgesichtern eintreffen. Das Baby ist ruhig, während ich durch die Gänge schlendere, und ich stelle mir vor, dass es schlummert, eingelullt von meinem Schwung.

Zu Hause sage ich zu meinem Mann, dass es vermutlich nur viel Lärm um nichts ist, lächle, schiebe ihn zur Tür hinaus und schicke ihn zurück in eine Fabrik, in der Handys verboten sind. Er glaubt mir; ich glaube mir. Ich widme mich meinen Pflichten. Wenn ich Geschirr abwasche, muss ja wohl alles in Ordnung sein. Wenn ich Rühreireste aus einer Pfanne schrubbe, muss ja wohl alles in Ordnung sein. Meine Freundin Amy ruft mich an, und ich versuche, sie davon zu überzeugen, dass es »mir wirklich gut« geht. Wenn ich nasse Wäsche in die Sonne hänge, bedeutet das ja wohl, dass alles in Ordnung ist, oder was? Ich staubsauge das Wohnzimmer, und die körperliche Wiederholung dieses banalen Hin und Her vermittelt mir ein beruhigendes Gefühl – wenn ein Mensch staubsaugt, kann in dessen Leben ja wohl nichts schiefgehen. Meine Cousine Saoirse fragt in einer Nachricht: »Bewegt sich das Baby?«

Ich antworte: »Jetzt gerade nicht, aber alles in Ordnung.« Smiley. Den Smiley wieder löschen. Die Buchstaben wieder löschen, einen nach dem anderen. Ich du-

sche und will mir die Haare föhnen, werde aber durch das Vibrieren des Telefons in meiner Tasche abgelenkt.
Wieder Saoirse.

>   Bewegt sich das Baby jetzt?
>   Gerade nicht, aber es geht uns gut! Ich habe gerade geduscht. xx
>   Ich mache mir Sorgen. Wann gehst du hin?
>   Alles ist in Ordnung :-)
>   Ruf den Arzt an! Bitte!!

Egal, wie munter ich zu klingen versuche, sie widersetzt sich meiner Darstellung, sie durchschaut mich, und ihre Einschätzung der Situation sickert langsam zu mir durch, als ungutes Gefühl. Ich liege auf dem Sofa und zwinge mich, ein Cornetto zu essen, in der Hoffnung, dass das Baby sich gegen das kalte Eis sträubt, dass es sich mit Tritten beschwert, wie sonst auch. Nichts. Ich warte und starre an die Decke. Immer noch nichts. Alles bricht donnernd über mich herein, und plötzlich kann ich nicht mehr atmen.

Das Baby bewegt sich nicht mehr.
Das Baby bewegt sich nicht mehr.
Was um Himmels willen mache ich gerade?
Meine Eltern sind immer noch nicht da, also dränge ich die drei Jungen ins Auto – ich werde sie zu Amy bringen. Ich schnappe mir meine Krankenhaustasche, werfe auch meine zerfledderte Fotokopie des *Caoineadh* hinein

und beschleunige dann unter Tränen durch die Siedlung, wobei ich versuche, mein Gesicht vor den Kindern zu verbergen.

Ein kleiner Hund trottet über die Straße. Ich bremse und bitte ein paar vorbeigehende Teenager, ihn kurz zu halten. Sie fassen ihn am Halsband und streicheln seinen weichen Kopf. *So.* Alles ist gut, alles ist unter Kontrolle. Ich gebe Gas und spüre in jedem Wirbel meiner Wirbelsäule die Räder über den Hund rollen. Im Rückspiegel sehe ich die Jugendlichen zu seinem zerquetschten Körper eilen, aber ich fahre noch. Ich habe nicht angehalten. Warum habe ich nicht angehalten? Meine Kinder fragen: »Was war das für ein Geräusch?« »Nichts«, lüge ich. Der Älteste schaut aus dem Rückfenster, und der Jüngste fragt: »Bringst du den kleinen Hund auch ins Krankenhaus?« »Ich hole ihn später«, sage ich. »Warum weinst du?« »Ich weine gar nicht. Mir geht's gut.« Ich stelle mir Hundeblut an den Reifen vor. Ich stelle mir Hirnmasse vor. Matsch. Mein Baby bewegt sich nicht. Ich atme stoßweise und laut, mein Hals schmerzt. Ich hebe die Kinder aus dem Auto und bringe sie zu Amy ins Haus, nehme ihre Kindersitze aus dem Auto und fahre los zur Entbindungsklinik. Nur noch ich, und ich heule.

Das Baby bewegt sich immer noch nicht. Was kann ich wiedergutmachen? Ich fahre in unsere Wohnsiedlung zurück und in der Gegend herum, bis ich die Jugendlichen finde. Sie weisen mir den Weg zum Haus seiner Besitzerin. Ich stehe völlig neben mir. Das Baby bewegt sich immer noch nicht, aber »dem Hund geht es gut«, sagt sie und deutet auf ein Körbchen, aus dem mir das Tier mit traurigen Augen eine Pfote entgegenstreckt. Ich weine. Die Frau scheucht mich fort ins Krankenhaus.

—

Die Fahrt über die Autobahn vergeht wie im Flug, so schnell, dass selbst der Ginster verschwommen und draufgängerisch vorbeizieht. Ich parke mein Auto schräg ein und renne, keuche durch die Gänge. Die Wachleute, die Krankenschwestern und Patienten, alle gehen mir aus dem Weg. Wenig später bin ich an Maschinen angeschlossen und beobachte, wie sich eine lange Papierrolle unter dem Finger der Maschine entrollt, der ihr eine Geschichte von Kampf und Niedergang einkratzt. Der Vorhang, der um mein Bett gezogen ist, ist eine dünne Trennwand, und wenngleich ich die einzelnen Worte der Krankenschwestern nicht verstehen kann, vermute ich, dass sie über mich sprechen, denn der Rhythmus ihrer weiblichen Stimmen verrät Besorgnis. Ich sehne mich nach meinem Mann. Ich will vor allem ihn sehen. Mein Finger zittert, als ich ihm schreibe: »Keine Panik, aber ich bin im Krankenhaus. Komm schnell.«

Stunden vergehen.
   Keine Bewegung.
   Dann ein leichter Tritt. Mein Mann kommt in seiner

Motorradkleidung, den Helm unterm Arm. Ich bin unsagbar erleichtert, ihn zu sehen. »Es ist alles okay«, sage ich, »ich habe es unter Kontrolle.«

—

Die Krankenschwestern bereiten mich auf den ersten Kaiserschnitt des neuen Tages vor. Der Raum füllt sich mit Menschen in OP-Kleidung, die eindringlich miteinander sprechen. Der Anästhesist stellt sicher, dass meine Beine betäubt sind. Meine Ärztin kommt rein, warm und beruhigend, mit einem Lächeln in den Augen über ihrer Maske. Es wird ein Laken zwischen uns hochgezogen. Ich stelle mir vor, wie sie die Klinge einen zitternden Augenblick lang über meinen Körper hält. Dann fährt sie herab und sticht zu. Sie schneidet mich auf. Mein Mann presst seine Lippen auf meine Hand und blickt mir in die Augen. Hinter dem Laken wird gezogen und gezerrt, dann ein plötzliches Gefühl von Druck, des Hubs, gefolgt von einer eigenartigen Leichtigkeit. Das Laken wird heruntergelassen. Ich sehe, wie das Baby aus meinem Körper hervorkommt.

Ich sehe sie, ein Mädchen. Ein winziges Mädchen.

Ich bin so benebelt vom Morphium, von der Freude, der Aufregung und dem Adrenalin, dass ich es überhaupt nicht beunruhigend empfinde, wie winzig sie ist. Für mich sieht sie genau richtig aus. Sie wird schnell in einen Brutkasten am anderen Ende des Raums gebracht, wo sich eine Gruppe von Ärzten versammelt und sich an ihr zu schaffen macht. Der Geruch von Gegrilltem, von Verbranntem, so dämmert mir langsam, stammt von mir selbst: Er kommt von meinem Körper. Die Ärztin lächelt, während sie ihre Arbeit verrichtet, und sagt, wie froh sie sei, dass sie meine Tochter zum richtigen Zeitpunkt herausgeholt hat, dass es im Innern viel schlimmer aussah, als das Ultraschallbild vermuten ließ. Mein Baby war seit Wochen nicht mehr gewachsen, und sowohl die Plazenta als auch die Nabelschnur waren so stark geschädigt, dass es eine Totgeburt geworden wäre, wenn sie noch länger gewartet hätte. Ich weiß nicht, was ich darauf antworten soll. Ich versuche zu lächeln. Meine Tochter ist da, und sie lebt – ich höre ihr Wimmern aus der Ecke.

Im Aufwachraum öffnen sich die Augen des Babys, als sie an meiner Brust hängt und heftig saugt. Ein neuer Arzt stellt sich vor und besteht darauf, dass sie eine Flasche mit Säuglingsnahrung bekommen soll. Ich lächle angespannt. Ich lehne ab. »Keines meiner Kinder hat jemals künstliche Milch bekommen«, sage ich, »und außerdem schafft sie das schon, jetzt ist ja alles gut.« Der Arzt wird kalt und hart: Das ist kein Vorschlag, es ist eine Notwendigkeit. Meine verkalkte Plazenta hat das Baby nicht ausreichend mit Nährstoffen versorgt; deshalb verlangsamten sich ihre Bewegungen. Die Ärzte vermuten nun, dass ihr Blutzuckerspiegel besorgniserregend niedrig sein könnte; durch eine Blutprobe jeweils vor und nach dem Verzehr einer bestimmten Milchmenge können sie herausfinden, ob ihr Körper in der Lage ist, Zucker effizient zu verarbeiten. Die Milchmenge meiner Brüste lässt sich aber nicht exakt messen, also müssen sie ihr sofort eine Flasche geben. Ich nicke und sehe dann dabei zu, wie meine Tochter in den Armen eines Fremden gestillt wird; mein Baby, das mit seinen winzigen Lippen an einer Plastikbrustwarze saugt. Ich muss darüber lachen, wie einfach es ist, und wie unheimlich. Meine Welt fühlt sich leicht verschoben an, surreal und doch auf unheimliche Weise normal – wie in einer der Sitcoms von früher, in der die Figuren beim Zubettgehen das Licht ausschalten und dann plötzlich alles blau leuchtet. Wir befinden uns im selben Aufwachraum, in dem ich auch mit meinen anderen Neugeborenen lag, aber dieses Mal ist er in ein anderes Licht getaucht.

Die Testergebnisse lassen zu, dass wir zusammen auf die Wochenbettstation verlegt werden können, ein kleiner Sieg. Die Besuchszeit ist vorbei, mein Mann küsst uns beide und geht nach Hause, um unsere Söhne ins Bett zu bringen. Das Baby schläft und schläft. Sie öffnet ihre Augen nicht und nimmt auch nicht die Brust. Ich probiere alle Tricks aus, die ich noch von meinen anderen Babys weiß: mit feuchter Watte über die Wange streichen, auf den Bauch blasen, kitzeln. Ich summe die gleiche Melodie, die ich meinen Söhnen vorgesummt habe: »*I've given all I can, it's not enough, I've given all I can.*« Doch sie wacht nicht auf.

Ich gerate in Panik, obwohl ich entschlossen bin,

meine Angst vor den Ärzten zu verbergen, die sie mir wegnehmen wollen. Sie sind mein Beharren leid, dass alles in Ordnung sei und sich das Stillen schon ergeben werde. Sie wollen sie in einer Umgebung haben, in der ständig ihre Blutwerte kontrolliert werden können. Falls ich es schaffe, eine bestimmte Menge Milch aus der Brust auszustreichen und ihr mit einer Spritze in den Mund einzuflößen, geben sie uns noch ein paar Stunden Zeit, um zu schauen, ob sich die Blutwerte verbessern. Sollte das der Fall sein, wird sie bei mir bleiben dürfen. Wenn nicht, dann … Die Drohung steht im Raum. *Also,* denke ich, *ist der Test, den ich bestehen muss, um sie bei mir behalten zu dürfen, das Ausstreichen von Muttermilch? Einfach.* Ich bitte um Papier, einen Stift und ein paar Flaschen. Ich beginne mit dem Handentleeren und drücke das leuchtend gelbe Kolostrum Tropfen um Tropfen aus meinen Brüsten. Ich versuche, im Kopf zu behalten, dass ich auch die nächtlichen Fütterungen notieren muss, um den Ärzten zu beweisen, wie gut sie getrunken hat – eine Anstrengung, die mir das folgende Artefakt beschert, einen traurigen, kaum lesbaren Text, verschwommen durch die Morphiumreste in meinem Blut.

5 ml ausgestrichen. Sie schläft.

Noch ein bisschen mehr ausgestrichen. Habe es mit der Flasche versucht, aber sie wacht nicht auf. Einige Tropfen direkt von der Brust in den Mund ausgedrückt, lief aber einfach wieder raus. Strampler gewechselt. Windel ein bisschen feucht.

Weiteres Kolostrum – viel ausgestrichen, aber sie macht den Mund nicht auf. Wie kann ich sie füttern, wenn sie mich nicht lässt?

Ich glaube, ich bin eingeschlafen. Jedenfalls für ein paar Minuten. Habe ihr wieder Tropfen in den Mund gedrückt, aber ich glaube, es ist alles rausgetropft. Nichts.

Sie hat sich im Schlaf bewegt und gespuckt. Strampler gewechselt. Windel trocken.

Warum wacht sie nicht auf??? Habe es wieder mit der Flasche versucht. Kann es nicht.

Jetzt weint sie, verweigert weiter die Flasche. An wem liegt es, ihr oder mir?

Die neue Krankenschwester um Hilfe gebeten. Sie hat die gesamte Milch sofort in sie reingekriegt. Jetzt schlafen. So müde.

Baby hat gerade gespuckt. alles wieder draußen. habe versucht sie zu füttern, aber mund bleibt zu. schrecklich. strampler und decken gewechselt. windel immer noch trocken.

so besorgt. krankenschwester sagte, ich soll bald wieder versuchen, sie aufzuwecken.

wieder ausgestrichen. tropfen auf ihre lippen gedrückt, aber ich glaube nicht, dass sie viel geschluckt hat. wacht einfach nicht auf. habe jetzt angst.

hat ein bäuerchen gemacht und habe es erneut mit der flasche versucht. ging nicht. hebamme angerufen, geht nicht ran.

kann nicht aufhören zu weinen – sie schläft, windel ist knochentrocken – gr angst, weiß nicht, was ich machen soll.

krankenschwester sagte, sie bespricht es mit der ass. baby schläft immer noch.

nichts nichts

Ich zeige diese Seite niemandem. Um 3.15 Uhr schmerzt meine Kehle vom verzweifelten Schluchzen. Ich habe eine ganze Flasche Kolostrum mit der Hand ausgestrichen und zugesehen, wie es Tropfen um wertvollen Tropfen aus dem fest geschlossenen Mund des Babys herauströpfelte. Ich kann sie nicht dazu bringen zu schlucken. Ich bin jetzt nervös, nervös und in Panik. Eine Assistenzärztin sticht meiner Tochter in den Fuß, hält die Probe an den elektronischen Monitor, der die Blutwerte misst, und zieht die Augenbrauen hoch. Ihre Stimme ist ruhig, aber innerhalb von fünf Minuten karren zwei junge Ärzte mein Baby aus dem Raum. Ich darf nicht zu ihr, bevor ich sowohl die Infusion als auch den Katheter los bin.

Die Tür schließt sich.

Ich habe versagt. Mein Baby wurde mir weggenommen, eilig entfernt, um andernorts zu atmen. Ich liege da und starre an die Wand. Meine Milch sickert aus mir heraus, ungesehen: ein blasser Text auf blassen Laken.

—

Mein Zimmer befindet sich auf einer Station, die mehrere Stockwerke über der meines Babys liegt, aber das Krankenhaus bringt ihr jeden Tropfen Milch, die ich ausstreichen kann. Von einem Plakat in meinem Zimmer schreit es herab: »MUTTERMILCH – DAS BESTE FÜR DEIN BABY«, und doch lässt mich die Krankenschwester keine der Milchpumpen benutzen. »Nur Handentleeren«, sagt sie mit sanfter Stimme. Ich will eine Zweitmeinung, aber die Assistenzärztin stimmt der Krankenschwester zu: Es ist eine Vorschrift des Krankenhauses, dass Pumpen nicht vor dem dritten Tag nach der Geburt benutzt werden dürfen. Wenn ich nachfrage, warum, lautet die Antwort stets: »Vorschrift des Krankenhauses.« Ich erhebe meine Stimme. Ich fluche. Ich sage ihnen, dass meine Milchproduktion nachlässt, wenn ich *jetzt* nicht abpumpe, und ich später, wenn wir diesen Ort verlassen haben, keine Milch mehr haben werde, um mein Baby zu stillen. Ich sage, dass ich einfach meinen Mann nach Hause schicken würde, um meine eigene zu holen, sollten sie sich weiter weigern. Ich balle die Hände zu Fäusten und schlage mir auf die Beine, ich zittere und knurre, worauf sie schließlich nachgeben.

Eine Maschine wie die, die sie mir bringen, habe ich noch nie gesehen. Es ist ein Spitzenmodell, das nicht getragen, sondern in den Raum geschoben wird, aber wenn ich den Schalter umlege, erklingt das gleiche Lied, der alte Refrain von Saugen/Zischen, Saugen/Zischen. Schon das leiseste Flüstern dieses Geräuschs genügt, und meine Brüste beginnen zu tropfen. Ich wünschte, ich empfände diese Prozedur als eine Art Trost. Tue ich aber nicht. Ich fühle mich betrogen und müde; ich fühle mich am Boden. Wie oft habe ich morgens Milch abgepumpt für Babys auf Neugeborenen-Intensivstationen, ihre Mütter bemitleidet, und jetzt sitze ich hier, ohne mein Baby, und gebe sinnlos Flüssigkeiten von mir: Milch in die Pumpe, Urin in den Katheter, während ich schniefe und Taschentücher vollweine. »Es könnte schlimmer sein«, sagen die Krankenschwestern – »Sie sind die Mutter, deren Baby fast tot geboren wurde? Die werden sich unten sehr gut um sie kümmern. Machen Sie sich keine Sorgen. Entspannen Sie sich. Ruhen Sie sich aus. Braves Mädchen.« Als alle gegangen sind, schließt sich leise die Tür hinter ihnen. Es gibt nur eine Stimme, die nie von meiner Seite weicht: Eibhlín Dubh ist bei mir, so nah wie Tinte dem Papier und beständig wie ein Puls.

Mein Mann schickt mir Bilder von unserer Tochter im Brutkasten, nackt bis auf eine Windel und voller Kabel und Schläuche. Dieses Baby sieht nicht aus wie meine anderen Kinder, sondern wie eines der Babys in den Prospekten der Milchbank. Ich starre angsterfüllt auf die Fotos.

Ich erinnere mich nie an das Einschlafen in meinem traurigen Zimmer, aber geweckt werde ich immer vom Schreien der Säuglinge anderer. Die ganze Nacht weinen sie, die Babys der Fremden, die ganze Nacht wimmern und weinen sie in die sterile Dunkelheit hinein. Jedes Mal, wenn ich durch den Schrei der Babys Anderer aus dem Schlaf aufschrecke, habe ich das Gefühl, dass ich aus dem gleichen Traum aufwache, nur kann ich mich nicht an ihn erinnern. Etwas – Dunkles, etwas – Halbgeöffnetes. Immer wenn ich aufwache, greife ich nach der Maschine und pumpe ab, als ob ich etwas zu beweisen hätte. Krankenschwestern rauschen mit Klemmbrettern und kleinen Pappbechern mit Schmerzmitteln über die Flure zu mir ans Bett. *Ah*, sage ich und richte mich im Bett auf. *Ah*.

Nachdem mein Tropf und der Katheter entfernt worden sind, muss ich vorführen, dass ich problemlos in ein Pappgefäß urinieren kann. Die Krankenschwester starrt auf meinen schwallartigen Strahl und nickt. Ich bin froh. Bald darauf kommt ein Pfleger mit einem Rollstuhl, in den ich meinen wunden Körper sinken lasse. Er schiebt mich hinunter hinunter hinunter, ganz nach unten auf die Neugeborenen-Intensivstation.

Erst als ich endlich am Brutkasten meiner Tochter sitze, beginne ich den Umweg zu akzeptieren, den wir genommen haben. Ohne Genehmigung darf ich sie nicht hochheben. Ich starre stattdessen stundenlang durch die Scheibe und muss immer wieder weinen, über den Flaum auf ihrem Rücken, ihre Wimpern, ihre winzigen Hände und wie grau die Wange ist, die auf ihrem Arm ruht. Es hat etwas Schwindelerregendes, an einem so öffentlichen Ort wie diesem meinen Körper einfach seine intimen Ängste äußern zu lassen, aber ich tue es, ich lasse in meinem Weinen das Weinen der anderen widerhallen, die auch in diesem Raum festsitzen und ebenfalls weinen. Es ist ein Chor. Ich stimme ein.

Die Neugeborenen-Intensivstation ist ein großer, langer, betriebsamer Raum, in dem sich mehrere Szenen gleichzeitig abspielen. Wenn man seinen erschöpften Blick dort auch nur einen Moment lang schweifen lässt, wird man Zeugin jeder Menge menschlicher Katastrophen, mit ihren jeweiligen langsamen Implosionen. Jedes Mal, wenn ich vom Brutkasten aufschaue, wird mir ganz schwindelig von der Gleichzeitigkeit der Ereignisse: hier eine Gruppe von Assistenzärzten, die kopfschüttelnd eine Tabelle studieren, dort eine weinende Frau, außer Hörweite; hier eine Krankenschwester, die ein Fläschchen erwärmt, dort eine andere, die ein Baby hochhebt, unter sich ein Spinnennetz aus Schläuchen; hier ein lächelnder Vater und eine lächelnde Mutter, die jeweils einen winzigen Zwilling an die warme Haut ihrer Brust halten, dort drei Ärzte, die Schulter voran durch die Eingangstür eilen; hier ein Mann, die Ellbogen auf die Knie gestützt, den Kopf in den Händen, seine kräftigen Schultern beben. Er schluchzt. Sie schluchzt. Verdammt, wir alle schluchzen. Ein Stück weiter sitzen drei weitere Paare vor Brutkästen, scrollen und swipen auf ihren Handys, während eine frischgebackene Mutter vorbeihumpelt und sich die Hände mit Desinfektionsmittel einreibt. Augenblick um Augenblick halten wir durch und brechen zusammen, kämpfen und weinen, lachen und dösen, beobachten und werden beobachtet. Ob es so ist oder ich es mir nur einbilde, mir scheint, man wird hier besonders aufmerksam überwacht. Es fühlt sich so an, als müsse ich bei jeder Begegnung mit neuem Personal einen unausgesprochenen Test bestehen. Ich gehe fest davon aus, dass mein Wutanfall wegen der Milchpumpe in meiner Akte vermerkt wurde, also versuche ich jetzt, höflich zu lächeln, in der Annahme, dass der Grad an Normalität, den ich vortäuschen kann, Einfluss haben könnte auf die weitere Behandlung unserer Tochter. Am liebsten würde ich mich auf die Knie werfen und die Ärzte anflehen, mich meine Tochter halten zu lassen, aber genau das geht nicht. Wenn wir sie mit nach Hause nehmen wollen, muss ich mich unter Kontrolle haben und gleichzeitig die Kontrolle an die Ärzte abgeben.

Ich werde in einen kleineren, schmaleren Raum auf der Station geführt, mit kalten Ledersofas, einem Waschbecken, einem Kühlschrank, einem Fernseher und einer Reihe von Milchpumpen. Die Krankenschwester nennt es den »Melksaal«. Ich treffe dort auf die anderen Mütter: die blonde Teenagerin im Snoopy-Nachthemd, die Lehrerin mit Perlen in den Ohrläppchen, die Bäuerin, die Raucherin und all die anderen. Alle zwei Stunden unterbrechen wir unsere Brutkastenwache und schließen uns an die Maschinen an, schauen nachmittags Wiederholungen von *EastEnders* und *Room to Improve* und diskutieren über die Vorzüge von Galaktagoga: Hafer, Bockshornklee und Löwenzahntee. Wir erzählen uns die Geschichten jedes neuen Grauens weiter, in raschem Geflüster, von Mund zu Ohr zu Mund zu Ohr. Die Geschichten sind Impfungen, die wir in der unbewussten Hoffnung wiederholen, dass sie unsere eigenen Kinder vor dem gleichen Schicksal bewahren könnten. Dem Impuls wohnt keine Logik inne, ebenso wenig wie den Grausamkeiten Logik innezuwohnen scheint, die unseren Kindern angetan werden. Hier in diesem Raum lachen wir mehr, als dass wir weinen, aber wir sind alle erschöpft und angsterfüllt. Eine Frau trägt einen Niqāb, der Rest von uns trägt Pyjamas und Hausschuhe, und wir sind alle zusammen in der Hölle.

Die Station ist nach der Bedenklichkeit des Zustands der einzelnen Babys organisiert. Meine Tochter liegt zunächst an der C-Wand, wo die Babys manchmal schon wenige Stunden nach ihrer Ankunft wieder entlassen werden. Während unserer Zeit an der C-Wand sehne ich mich die ganze Zeit danach, sie mit mir zurück auf die Entbindungsstation zu nehmen, im Glauben, dass wir jeden Moment die Erlaubnis dazu bekommen könnten. Als sie an die A-Wand verlegt wird, träume ich davon, sie wieder zurück zur C-Wand zu bringen. Bei der Visite besprechen die Ärzte ihre letzten Blutwerte und tüfteln an ihrem Glukosetropf herum. Ich halte die Hand meines Mannes. Unser Baby ist so schwach, dass es nicht schreit, egal, wie oft die Krankenschwestern mit ihren winzigen Lanzetten in ihre Ferse stechen. Ich halte mich fest an der Aussicht auf die Zeiten, wenn ich sie müde und glücklich an meine Brust legen darf. Ich presse meine Lippen auf ihre Fersen, wenn sie nach der Blutentnahme bluten, und säubere mit meinem Mund die Haut von den Blutstropfen.

Obwohl sie an der A-Wand bleiben muss, schätze ich mich glücklich. Ihre endokrinen Probleme mögen komplex sein, aber der Behandlungsplan der Ärzte scheint überschaubar zu sein im Vergleich zu den Geschichten, die ich im Melksaal höre. Manche Tage sind düster, und die Ärzte schütteln während ihres Berichts den Kopf. An anderen Tagen sind wir sicher, dass wir irgendwie irgendwann, eines Tages, die Neugeborenen-Intensivstation verlassen werden. Wenn sie stark ist, trinkt sie an meiner Brust, wenn sie schwach ist, bekommt sie meine Milch über einen Schlauch, eine Spritze oder eine

Flasche. Ich gehe alle paar Stunden zum Melksaal, nicht nur, um immer genügend Milch von mir verfügbar zu halten, sondern auch, weil es das Einzige ist, was ich tun kann, das sich irgendwie sinnvoll anfühlt. Wann immer meine Brüste kribbeln, klemme ich mir ein paar Worte zwischen Ellbogen und Rippen und schlurfe in Puschen wieder zurück in den schmalen Raum. Dort pumpe ich ab und lese, wie ich es zu Hause immer getan habe, und manchmal fühlt es sich fast normal an. Ich stelle meine Flaschen in den Kühlschrank, neben die von der Milchbank geschickten, mit ihren fein säuberlich handgeschriebenen Etiketten, beschriftet mit den Namen fremder Frauen.

Die Zeit vergeht eigenartig auf der Neugeborenen-Intensivstation. Mal scheint die zeitliche Abfolge der Ereignisse zu verschwimmen, dann wieder überraschend zu stocken. Ich bekomme wenig Schlaf. Ich verletze mich. Ich falle gegen eine Wand, stoße mir den Kopf an einer Ecke oder renne gegen eine Tür, die mir gegen die Schulter knallt. Mein Körper schreibt seinen eigenen Bericht dieser Wochen, mit einem Vokabular aus blauen Flecken, schmerzenden Brüsten, Verbänden, Nähten und einem langsamen, leichten Hinken. Eines Nachmittags kommen meine Eltern an den Notausgang neben unserem Brutkasten, eine Glastür, und heben meine Söhne hoch, einen nach dem anderen. Ich vermisse sie so sehr. Während die Jungen ihrer kleinen schlafenden Schwester Küsschen zuwerfen, wende ich mein feuchtes Gesicht ab.

Durch dieselbe Glastür habe ich einen Vogel gesehen, der über die Auffahrt hinwegflatterte und auf dem Ast eines jungen Baumes landete. Ich habe einen Krankenwagen beobachtet, der lautlos auf die Garage zurollte. Zweimal habe ich dort einen Leichenwagen gesehen, dessen Räder sich langsam über seinen eigenen Schatten drehten.

Ich mag die Reinigungskräfte in ihren makellosen Kitteln, die Choreografie ihrer häuslichen Aufgaben: der schnelle Schwung eines Wischmopps, das Lächeln, das Wischen mit einem Tuch, das Nicken. Ich lerne ihre Namen und ihre Eigenheiten – wer den Lichtschalter vor dem Aktenschrank abwischt, wer Blickkontakt sucht, wer Witze erzählt, wer pietätvoll den Blick zum Boden gesenkt hält, wenn ich mal wieder am Schniefen bin. Ich bekomme Heimweh, wenn ich den Tanz ihrer Putzbewegungen beobachte; ich sehne mich nach meiner Waschmaschine, meinem Besen, dem *Ticken* meiner Küchenuhr, dem *Tick-Tick*-Abhaken meiner Listen. Kein Tag ist hier vorhersehbar, kein Tag ist wie der andere. Ich bin in Sorge, was wohl als Nächstes passieren wird; ich sorge und sorge mich, und versuche, mich zur Entspannung zu zwingen, indem ich mich einfach in das Grauen füge, aber nichts hier ergibt Sinn. Alles scheint in großer Eile vor sich zu gehen, sowohl zu nah an mir dran als auch in großer Entfernung. Eines Nachmittags sehe ich auf dem Weg zur Toilette, wie ein Teenager hinter seiner Partnerin, die im Rollstuhl auf die Station geschoben wird, hergeht. Sie ist blass unter ihren Sommersprossen. Eine Krankenschwester umarmt sie. Hinter ihnen schiebt eine Gruppe von Ärzten das Baby rein, wenig später folgt ein Priester. Im Raum wird es still – aber vielleicht bilde ich mir das nur ein. Als ich zurückkehre, sind sie alle weg, und auf der Station herrscht wieder das übliche Treiben.

—

Immer wenn mich die Krankenschwestern bitten, den Raum zu verlassen, werde ich wütend. Kurz vor einem Eingriff kommen sie immer zu mir und weisen mir den Weg zum Flur. Wenn ich dann verärgert bin und unwirsch seufze, bestehen sie darauf, und wenn ich hier eines über mich gelernt habe, dann, dass ich schwach bin. Ich gebe immer nach. Ich sitze auf einem Ledersofa im Flur und starre zornig in die Gegend wie ein Kind, bis sie mich endlich wieder reinbitten zu meinem Baby, das einen neuen Verband um eine neue Wunde hat. Ich hasse sie dafür, dass sie mein Baby und mich getrennt leiden lassen, da ich doch weiß, dass ich eigentlich an ihrer Seite sein sollte.

Eines Nachmittags werde ich Zeugin, wie sich dieselbe Choreografie mit der Familie abspielt, die am Brutkasten gegenüber von uns sitzt. Die Eltern schütteln den Kopf, als die Krankenschwester ihnen den Weg weist, mit schräg geneigtem Kopf sie zu überreden versucht, sanft, bis sie schließlich verärgert gehen. Ich sehe die hinter dem Rücken geballten Fäuste des Vaters. Als sie weg sind, beobachte ich, wie um das Baby herum ein Paravent aufgebaut wird, eine Grenze, die die Illusion von Privatsphäre schaffen soll. Der Sichtschutz verhindert jedoch weder, dass man die Schreie des Babys hören kann, noch den Gesang der Krankenschwestern, die ihm die Stirn streicheln und Dinge zusäuseln, während sie es ruhig halten, für welche Qualen mit Spritzen oder kalten Skalpellen auch immer. Dieses winzige Schreien ist ein Geräusch, das sich mir wohl für immer ins Gedächtnis einbrennt. Ich weine, während ich zuhöre – aus Hilflosigkeit, ja, aber ich weine auch aus Dankbarkeit für die Gewissheit der Krankenschwestern, dass Eltern die Qualen ihres Kindes nicht miterleben sollten. Die Krankenschwester besteht darauf. Die Krankenschwester steht für sie ein.

—

Im Melkstand dreht sich das Gespräch im Kreis und wieder und wieder im Kreis. Es ist ein Raum, der von preisgegebenen Geheimnissen und Ängsten bestimmt ist, ein Raum, der aus einer Spirale seiner eigenen Wiederholungen besteht: blutende Brustwarzen, Gemurmel, infizierte Wunden, Herzoperationen, versiegende Milchproduktion, Operationen, unklare Schmerzen, Überweisungen, untersuchte Gerinnsel, die Liste geht weiter und weiter und weiter. Hoffnung. Nach Hause. Hirnhautentzündung. Crumlin. Nach Hause. Koma. Nach Hause. Nach Hause. Nach Hause.

Wenn ein Baby nach Hause darf, beobachte ich die Mutter immer sehr genau. Wenn sie in den Melksaal kommt, um sich zu verabschieden, zeichnet sich in ihrem Gesicht eine Mischung aus Erleichterung und Mitleid mit denen ab, die bleiben müssen. Ich freue mich für sie, und doch fühlen sich diese Momente immer wie ein Verrat an. Ein kindlicher Teil von mir will, dass hier immer alles gleich bleibt. Wenn neue Mütter ankommen, zeigen wir ihnen, wie sie die Pumpen benutzen und wo sie ihre Milch aufbewahren können. Wir hören uns ihre Geschichten an. Wir reichen ihnen Taschentücher. Wir sagen die magischen Worte, wir sagen ihnen, dass *alles gut wird*. Wir tätscheln ihre Hände. Wir lächeln. Wir wissen genau, dass nicht alles gut wird, zumindest nicht, bis sie diesem Ort entkommen können, aber das ist das Skript dieses Raums, und wir halten uns gewissenhaft daran. Die Wochen hier lehren mich diese Vorführung, genauso wie sie mich lehren, in einem Sessel zu schlafen, während der Kopf wegsackt und hochschreckt und der Blick hin und her geht zwischen grellem Neonlicht und dem warmen Dunkel anderer Welten.

—

Eines Morgens hält ein Assistenzarzt die Krankenakte meiner Tochter in die Höhe und verkündet, dass heute unser Tag sei. Er spricht die Worte aus, auf die ich so lange gewartet habe. *Nach Hause.* Ich bin so überwältigt vor Glück, dass ich nicht sprechen kann. Ich nehme seine beiden Hände in meine und nicke und nicke, ich halte sie fest, bis er den Blick senkt und seine Kiefermuskeln anspannt, und ich danke ihm weiter, halte weiter seine Hände fest, so sehr fürchte ich mich davor loszulassen. Wenn ich es täte, denke ich, könnte er seine Meinung ändern. Ich halte ihn fest, weil ein seltsamer Teil von mir Angst hat, einfach wegzugehen, und dieser Teil von mir will hierbleiben. Hier ist meine Tochter sicher, überwacht von Maschinen und Fachleuten, zu Hause werde es nur ich sein. Nur ich. Ich bin zwar erleichtert, nach Hause zu dürfen, aber ich habe auch Angst, diese grauenhafte Vertrautheit hinter mir zu lassen. Auch das Grauen kann sich häuslich anfühlen. Der Arzt sieht stumm dabei zu, wie sich diese Gedanken auf meinem Gesicht abzeichnen, dann zieht er seine Hände weg und klopft mir fest auf die Schulter. »Alles wird gut«, sagt er.

Meine Hände zittern, als ich unsere Windeln, Strampler und Decken, die zerknitterten Kaffeebecher, meine Fotokopie des *Caoineadh* und meinen Stapel Bücher aus der Bibliothek, mit weit überzogenen Leihfristen, aus dem Schrank räume. Ich nehme die Hand meiner Tochter und winke mit ihr zum Abschied. Endlich werde ich sie nach draußen mitnehmen.

In letzter Minute erinnere ich mich an mein Kühlschrankfach im Melksaal und eile zurück, um eine Plastiktüte zu holen und meine kalte Milch hineinzuwerfen. So viele Flaschen blicken mich aus dieser Dunkelheit an – darunter auch die von der Milchbank –, bereit wie Gespenster, blass und parat. Ich schließe die Tür. Ich gehe fort.

5. ein unwissenschaftlicher mischmasch

mar a bhfásaid caora
is cnó buí ar ghéagaibh
is úlla 'na slaodaibh
'na n-am féinig.

where sheep grow plump, and branches
grow heavy with clusters of nuts,
where apples spill lush
when their sweet season rises up.

wo die fetten Schafe gedeihen,
vor lauter Nüssen biegen sich die Zweige,
saftige süße Äpfel reifen
zu ihrer Zeit.

Eibhlín Dubh Ní Chonaill

IN DEN WOCHEN mit dem Baby zu Hause stellen sich wieder meine gewohnten Routinen ein, und sie verhindern, dass ich zu viel über die seltsamen Wochen nach der Geburt nachdenke. Ich freue mich mehr denn je über meine Listen und die täglichen Aufgaben, mit denen ich sie fülle: das Staubsaugen, die Einkäufe, die Bäder und die Wäsche. Sie bieten mir einen Anker, durch die einfache Freude, einen Strich durch eine Aufgabe zu ziehen. Immer wenn sich meine Tochter zum Stillen in meine Ellenbeuge schmiegt, greife ich zu einem Buch. Aus wissenschaftlichen Werken, aus Geschichtsbüchern über Irland im 18. Jahrhundert, aus Übersetzungen und alten Landkarten trage ich weiter alle Informationen zusammen, die ich über das Leben von Eibhlín Dubh finden kann, ganz gleich, wie unverständlich oder randständig sie sind. Je mehr ich lese, desto dicker wird mein Ordner mit Notizen.

In den Monaten nach der Geburt meiner Tochter kommt mir das Hersagen des *Caoineadh* wie eine Zeitreise vor. Ich trage das Baby im selben Tragetuch wie seinen Bruder und flüstere die gleichen Verse vor mich hin. Wenn ihr schlafendes Ohr an meiner Brust ruht, hallen in ihm die Worte von Eibhlín Dubh wider. Was für Träume mag sie wohl aus diesem Geflüster spinnen? Was für galoppierende Hufe? Was für ein Geheul?

—

Die Krankenschwester des Gesundheitsamts meldet sich für einen Hausbesuch an, und ich bin unablässig am Putzen, aus Angst, sie könnte übersehene Spinnweben oder eine Saftpfütze als Beleg dafür anführen, dass man mir meine Kinder wegnehmen muss. Meine Handflächen sind feucht, als ich ihr dabei zusehe, wie sie ihre Waage auf unseren Küchentisch stellt. Sie fragt nach Tee, und ich verfluche mich im Stillen dafür, dass ich keine fertige Kanne parat habe. Als ich mit unseren besten angeschlagenen Tassen zurückkomme, blättert sie in meinem Ordner. Ich will mich über den Tisch stürzen und ihr *Nein! Meins!* zufauchen. Stattdessen schenke ich ihr Tee ein und versuche zu lächeln. Sie lacht vor sich hin und tippt mit dem Finger aufs Papier. »Art O'Leary! Der war so was wie unsere Boyband damals.« Ich versuche, ein ruhiges Gesicht zu bewahren.

Während sie in Erinnerungen an ihre Schulzeit schwelgt, lasse ich meinen müden Blick zu meiner Teetasse schweifen, sehe, wie ihre Form einem Ohr gleicht, verziert mit blauen Schleifen. Ich denke an die Geste, die eine Tasse erfordert, die Neigung zum Mund, das Fließen. Mein Auge übermittelt das Bild auf der Tasse, und ich zucke zusammen. Wie konnte mir das entgehen? Seit Jahren trinke ich aus einer Tasse mit Staren. Ich denke an ihren Gesang, daran, wie geschickt sie echte, erinnerte Klangfetzen nachbilden und sie zu ihren eigenen melodischen Bridges verweben: eine Verschmelzung von Wahrheit und Erfindung, von Vergangenheit und Gegenwart. Die erwartungsvolle Stille, die auf eine Frage folgt, holt mich zurück zu der Krankenschwester, deren Finger jetzt auf meinen Kritzeleien ruht, während sie mich anschaut. Sie wiederholt ihre Frage. »Wir machen also einen Abendkurs?« Ich schüttele den Kopf. »Wozu soll das dann gut sein?« Meine Schultern antworten für mich, und mein ganzer Körper wird purpurrot. Sie wendet sich schon bald einem anderen Thema zu und schimpft mit mir über das Baby: kein Ernährungsplan, keine feste Schlafroutine, man sollte meinen, dass eine Mutter beim vierten Kind etwas mehr, nun ja ... Sie hebt die Brauen und die Handflächen.

Nachdem sie gegangen ist, weine ich, mehr aus Wut denn aus Scham, ihre Worte noch im Ohr: *Wozu soll das dann gut sein?*

—

Ich weiß nicht, wozu das gut sein soll, aber ich mache trotzdem weiter, in der irrigen Hoffnung, dass mich meine Obsession, wenn ich sie auf die Spitze treibe, vielleicht irgendwann langweilen könnte. Es ist ein unkluger Ansatz, der alles nur noch schlimmer macht, denn je mehr ich lese, desto größer wird meine Wut. Sie richtet sich gegen die einleitenden Absätze, die den Übersetzungen oft vorangestellt sind, schwache Skizzen des Lebens von Eibhlín Dubh, die fast immer aus einer faulen Variante der immer gleichen zwei Fakten bestehen: *Ehefrau von Art O'Leary. Tante von Daniel O'Connell.* Wie umstandslos der akademische Blick sie in einen männlichen Schatten stellt, als könne sie nur als Trabant des Lebens von Männern von Interesse sein.

In meinem Groll sehe ich ein Projekt Gestalt annehmen, das eine Antwort auf die Frage der Krankenschwester sein könnte. Vielleicht hatte ich immer schon gewusst, wozu das alles gut war. Vielleicht war ich auf meine wahre Aufgabe gestoßen. Vielleicht waren die Jahre, die ich damit verbracht hatte, die verstreuten Teile dieses Puzzles zu sichten, nicht vergeudet; vielleicht waren sie eine Vorbereitung. Vielleicht könnte ich Eibhlín Dubhs Leben würdigen, indem ich ein wahrheitsgetreueres Bild ihrer Tage entwerfe, indem ich alle Fakten, die wir kennen, zu einem Kaleidoskop zusammenfüge, eine Fülle einzelner Momente, bruchstückhaft, aber lebendig. Als ich mir das vorstelle, schlägt mein Herz schneller. *Ich könnte meine Tage der Suche nach ihren widmen,* sage ich mir, *das könnte ich, und das werde ich auch.*

—

Ich beginne mit einem unwissenschaftlichen Mischmasch aus Tagträumen und Tatsachen, zusammengerührt, während ich Porridgepampe in einen Mülleimer schabe, Schulranzen und Mäntel zusammensammle, Kinder ins Auto drängle, mir an der Ampel Flüche verkneife, drei Jungen Abschiedsküsse gebe und wieder nach Hause fahre. Die ganze Zeit über habe ich ein Auge auf Eibhlín Dubh und eines auf meiner Tochter in ihrem Kindersitz. Sie wächst in diesem Rückspiegel. Bald schon sind ihre Augen offen, wenn wir nach Hause fahren. Bald schon kann man ihre Gluckser fast in Worte übersetzen. Bald schon zerrt sie an den Gurten, mit denen ich sie angeschnallt habe. Bald schon lächelt sie zurück. So gehen die Jahre in diesem Spiegel vorüber: schnell, zu schnell.

Eines Morgens, um 9.23 Uhr, halte ich am Schultor inne. Anstatt nach links in Richtung Zuhause und den Körben mit Wäsche zum Bügeln abzubiegen, biege ich nach rechts ab und gehe während der Fahrt die Radiosender durch. Ein ehemaliger *Taoiseach* ist gestorben, und seine Leistungen werden mit der schwelgenden, karamellsüßen Nostalgie von Männern aufgezählt: *Ein großer Mann. O, ein großer Mann.* Ich schalte ab. Jetzt sind nur noch drei Stimmen zu vernehmen auf unserem Asphaltpfad, und alle drei sind weiblich: meine, die meiner Tochter, und die des Navigationsgeräts, das uns nach Kilcrea führt, in einem ausdruckslos autoritären Ton. »Links abbiegen« weist sie an, mit einer Stimme bar jeder kommunikativen Erwartung.

Wir werden von einer Brücke über den Fluss geführt, die so schmal ist, dass sie eher von Hufen als von Motoren singt. Ich öffne die Fenster und stelle den Motor ab. Vogelgezwitscher flattert herein. Es ist zwar schon Ende Oktober, aber die Bäume hier sind auch jetzt noch dicht belaubt und singen vielstimmig im Wind, genau wie die Bäume sangen, als Eibhlín Dubh sich dem Ort näherte. Ich bekomme Gänsehaut. Sie war hier. Ein Pferd trug sie über diese Brücke, über den Fluss Bride. *Anvertraut. Bríd.* Bald schon wird er auf den Fluss Lee treffen, sein Name wird sich ändern, und er wird ein anderer werden, aber hier fließt dieser kleine Fluss noch unter den Bäumen einher und summt seine eigenen flüssigen Melodien.

Hinter der Brücke erhebt sich die Abtei aus einem Flickenteppich von Feldern, warm und verwittert unter einem für die Jahreszeit ganz untypisch wolkenlosen Himmel. Meine Tochter lächelt. Sie trägt eine leuchtend rosafarbene Strickjacke, die ihre Großmutter gestrickt hat, ein weiblicher Text, in dem jede Masche eine Silbe ist. Ich hebe sie hoch und schleppe sie, zusammen mit meiner Tasche, meinem Handy, meinem Notizbuch, meinem Stift und meiner Kamera, seitwärts über den Zauntritt. Das ist das Leben, das ich mir geschaffen habe, immer auf der Suche nach etwas, das sich meinem Zugriff entzieht, während ich mit vollen Armen absurd komplexe Ladungen schleppe.

Als ich durch die gepflegte Allee gehe, die zur Abtei führt, erinnere ich mich daran, dass Eibhlín Dubh hier links und rechts am Wegesrand Knochen gesehen haben wird. Im Jahr 1774 beschrieb Charles Smith seine Reisen durch diese Gegend in *The Ancient and Present State of the County and City of Cork*. Als er den Weg erreicht, der zur Abtei führt, sieht er »hohe Aufschüttungen zu beiden Seiten, die vollständig aus menschlichen Knochen und Schädeln bestehen, zusammengehalten von Moos; und außer der großen Anzahl verstreut herumliegender Gebeine sind noch weitere Tausende in den Gewölben, Fenstern etc. aufgehäuft«. All diese Knochen sind inzwischen ordentlich in der Erde vergraben worden; die einzigen Schädel oberhalb des Erdbodens sind unsere und die der Krähen.

»Kilcrea« bedeutet »die Kirche von Créidh«, nach der ersten Äbtissin, die hier ein heiliges Haus gründete. Später errichteten Mönche an gleicher Stelle ein berühmtes Kloster, mit massiven Steinmauern, die von ihrer Andacht widergehallt haben werden, und in deren Ruinen, später, in einer anderen Zeit, zu einer anderen Melodie, Eibhlín Dubh ihre Klage erhob. Jetzt kommt der Herbst und führt mich mit sich, angezogen von Motiven, die ich nicht vollständig erklären kann, nicht einmal mir selbst gegenüber. Vielleicht ist diese Pilgerreise mein erster Schritt auf sie zu. Ich gehe, und während ich gehe, prägen sich die Abdrücke meiner Absätze in die Erde und fügen so dem alten Bestandsbuch der Fußabdrücke eine weitere Zeile hinzu. Im Gemäuer nehme ich eine Körperhaltung ein, von der ich mir vorstelle, dass andere sie hier einnahmen – ich schaue auf.

Hoch oben sehe sich das Skriptorium, in dem Mönche über einen Tisch gebeugt die Luft mit dem gleichmäßigen Kratzgeräusch der Feder auf Pergament erfüllten. Sorgfältige, penible Abschriften: ach, die ernsthaften Bemühungen des Menschen. Gedichte wurden damals üblicherweise von *Taoisigh* in Auftrag gegeben – den Führern der alten gälischen Ordnung –, die einen (männlichen) Barden beschäftigten, um eine Person oder ein Ereignis in Versen zu verewigen. Diese Gedichte wurden in *Duanairí* kopiert, handgeschriebene Anthologien, die oft auch Genealogien und heilige Texte enthielten. Im Gegensatz dazu wurde die von Frauen verfasste Literatur nicht in Büchern aufbewahrt, sondern in weiblichen Körpern, lebendigen Verwahrungsorten der Dichtung und des Gesangs. Bei meiner Lektüre bin ich auf das Argument gestoßen, dass das *Caoineadh* aufgrund der Fehlbarkeit des menschlichen Gedächtnisses und seiner unvollkommenen Träger nicht als das Werk einer einzelnen Autorin angesehen werden kann. Vielmehr müsse es, so diese Theorie, als Collage oder vielleicht als volkstümliche Neubearbeitung älterer Totenklagen betrachtet werden. Für mich klingt das – mit der schamlosen Unverfrorenheit von jemandem fern der hohen Räume der Universität – nach einer männlichen Behauptung, die einem weiblichen Text aufgezwungen wird. Schließlich geht die Etymologie des Wortes »Text« auf das lateinische Verb »texere« zurück: weben, zusammenfügen, flechten. Das *Caoineadh* gehört zu einer literarischen Gattung, die von Frauen geprägt und gewoben wurde und in der sich Stränge weiblicher Stimmen verflechten, die weiblichen Körpern entstammten – ein Phänomen, das mir eher Anlass zum Staunen und zur Bewunderung gibt als zu Zweifeln an der Autorschaft.

In Kilcrea verdunkelt sich der Himmel, und in meinen Armen zittert meine Tochter und beginnt zu singen: »*Ba ba black she, How ya do the do?*« Ich wickle meinen Mantel um uns beide, als wir dort stehen, wo einst

Eibhlín Dubh stand. Ich spreche einige Verse aus dem *Caoineadh*, und meine Stimme hallt von den Steinmauern wider, die einst auch ihre Stimme vernahmen. Als ich »*Mo chara go daingean tú*« sage, blickt meine Tochter zu mir auf, mit einem amüsierten Gesichtsausdruck, neigt dann den Kopf und ahmt den Tonfall meiner Worte nach. Ich sage den Vers, den man mit »Oh, meine treue Gefährtin« übersetzen könnte, noch einmal. Ich spüre es hier so stark, ihr Echo. Dies ist unser Anfang.

—

Als ich Kilcrea verlasse, kribbeln sogar meine Fingerspitzen elektrisch. Ich frage mich, was ich über Eibhlín Dubhs Leben erfahren könnte, wenn ich mich von der Forschung löse, die ich bisher einfach so hingenommen habe. Ich denke wieder an all die öden kurzen Skizzen, in denen diese Frau in den dürftigen Rollen der Tante oder Ehefrau vorgestellt wird, verdeckt vom Schatten der Männer. Wie würde sie wohl im Licht der Frauen erscheinen, die sie kannte?

Als ich aus dem Auto steige, habe ich einen Plan entworfen und die Werkzeuge für seine Umsetzung gewählt. Ich bin zwar keine Wissenschaftlerin, glaube aber, dass ich ihr Leben auf meine eigene Weise darstellen kann. Ich beginne natürlich mit einer Liste. Neben der erneuten Lektüre des bisher Gelesenen, der Planung von Forschungsreisen zu ihren Wohnorten und der Suche nach

Quellen in Archiven werde ich mich noch mal einer Publikation aus dem Jahr 1892 zuwenden: *The Last Colonel of the Irish Brigade*. In zwei Bänden auf brüchigem, vergilbtem Papier berichtet eine Autorin, die sich Mrs Morgan John O'Connell nennt, von einem Bündel geheimer Familienbriefe, die »im Sekretär des alten Maurice O'Connell, mit Messinggriffen und vielen Schubladen« gefunden worden seien. Maurice war der ältere Bruder von Eibhlín Dubh, Erbe des Hauses, in dem sie aufgewachsen waren, und Verwalter des Familienvermögens. Wie nicht anders zu erwarten, geht es in dem Briefwechsel der Brüder vor allem um die Belange von Männern: Militärpolitik, Handelsvereinbarungen, Finanzen usw., gelegentlich finden sich darin aber auch Erwähnungen des Lebens von Frauen. Ich beschließe, mich noch mal diesen Texten zuzuwenden und einen Akt der vorsätzlichen Auslöschung zu begehen, indem ich jedes Dokument und jeden Brief so zusammenstreiche, dass nur noch das Leben von Frauen übrig bleibt. Durch diese schräge Form von Lektüre widme ich mich der Aufgabe, weibliche Leben aus männlichen Texten hervorzulocken. Ein solches Experiment der Umkehrung wird, so hoffe ich, das verborgene Leben der Frauen zum Vorschein bringen, das immer da ist, kodiert, geschrieben mit unsichtbarer Tinte.

Bei der Auswahl zweier Frauen, mithilfe derer ich Eibhlín Dubh zeichnen will, brauche ich nicht lange zu suchen. Ich fühle mich zu der Frau hingezogen, die Mrs O'Connell als »Mutter vieler Kinder [darunter Maurice und Daniel], mit ihrem eigentümlichen irischen Improvisationstalent, ihrer praktischen Schläue und ihrer guten Haushaltsführung« bezeichnet, und als ich herausfinde, dass Eibhlín Dubh eine Zwillingsschwester hatte, sehe ich einen weiteren Pfad vor mir. Ich fange an, sie im Licht dieser beiden Frauen zu skizzieren, indem ich langsam meine Forschung mit meinen Tagträumen und dem kursiv Geschriebenen aus Mrs O'Connells Buch verflechte, und wenn eine dünne Stimme in meinem Kopf noch immer »Warum?« fragt, dann so leise, dass ich sie ignorieren kann.

—

ANLEITUNG ZUR HERSTELLUNG EINER MARIONETTE

1. Falte ein Blatt Papier mittig.
2. Falte es noch mal. Falte es so oft, bis die Papierfalten einer blassen Ziehharmonika ähneln.
3. Zeichne die Silhouette einer Frau.
4. Schneide die Frau mit einer Nähschere aus.
5. Indem du die Silhouette der Frau aus dem Papier löst und heraushebst, erweckst du sie im Papier zum Leben. Sie ist nicht allein. Schau, wie sie sich alle zusammen erheben: Hand in Hand in Hand.
6. Merke dir: Auf jeder Seite gibt es ungezeichnete Frauen, und jede wartet in ihrer eigenen Stille.

—

éirigh suas anois,

rise up now,

Erhebe dich, los,

Eibhlín Dubh Ní Chonaill

Als Eibhlín Dubh in der warmen Dunkelheit schwebte, war sie nicht allein. Noch bevor die Fingerspitzen ihrer Mutter die Bewegungen embryonaler Glieder in einer Blase ertasteten, spürte ihr Zwilling am eigenen Leib, wie sie sich erstmals regte.

—

Ein Ozean vor Sonnenaufgang wogt weit und lebendig mit unzähligen Wellen, jede mit eigenem Schwung. Im Morgengrauen jenseits des Strandes beginnt auf einem Bauernhof rege Betriebsamkeit: Pferde malmen Hafer, Hände sammeln Eier ein, und aus Eutern spritzt Milch, Zisch um warmen Zisch. Im Inneren des Hauses betritt ein Mädchen die Stube und kniet sich vor die Schuttkohlen von gestern. Ihr Pusten bringt die Asche zum Tanzen, und darunter beginnen drei Kohlen zu glühen. Aus der Küche zieht der Duft von Brot durchs Haus, glatte weiße Brötchen, ordentliches Englisch sprechend, für die Familie und braune Laibe, die auf Irisch lachen, für alle anderen. Die Zimmer sind erfüllt von aufgeregtem Gemurmel, da die Dame des Hauses, Máire Ní Dhonnabháin Dhuibh, in den Wehen liegt.

Es ist nicht das erste Mal, dass ihr Körper die Arbeit des Gebärens verrichtet; von den zweiundzwanzig Kindern, die sie in ihrem Leben zur Welt bringen wird, wird Máire zehn zu Grabe tragen. Sie ist eine großzügige Herrin, deren einzige Knausrigkeit darin besteht, dass sie akribisch den Eierverbrauch des Haushalts kontrolliert. Der Kontrast zwischen ihrer grundsätzlichen Großzügigkeit und diesem einen Punkt der Sparsamkeit ist so groß, dass sie liebevoll *Pianta Ubha* – »Eierschmerzen« – genannt wird, eine treffende Bezeichnung, bedenkt man, wie viel ihr ambitionierter Körper mit Schwangerschaften zu tun hatte. Jahrzehntelang produzieren Máires Brüste fast durchgehend Milch, und fast immer trägt sie neues Leben in sich. Jetzt öffnet sich ihr Körper weit, und zu ihrem eigenen Gebrüll gesellen sich die Schreie von Säuglingen – erst eine weibliche Stimme, dann eine zweite. Zwillinge. Mädchen. Máire sinkt zurück, ihre Schenkel sind nass und zittern. Sie nennt ihre jüngsten Töchter Eibhlín und Máire, aber die Leute werden sie nur als Nelly und Mary kennen. Ihre Mutter ruht sich nach der Geburt nicht lange aus, denn die Führung von Derrynane House ist keine geringe Aufgabe, und auch ein profitables Schmuggelgeschäft untersteht ihrer Aufsicht. Ein solcher »Handel« war damals nicht ungewöhnlich, aber das Ausmaß, in dem ihn diese Familie betrieb, bescherte ihr außergewöhnlichen Reichtum. Zusammen mit ihrem Mann Dónal Mór führt Máire regelmäßig Leder, gesalzenen Fisch, Butter und Wolle aus und importiert Tee und Wein, Zucker und Brandy, Tabak, üppige Seiden und Samt.

Die beiden kleinen Mädchen werden bei Ammen untergebracht, bis sie kräftig genug sind, um zu ihrer Familie nach Derrynane House zurückzukehren. Als sie zurückkommen, werden sie von einem Kind ihrer Pflegefamilie begleitet, einem Fast-Geschwister, das zu einer treuen Bediensteten-Gefährtin wird. Die Sprache, die die Zwillinge an der Brust ihrer Pflegemütter lernen, ist Irisch, während zu Hause Englisch gesprochen wird – eine sprachliche Zweiteilung, die diese Familie in ihrem Kern ausmacht. Mrs O'Connell schreibt:

> Sie sprachen Englisch, trugen englische Kleidung und gestalteten ihr Alltagsleben mehr oder weniger gemäß den englischen Sitten; in ihren Herzen aber sehnten sie sich nach dem verlorenen Land, den alten Stammesrechten und Privilegien, und in Momenten großer Aufregung wechselten sie in die irische Sprache, die sie zuerst gelernt hatten.

Zu der Zeit, als Nelly und Mary geboren wurden, hatten die von den englischen Kolonisatoren erlassenen Strafgesetze eine derartige Brutalität entfaltet, dass die ursprüngliche Gesellschaftsordnung größtenteils zerstört war. Die Gesetze waren sorgfältig ausgearbeitet worden, um die einheimische Bevölkerung zu unterjochen und jede Gefahr auszuschalten, die sie für die protestantische angloirische Oberschicht darstellen könnte, die nun das gestohlene Land besetzte. Katholische Iren durften keine Ausbildung erhalten, kein Pferd im Wert von mehr als 5 Pfund besitzen und auch nicht wählen oder Waffen tragen. Nichtregistrierte Priester sollten kastriert werden; für die abgeschlagenen Köpfe von Priestern wurden Belohnungen ausgesetzt. Es gab jedoch Mittel und Wege, wie eine ehrgeizige Matriarchin ein solches System in aller Stille unterlaufen konnte. Die Bucht von Derrynane war abgelegen und wurde nur selten von der Obrigkeit aufgesucht, sodass Máire und ihre Familie hier einigermaßen unbehelligt ihren Geschäften nachgehen konnten. Geschenke wie Brandy oder feiner Tabak reichten aus, um sich Schweigen zu erkaufen.

Máire führte jedoch nicht nur das Haus und die Geschäfte, sondern war auch Dichterin. In vielen ihrer überlieferten Verse wendet sie sich an Menschen, die in Derrynane Arbeiten verrichten. Ich übersetze einen der erhaltenen Verse, die von Mrs O'Connell aufgezeichnet wurden, so: »Beeilt euch jetzt, meine Damen! Zieht rasch das Garn, denn eure Spinnräder sind stark und eure Bäuche nie hungrig.« In den Archiven des University College Dublin finde ich weitere Fossilien ihrer Stimme, die mir eine Vorstellung davon ermöglichen, wie ihre Töchter sie gesehen haben könnten – wie sie vom Hof zum Stall schreitet, ihr langes, helles Haar geflochten und ordentlich hochgesteckt, gekleidet in feinste importierte Stoffe, geschneidert nach ihrem Geschmack: »leuchtende bunte Seiden, die sich öffnen über einem Unterrock aus Satin, und feine Spitzenhäubchen und Rüschen für das Kleid, und Dimity und Kalmank«. Ich mache mich an die Übersetzung von einem dieser Wortwechsel, in dem Máire mit ihrem Anwesen prahlt: »Es gibt ein flaches Flussufer und ein hohes Flussufer, Schatten vor der Hitze und Wärme vor der Kälte, nach vorne der Sonne zugewandt und nach hinten dem Frost.« Als ein Mann in der Nähe ihren sentimentalen Ausbruch gehört hatte, soll er erwidert haben:

> Es gibt ein flaches Flussufer und ein hohes Flussufer,
> Nach vorne dem Frost zugewandt und
>   nach hinten der Sonne,
> In der Mitte gequetscht, und ein felsiger Strand,
> Und das ist alles, was du hast, Máire Ní Dhuibh.

Diese Replik ist so gewitzt, mit der geschickten Umdrehung des Rhythmus ihrer Prahlerei durch die Erwiderungen der Bediensteten, dass man sich fast das ausgelassene Gelächter danach vorstellen kann. Als Máire sich beim Frühstück über einen Diener lustig macht: »Mehr noch als unser eigenes Haus und Ballinaboula, / hätte ich gern den Appetit von meinem Burschen hier«, dreht er in seiner Erwiderung erneut raffiniert ihren Reim und ihr Metrum um:

Nun, wenn Sie früh rausmüssten zur Jagd
   auf Ihrem Grund
und weiterziehen von hier bis nach Ballinaboula,
den steilen Hügel hoch zum Einholen der Garben,
danach dann noch zum Dreschen in die Scheune,
dann wären wohl auch Sie hungrig, nicht weniger
als ich.

In der gewitzten Scherzhaftigkeit solcher Wortwechsel zwischen der Hausherrin und ihren Angestellten spüren wir etwas von der Atmosphäre, die Máire Ní Dhuibh um sich und ihre Kinder schuf. Als Chefin und Mutter schätzte sie einen schnellen Verstand und eine gewisse Kühnheit im Gespräch, auf die andere reagierten, sie im Gedächtnis behielten und nacherzählten.

Nachdem sie von der geborgten Brust ihrer Pflegemutter entwöhnt worden war, kehrte die kleine Nelly nach Derrynane zurück und sprang dort lachend mit ihrer Zwillingsschwester zwischen Ställen, Strand und Wald umher. Über ihnen summten die Äste das Geflüster der uralten Eichen, nach denen der Ort »Derrynane« benannt worden war, eine Anglisierung von »der große Eichenwald des Heiligen Fionán«. Ich will das Lied hören, das dieser Wald Eibhlín Dubh als kleinem Mädchen vorgesungen hat, aber ich kann ihr nicht folgen, wenn ich behaglich in meinen eigenen kleinen Räumen sitze.

Ich beginne, Landkarten zu studieren. Ich kreise Termine im Kalender ein. Ich halte meine Autoschlüssel bereit.

—

Es ist Frühling, als ich nach Derrynane komme und feststelle, dass selbst in den Tiefen des Waldes noch der akustische Sog der Gezeiten auf den Kopf wie ein Magnet einwirkt und mich wie die kleine Nelly die Orientierung finden lässt.

Ich bin allein am Strand, wo sich der Sand vor mir erstreckt, zahllose Fragmente von Muscheln, Steinen und Quarz, zermahlen und verschmolzen zu einem neuen Ganzen, einem Strand am Morgen noch ganz ohne menschliche Spuren. Eine leere Seite. Damals gab es hier jeden Tag neue Fußabdrücke, und der Wind wehte Wortfetzen in Portugiesisch, Französisch und Spanisch herüber. Bei Ebbe konnten die Zwillinge zu Fuß zur Abbey Island gelangen, genau wie ich jetzt.

Ganz weich ist der Boden, den Nellys hüpfende Zehen und Mrs O'Connells lange Röcke berührten und jetzt meine Fersen. Ich drehe mich um, um den Anblick meiner Fußabdrücke im Sand zu fotografieren, die ich schon so lange sehen wollte, aber während ich mit zusammengekniffenen Augen auf mein Handy schaue, stolpere ich über etwas. Ich fange mich und hebe das Hindernis auf: ein blaugrüner, faustgroßer Stein, unterteilt von drei sich kreuzenden Linien aus Quarz. Ich verstehe ihn als ein Omen, als Metapher für sich kreuzende Leben, als Zeichen dafür, dass die drei Frauen, denen ich folge, einst auch hier liefen. Während ich auf die Insel zugehe, erwärmt sich der Stein an meiner Haut.

Ich klettere den Inselhang hinauf und stelle mir die Zwillinge vor, wie sie durch die gedrungenen Wacholderbüsche hüpfen, vorbei an Wildblumen und dem gezackten Grün der Nesseln.

Ich bin mir sicher, dass Eibhlín Dubh, stünde sie jetzt neben mir, diesen Ort sofort wiedererkennen würde, so wenig hat sich verändert, abgesehen von den gelegentlich in Stürmen abgebrochenen Felsbrocken, der stetig wachsenden Zahl von Grabsteinen und der unter ihnen verborgenen Fracht. In einer Ecke der Kirchenruine finde ich Máires Gruft:

Sie überlebte ihren Mann um 22 Jahre
und war ein Vorbild für Ehefrauen und für Mütter,
bewundernswert und nachahmenswert.

Ich fahre mit dem Finger über die Wirbel und Windungen der Buchstaben und höre mich laut ihren Namen sagen, wieder und wieder. Beschwöre ich Eibhlíns Mutter herbei oder klage ich um sie?

»Máire«, sage ich, »Máire.« Ich stehe einen Moment lang still da und merke, dass ich auf eine Antwort warte. Keine Stimme antwortet, aber Wind kommt auf und peitscht mein Haar gegen meine Wange, schallend wie ein Schlag.

—

Der Weg vom Strand zurück zum Haus führte die Mädchen durch den Wald. Ich folge ihnen nach, auf demselben Pfad, durch ein Waldlicht, das sich gegenwärtig und altertümlich zugleich anfühlt. Ich bewege mich auf eine Weise, wie ich mich noch nie zuvor bewegt habe: Ich schlendere ganz langsam, dann noch langsamer, in der Hoffnung, irgendetwas zu sehen, das mein Gefühl für die frühen Jugendtage von Eibhlín Dubh hier vertiefen könnte. Ein Stück westlich des Hauses halte ich unter knorrigen Eichen und Buchen inne, und mein Herz fängt an zu flattern wie ein Vogel. Ein Baum ist umgekippt, umgeweht vom Sturm. Im Geflecht aus Wurzeln und Erde des hochgeklappten Wurzeltellers hängen die Reste einer alten Mauer, und in dem Geflecht hängt auch eine Tür. Sie muss schon seit Jahrzehnten von dem wachsenden Baum immer weiter unter sich begraben worden und erst durch seinen Sturz wieder ans Licht gekommen sein. Um durch sie hindurchzuklettern, müsste ich meinen Körper fest an die feuchte Erde pressen. Das tue ich. Als ich wieder hervorkrieche, sind meine Knie nass, und ich fühle mich verändert, ohne sagen zu können, inwiefern. Meine rechte Brust kribbelt bereits. Ich gehe weiter.

Noch bevor ich es sehe, spüre ich, dass vor mir ein

Ringfort liegt, und obwohl ich mich vor ihm fürchte, gehe ich weiter darauf zu. Ich weiß, dass viele nur Spott übrighaben für die Geschichten, die sich um diese alten, von einem Ringwall umschlossenen Festungen ranken, aber ich weigere mich, meine Ehrfurcht vor solch dunklen und heiligen Orten abzulegen. Hinter dem Haus, in dem ich aufgewachsen bin, zeichnete sich die Silhouette eines Ringforts gegen den Horizont ab. Er war das Herz, das in all meinen vererbten Ängsten schlug, trostlos und düster und voller Geheimnisse, und obwohl ich oft zu ihm hinüberstarrte, wagte ich es nie, mich ihm zu nähern. Meine ganze Kindheit lang wurde mir von den Gefahren erzählt, die solche Orte bergen: Dort hausten Andere, Andere, die unser Volk für sehr alt und sehr hinterlistig hielt, und diese Anderen waren dafür bekannt, Mädchen wie mich zu rauben. In der Schule lernte ich eine andere Übersetzung des Textes dieser Landschaft: Ringforts waren Verteidigungsanlagen, die einst Bauernhöfe vor Wölfen und Dieben schützten, so sagte man uns, und die Geschichten, die sich um sie rankten, waren lediglich *Piseógs* oder abergläubische Folklore. In meinem Geschichtsbuch sah ein Ringfort von oben wie ein O aus, das mich an eine Höhlenöffnung in einer Klippe oder an eine Art Portal erinnerte. Ich wollte nicht wissen, wohin solcherlei Löcher wohl führen. Das Gewebe der Angst hüllte das Bild so vollständig ein, dass ich Abstand hielt. Heute, an diesem Tag, ist es aber anders. Heute habe ich das Gefühl, dass ich von jemand anderem zu dem Ringfort geführt werde. Ich kann mich nicht widersetzen.

Ich komme näher und meine, einen Schatten unterhalb der Mauer zu sehen – oder *in* der Mauer? Irgendetwas ist da. Etwas – Dunkles, etwas – Halbgeöffnetes. Ich stelle fest, dass das, was ich für den äußeren Wall des Forts gehalten habe, in Wirklichkeit ein Ring innerhalb eines Rings ist und sich dazwischen eine hohle Kammer befindet, wie ein umlaufender Gang oder eine Reihe aufeinanderfolgender schmaler Zimmer, die noch teilweise mit Steinplatten bedeckt sind. Ich habe so etwas noch nie gesehen. Ich strecke meinen Arm in die Dunkelheit aus, befühle die kalten Oberflächen der Steine, taste blind herum, als würde ich einen Lichtschalter in einem dunklen Raum suchen. Dann gebe ich auf und klettere nach oben. Von dort sehe ich, dass diese Festung ein elegantes Souterrain ist.

Das Wort »Souterrain« leitet sich im Französischen von »*sous*« (unter) und »*terre*« (Erde) ab. Unterland. Unter den Füßen. Untergrund. Unter uns. Der Anblick einer alten Bauform über einer verborgenen Architektur der Tiefe – selbst das erinnert mich an das *Caoineadh*. Ich frage mich, was ich noch alles finden könnte, wenn ich hier noch eine Weile bliebe. Obwohl ich ungeduldig werde und wieder nach Hause zu meinen Kindern will, setze ich mich für einen Moment auf den Rand des Ringwalls und lasse meine Hände über seine Oberfläche wandern, mit ihrem sattgrünen Überwurf aus Gras und Brombeersträuchern. Die Lage dieses Bauwerks fühlt sich geschützt, fast gemütlich an, wie es sich so zwischen die Bäume schmiegt.

Während ich dasitze, zeichnet sich von fern her eine Choreografie aus Wolken und Sonnenlicht auf meinem Körper ab. Meine Fingerspitzen fahren über die Steine. Eine geraume Weile sitze ich da und warte darauf, dass dieser Ort mir etwas verrät, dass er ein Geheimnis preisgibt, das mich dem Mädchen näherbringen könnte, das einst den Kopf wendete, wenn durch diesen Wald der Ruf zweier Silben erklang: *Nel-ly, Nel-ly*. Ich denke über die Anfänge des Wachstums nach, das sie bereits in mir ausgelöst hat. Ein Kitzeln auf der Hand lässt mich die Augen öffnen, und ich sehe ein kleines Blatt, das auf meinem Handrücken gelandet ist. Irritiert schüttele ich es ab und versuche, mich wieder in meine Träumerei zu vertiefen, aber mein Blick ist bereits abgelenkt und jagt dem hinabfallenden Blatt hinterher. In jeder noch so kleinen Ritze ertasten meine Finger die hartnäckigen Ranken der Walderdbeeren. In diesem Moment sehe ich sie, Zwillingsmädchen, die eine dunkel, die andere hell, die Lippen rot von Erdbeersaft.

—

Als Jugendliche wurde Nelly immer wilder, so wild, dass ihre Mutter sie im Alter von vierzehn Jahren mit einem alten Mann verheiratete, der nur »Mr Connor« genannt wurde und fünf Stunden entfernt wohnte. Das Bild: Nelly schleudert jetzt ihren Kamm in eine Reisetruhe, und ein paar Nachthemden, bestickte Strümpfe und ein Medaillon hinterher. Sie knallt den Deckel zu und schließt ihn ab. Sie umarmt fest ihre Zwillingsschwester, aber sollten sie sich etwas zuflüstern, sind wir zu weit weg, um ihre Worte zu verstehen. Als Nelly Derrynane verlässt, glitzern ihr tausend gekräuselte Wellen ihre Abschiedsgrüße zu.

—

Ich habe gelesen, dass eine Mitgift in Form von Schafen, Pferden und Vieh oft der Kutsche der Braut vorausgeschickt wurde. Ich lasse also schwarze Kühe auf einer schmalen Straße vorwegtrotten und stelle mir Nelly schmollend in der Kutsche dahinter vor. Bei einer traditionellen »Hauling-Home«-Zeremonie, bei der die Braut zum Bräutigam geführt wird, muss das Gefährt der Braut eigentlich das letzte Stück des Weges zu den Klängen von *Óró, Sé Do Bheatha Abhaile* gezogen werden. Als sie sich ihrem Ziel nähern, schau also zu, wie die Pferde ausgespannt werden und stattdessen eine fröhliche Menge die Kutsche zieht. Nelly betritt unter Jubel und Beifall ihr eheliches Heim, eine schöne Frau, von der alle hoffen, dass sie dem alten O'Connor einen Erben schenken wird. Im Haus steht eine Harfe. Als Nelly eintritt, reißt jede einzelne ihrer Saiten. Tick. Tick. Tick. Diese Merkwürdigkeit wird von allen Anwesenden als *ein sehr schlechtes Omen* gedeutet, was sich darin äußert, dass ein erschrockenes Raunen durch die Menge geht, und eine Welle von Ellbogenstößen in die Rippen der Nebenstehenden. Es ist ungewöhnlich, einem Omen bei seiner Geburt beizuwohnen, wo doch die meisten Omen erst rückblickend gelesen werden können. Als die Saiten reißen, richten sich alle Augen auf Nelly.

Hätte das Omen keine eindeutigen Folgen gehabt, wäre diese Geschichte nicht erzählt und wieder erzählt worden, bis ihr Echo stark genug war, um uns zu erreichen. Sechs Monate später jedoch ist ihr Mann tot, und sein Tod verleiht diesen Saiten etwas Unheilvolles und verwandelt ein gewöhnliches (wenn auch seltsames) Ereignis in eine Geschichte, die man sich weitererzählt. Nelly muss ihr dunkelstes Kleid anziehen und bei seinem Leichnam stehen, um den Text vorzutragen, den man von ihr erwartet, vor denselben Zuschauern, die Zeugen des Reißens der Saiten geworden waren. Manche sagen, sie habe um ihn getrauert, andere, dass sie sich bei seiner Totenwache fröhlich zurückgelehnt und Nüsse geknackt habe, aber so oder so ist Nelly im Alter von fünfzehn Jahren Witwe. Als sie nach Derrynane zurückkehrt, ist sie nicht schwanger.

Hier: Stille.

Wie sehr wünschte ich mir, jemand hätte mehr Worte von Frauen für wert befunden, in diesem alten Sekretär aufbewahrt zu werden. All die Tagebücher, Briefe und

Haushaltsbücher, die ich mir mit weiblichen Handschriften gefüllt vorstelle, müssen einmal existiert haben, bis jemand sie in einen Abfalleimer entsorgte und säuberlich dem Vergessen überantwortete. Uns bleibt allein das Urteil von Mrs O'Connell (die selbst aus räumlicher und zeitlicher Ferne schrieb), um einen Eindruck von der Zeit nach Nellys Ehe zu bekommen. Obwohl Nelly »weder eine besondere Zuneigung für ihren Mann hegte noch bekundete, bedauerte sie bei ihrer Rückkehr nach Hause den Verlust der Freiheit und des Einflusses einer Hausherrin«.

Mich bedrückt das Schicksal dieses Mädchens. Ich habe mich so daran gewöhnt, auf Echos ihres Lebens in dem Leben, das ich kenne, zu lauschen, dass sie mir so real erscheint wie jede andere unsichtbare Präsenz – so real wie die körperlosen Stimmen im Radio, so real wie der menschliche Chor des Internet, so real wie die Wurzeln, die sich unsichtbar unter dem Unkraut erstrecken, so real wie der Hund, der hinter unserer Hecke heult. Für mich ist sie real, wenn ich ihr auf ihrem widerwilligen Weg von Derrynane in die gescheiterte Ehe folge und wieder zurück; sie ist so real wie ich.

Mir ist bewusst, wie sehr sich das Leben von Eibhlín Dubh von meinem unterscheidet, und doch kann ich nicht anders, als Verbindungen zwischen uns herzustellen. Auch ich starrte als Jugendliche auf eine Leiche hinab, und auch ich empfand mich als gescheitert. Ich geriet in diese Situation durch einen Raum.

6. der sektionsraum

> Is aisling trí néallaibh
> do deineadh aréir dom
>
> Last night, such clouded reveries
> appeared to me,
>
> ich lag von wachem Traum umwölkt
>
> *Eibhlín Dubh Ní Chonaill*

DAS ERSTE MAL betrat ich den Raum in einem Traum.

In dem Traum fiel helles Licht durch hohe Fenster, und eine Reihe unklarer Formen schwebte in Hüfthöhe, wie Gebirgszüge unter Schneedecken. Es fühlte sich so an, als habe sich der Raum eben erst geleert, als habe eine mir unbekannte Menschenmenge ihn gerade verlassen; und in diesem kurzen Moment der Leere des Raumes war plötzlich ich anwesend, ein Gespenst.

Als ich aufwachte, stützte ich mich auf die Ellbogen, zitternd vor Verwirrung und der noch nachwirkenden Furcht; ich zitterte, als würde ich mich aus einem Fluss emporhieven. Auf der Digitalanzeige meiner Stereoanlage leuchteten rot die Ziffern 08:52. Es war ein sonniger Samstagmorgen, und ich hatte drei Stunden verschlafen, was bedeutete, dass ich die ersten sechs der fünfzehn Lerneinheiten, die ich mir für den Vormittag vorgenommen hatte, bereits versäumt hatte. Die Abiturprüfungen rückten näher. Während sich meine Schulfreunde zwischen Lehrberufen, pflegerischen Ausbildungen oder einem Jurastudium entschieden, hatte ich mir in den Kopf gesetzt, dass ein ganz bestimmter beruflicher Werdegang meiner Zukunft eine feste Struktur geben würde.

Einige Jahre lang hatte ich in aller Stille unseren Hauszahnarzt bei der Arbeit beobachtet. Er war ein liebenswürdiger Mann, ruhig und freundlich, und mir schien, dass sein Arbeitstag aus einer begrenzten Anzahl von Problemen bestand, von denen jedes durch eine Reihe von genau definierten Handlungen leicht zu lösen war. Selbst der Anblick eines abgebrochenen Zahns, den ich ihm mit meiner kleinen, blutverschmierten Hand hinhielt, bereitete ihm keine Schwierigkeiten. Als ich mein Schulpraktikum in seinen sonnendurchfluteten Räumen absolvierte, bestätigte sich mein Instinkt: Man lebte hier ein gutes Leben. Wenn mein Abiturzeugnis gut genug wäre, um an der Universität Zahnmedizin zu studieren, könnte es auch mein Leben werden: sichere, geregelte Tage und ein sicheres, geregeltes Gehalt.

Mein Problem war, dass niemand aus der Erwachsenenwelt das auch so sah. Die für die Berufsberatung zuständige Lehrerin hatte mit meinen Eltern gesprochen, skeptisch die Ergebnisse meiner Eignungstests durchgesehen und zwei Möglichkeiten dargelegt: Unterrichten oder Unterrichten, entweder Kinder oder Jugendliche. Aber je mehr Erwachsene mich warnten, dass es ein Fehler sei, von der Zahnmedizin zu träumen, desto entschlossener wurde ich. Neben Rauchen und Trinken und dem Reigen zwielichtiger Freunde hatte ich die Zahnmedizin zum Schlachtfeld meiner jugendlichen Rebellion erkoren. Ich würde es ihnen schon zeigen. Allen. Ich musste nur eine bestimmte Menge an Informationen auswendig lernen und sie dann in einer Prüfung zu Papier bringen. Ganz einfach.

Ich lernte in jeder freien Stunde: zu Hause, noch bevor die Kühe ihr Futter wiederkäuten, während der Freistunden in der Schule, im Bus und auf dem Fußweg nach Hause über die kleine Landstraße. Selbst wenn ich mich hinter das Schulgebäude schlich, um zu rauchen, tastete ich nach der Liste der französischen Verben in meiner Tasche. Ich musste die Konjugation auswendig lernen, die mir am schwersten fiel, das Imparfait, mit dem ausgedrückt wird, dass eine Handlung in der Vergangenheit andauert. *Je désirais*: Ich begehrte, ich wollte, ich sehnte mich; der Zustand war fortwährend. Ich nutzte jeden freien Moment meines Lebens als Gelegenheit zum Auswendiglernen. Es gab chemische Gleichungen, die ich mir einprägen musste, Verse aus Gedichten von Yeats, Definitionen der Zellplasmolyse und Deplasmolyse, einen ganzen Aufsatz über das Osmanische Reich zwischen 1453 und 1571. Es gab so viel zu erledigen. Ich musste die Gesetze der Genetik auswendig lernen, wie sich die Prozesse der Transkription und der Translation bei der Proteinbiosynthese unterscheiden. Ich musste quadratische Gleichungen üben. Ich musste nach x und nach y auflösen. Ich konnte es mir nicht leisten, Zeit zu vertrödeln, aber heute lag ich beim Aufwachen weit hinter meinem Zeitplan, noch ganz erfüllt von meiner geträumten Vision.

Als ich die Tür zum Schlafzimmer meiner Eltern aufriss, saßen sie lächelnd in der Sonne und aßen Buttertoast, im Hintergrund das Gemurmel der Radionachrichten. Ich erzählte ihnen, wie ich von einer Art Kirche geträumt hatte und dass es sich so real anfühlte, dass ich wusste, dass dies ein Zeichen dafür sein musste, dass alles gut werden würde, dass ich jetzt alles klar vor mir sah. Mein Vater stapelte ihre Tassen ineinander. »Du brauchst mehr Schlaf«, sagte er lächelnd. Es gab zu dieser Zeit bereits eine etablierte Dynamik unserer Gespräche über meine Zukunft. »Wenn du dich für Geisteswissenschaften entscheidest, kannst du vier verschiedene Fächer studieren«, sagte meine Mutter, »du magst Geschichte, das könntest du machen, und Englisch, wenn du willst, und Philosophie, und alles andere, was du willst!« Sie ließen einen geisteswissenschaftlichen Abschluss wie Weihnachten klingen, aber ich war überzeugt, dass ich damit keine Arbeit finden, keine Sicherheit und keine Kontrolle haben würde. Ich wusste, dass sie sich Sorgen um mich machten: dass ich lernte, anstatt zu schlafen, dass ich nicht aß, dass ich dünn und angespannt war und zu viel rauchte. Ich wusste, dass sie dachten, ich würde glücklicher, wenn ich einen Weg wählte, der mir weniger abverlangte; ich wusste auch, dass sie sich irrten. Bald wäre ich siebzehn. Ich hatte einen Plan. Ich konnte es schaffen.

In der Dusche konzentrierte ich mich auf die Abbildung des menschlichen Dünndarms, die ich außen ans Glas geklebt hatte, und wiederholte die Bezeichnungen vor mich hin, bis sie wie ein Gebet klangen: *Epithelzellen, Mikrovilli, Lymphflüssigkeit, Lumen*. Ich schloss die Augen und wiederholte sie, während sich in meinem Kopf das Bild dazu zusammensetzte: *Lumen, Lumen, Lumen*. Siedend heißes Wasser stieg als Dunst von meinen Armen auf, indem es sich auf der Haut in Luft auflöste.

—

Als ich den Raum zum zweiten Mal betrat, wartete dort eine Leiche.

Ich war am Morgen in einem seltsamen Schlafzimmer aufgewacht, vor dessen Fenster ein Fluss rauschte. Ich hatte ein kleines Stipendium bekommen, durch das ich mir ein Zimmer in einer WG auf dem Campus leisten konnte, und schlief in der ersten Nacht, wie jede Nacht danach, bei offenem Fenster und ließ mich vom Rauschen des Lee in den Schlaf wiegen. Ich zog mich an, steckte mir die Haare hoch, trank ein Glas Milch, rauchte vier Zigaretten, überprüfte dreimal meine Tasche, setzte meine Kopfhörer auf und drückte auf die Play-Taste meines Walkmans. In meinen Ohren dröhnten die Pixies, während ich den Hügel hinaufmarschierte und dabei zweimal meinen Campusplan für den Weg zurate ziehen musste.

In der Warteschlange für die Anmeldung zu den medizinischen Vorbereitungskursen sprachen die anderen mit den honigsüßen Vokalen von Privatschulen. Ich studierte sie begierig, meine Kommilitonen: ihre gebräunte Haut, ihre Gesten, wie sie ihre Kragen aufstellten. Alle hatten nagelneue Sektionstaschen dabei, die wir im Laden der Uni gekauft hatten, zusammen mit einem Stapel von Lehrbüchern. Als ich hörte, wie sie Witze über weitervererbte Laborkittel rissen, übersetzte ich mir den dahinterliegenden Text. Mein eigener Kittel war fabrikneu und noch frisch gestärkt, eine scheuernde zweite Haut, in die ich mich eingeknöpft hatte und die ich nun nicht mehr abstreifen konnte. Als ich im Hörsaal saß, juckte mein Hals wie verrückt, aber ich setzte mich aufrecht hin und verbot mir, mich zu kratzen.

Ein Dozent kam herein, und es wurde still im Saal. Der Techniker schob eine Videokassette in den Videorekorder. Das Bild flimmerte kurz und zeigte dann einen nackten Körper. Tot, dachte ich. *Tot?* Ja, tot. Eine freundliche Stimme begann, den Ablauf zu erklären:

THORAX. Achten Sie darauf, mit dem Skalpell einen sauberen Schnitt zu führen, der zwischen den Schlüsselbeinen beginnt und am Brustbein entlang bis zum Nabel verläuft. Die Schnittränder werden dabei festgehalten. Nehmen Sie danach ein kleineres Skalpell, um unter den oberflächlichen Fett- und Faszienschichten fortzufahren. Sobald die Haut entfernt ist, beachten Sie die Rippen und die Zwischenrippenmuskulatur. Lösen Sie die Brustmuskeln vorsichtig vom Brustkorb. Eine Handsäge ist –

Als das Video erst ins Stocken geriet und das Bild dann schließlich einfror, gab der Techniker dem Gerät einen müden Stoß. Als sich nichts rührte, führte uns der Dozent in den Laborbereich und reichte jedem von uns an der Tür ein Paar Latexhandschuhe. Mit einem Schlag stand ich in der Landschaft, von der ich Monate zuvor geträumt hatte. Die gleiche hohe Decke, die gleichen hell leuchtenden Fenster: Alles war genau und auf unheimliche Weise gleich. Sogar die sonderbaren Berglandschaften – etwa zehn Stück – sahen gleich aus, nur dass sie jetzt nicht schwebten, sondern auf Wägen mit Beinen ruhten und mit einem Laken bedeckt waren. Im Gegensatz zu meinem schlafenden Ich konnte ich erahnen, was sich darunter verbarg. Wie konnte mein Traum mir diesen Raum offenbaren, in all seiner Anschaulichkeit? Der Schock des Wiedererkennens war so groß, dass er eine körperliche Reaktion bewirkte: Auf meiner Kopfhaut bildete sich kalter Schweiß, und meine Handschuhe fühlten sich plötzlich zu eng an. Einen langen Moment stand ich starr da. Dann drängte sich ein großes Mädchen an mir vorbei, und meine Beine trugen mich hinter ihm her.

Wir standen zu sechst um den Tisch, und alle schwiegen. Als ich in die Tasche meines Laborkittels griff, um die Bereitschaft der anderen nachzuahmen, glitt ein Skalpell aus seinem Etui und senste mir die Fingerkuppe ab. (Tick.) Ich eilte zur Toilette, zog meinen Handschuh aus, saugte das Blut aus der Wunde, umwickelte sie dann mit einem Taschentuch und zog einen neuen Handschuh an, in der Hoffnung, dass niemand über meine seltsam gepolsterte Hand lachen würde. Ich starrte mich im Spiegel an. Wer schneidet sich schon im Sektionsraum ins eigene Fleisch? Nur ich, nur ich.

Als ich an den Tisch zurückkehrte, nickten sich die anderen gerade zu wie alte Damen, die um eine Kanne Tee sitzen: »Bitte, du zuerst.« »Nein, bitte, nach dir«, usw., usw. Der Dozent musste in meiner Abwesenheit Anweisungen gegeben haben; nun war es Zeit, mit dem Präparieren zu beginnen. Ein sommersprossiger Junge holte schließlich tief Luft, wählte ein Skalpell und schlug das weiße Laken vom Hals der Leiche bis zur Taille zurück. Wir beugten uns alle über die kalte Fläche menschlicher Haut.

Ich hatte mir immer vorgestellt, dass der Körper auf dem Seziertisch meinem eigenen nackten Körper ähneln würde, aber es handelte sich um einen sehr alten Menschen; und dazu einen toten; und dazu einen mit einer Lösung konservierten. Über einem runden Bäuchlein hingen sanft kleine Brüste herab, gesprenkelt mit Leberflecken. Es roch, natürlich roch es, aber anders, als ich es mir vorgestellt hatte, auch wenn es erkennbar ein Körpergeruch war, gleichzeitig fleischlich und chemisch, wie ein Hund an einem heißen Tag, über den jemand stolpert und ihn versehentlich mit Desinfektionsmittel übergießt. Der Junge hielt die Klinge einen zitternden Moment lang über den Körper der alten Frau. Dann setzte er an. Er schnitt sie auf. Im Raum herrschte Schweigen, während sich auch die anderen Studierenden über die Leichen auf den Tischen beugten, alle mit offenem Mund, verzaubert. Und dann, wie in stillem Einverständnis, begannen wir zu schneiden. Ich sah zu, wie die Haut vom Brustkorb der alten Frau abgehoben wurde, in zwei grauen Lappen, wie die Flügel einer Motte. Eine Hand nach der anderen drückte das Skalpell in die Haut, schnitt Fett ab und stach in Muskeln. Warum hatte sie sich dafür entschieden, fragte ich mich – was trieb einen Menschen dazu, seinem eigenen Körper ein so brutales Ende zu bestimmen? Ich versuchte mitzumachen und stach halbherzig ins Fleisch, das auf unheimliche Weise Thunfisch aus der Dose glich, grau und geschichtet, aber im Geist war ich immer noch mit der Merkwürdigkeit beschäftigt, dass ich in dem Raum stand, den ich geträumt hatte.

In den nächsten Wochen verbrachte ich meine Abende damit, Lehrbücher durchzuarbeiten, um mich auf den

Präparierkurs vorzubereiten und mir das anatomische Vokabular einzuprägen. Ich entwickelte eine zarte Verbindung zu meinen Kommilitoninnen und Kommilitonen, die sich eines gemeinsamen Vokabulars an scherzhaften Gesten bedienten, die ich nicht ganz beherrschte – wie einem plötzlichen Stups in die Rippen, lachend kommentiert mit: »Ha! Du hast gezuckt!« Das Spiel bestand darin, entgegen der körperlichen Instinkte Gelassenheit vorzutäuschen. Ich schaffte es nie; ich verstand es einfach nicht. Nur wenige Monate zuvor hatte ich rauchend hinter unserer Schule gestanden, als ein Exfreund sich von hinten an mich heranschlich und mir die kalte Klinge eines Springmessers an den Rücken hielt, die ich durch meinen Schulpullover hindurch spürte. Auch das war ein Scherz. Hier waren es andere Messer und andere Witze, aber mein Lachen klang falsch wie eh und je. Eines Montags erzählte mir ein Mädchen, dass sie am Wochenende Skifahren war. »Super!«, plärrte ich heraus, ein fremdes Wort, das ich in diesem Jahr zu oft benutzte und seitdem nie wieder. Ich grinste so viel in diesem Raum, dass meine Wangen schmerzten, wenn ich in meinem schmalen Bett lag und dem nächtlichen Fluss zuhörte, der sein althergebrachtes Lied summte.

Die Leichen veränderten sich mit jedem Tag. Jedes abgeschnittene Stück verstümmelter Eingeweide, Muskeln und Knorpel musste in einen blauen Plastikeimer geworfen werden – auch eine Art des Entsorgens, auch in eine Art Abfalleimer –, in dem sie wie Puzzleteile lagen oder

Scherben eines heruntergefallenen Gefäßes. Man hatte uns gesagt, dass nach Abschluss der Präparation all die abgeschnittenen Teile in den Eimern zusammen mit der ausgehöhlten Hülle aus Knochen und Haut ordentlich eingesargt und in ein Krematorium oder auf einen Friedhof gebracht würden. Dort würde sich eine Familie versammeln, um schöne Worte zum Gedenken zu sagen und die Person zu ehren, die uns unerklärlicherweise ihren Körper zur Verfügung gestellt hatte.

Ich habe nie jemanden die Leichen anders als respektvoll flüsternd und mit sanften Schnitten behandeln sehen, aber im Pub kippten wir uns danach Sambucas rein und lachten brüllend über die immer gleichen unglaubwürdigen blutrünstigen Geschichten: »... und dann, ganz am Schluss, ging der Typ an der Schlange vorbei zum Pissoir und ließ einfach den Schwanz der Leiche reinfallen, und alle, die ihn danach da schwimmen sahen, kotzten ins Becken.« Während wir lachten, war der Raum leer. Der Raum war dunkel. Seine Lichter waren alle ausgeschaltet.

Im weiteren Verlauf des Semesters war ich nur noch selten im Sektionsraum. Je mehr Freunde ich fand, desto mehr trank ich; je mehr ich trank, desto mehr rauchte ich; je mehr ich rauchte, desto weniger aß ich. Ich fühlte mich nur noch wie ich selbst, wenn ich das Verlangen in den Augen eines Fremden sah. Es erinnerte mich daran, dass auch ich einmal etwas gewollt hatte. Ich gab mich diesem Begehren hin, und es fühlte sich gut an, in seinen kalten Wogen an einen anderen Ort getragen zu werden. An verkaterten Nachmittagen schleppte ich mich trotzdem noch in die Bibliothek, baute Wälle aus Bänden über Physiologie und Präpariertechnik auf meinem Schreibtisch auf und füllte einen fetten Ordner mit fotokopierten Diagrammen und Vorlesungsmitschriften Anderer, die ich nie las. Ich nehme an, dass ich mir zumindest vormachte, ich würde an der nächsten Sitzung teilnehmen, aber an den Abenden vor dem Präparierkurs stürzte ich oft ab und ging am Morgen dann einfach nicht hin. Ich erinnere mich nur dunkel, wo ich stattdessen war: schlafend auf einer Toilette, die Wange auf der Klobrille, oder in der Wohnung irgendeines Fremden zum Geruch der Bratkartoffeln des Mitbewohners aufwachend, oder in ein Kissen sabbernd, das nicht meines war. Ich war nicht da, wo ich hätte sein sollen. Ich war nicht im Raum, als ich panisch mein Erbrochenes vom (geliehenen) Lieblingskleid meiner Mitbewohnerin schrubbte. Ich war nicht im Raum, wenn ich morgens wieder mal die Pille danach bei gähnenden Apothekern abholte. Ich war nicht im Raum, als ich in der Kapelle eines Nonnenklosters weinte. Ich war nicht im Raum, als ich in der Notaufnahme döste, mit wegsackendem Kopf oberhalb roter Verbände, die Scherben eines Bierglases tief im Fleisch meiner Hand. Ich war nicht im Raum an dem Morgen nach der Nacht, in der ich versuchte, meinen Körper dem Fluss zu übergeben. Ich war nicht im Raum. Ich war weg.

Ich war weg, und doch schleppte ich mich hin und

wieder zurück zum Kurs ins Anatomielabor. Ich erinnere mich, wie ich eines Morgens ungewöhnlich früh mit einem Whiskey-Kater und fettigen Haaren den Raum betrat. Ich stand neben der zugedeckten Leiche und starrte auf die Regentropfen, wie sie die Sicht durch die Scheibe brachen und verzerrten und die Dächer der Stadt verformbar erscheinen ließen. Dahinter türmten sich schwere, silbergraue Wolken auf, drauf und dran, Regen abzuwerfen, oder sie taten es bereits. Ich lehnte meinen müden Körper gegen den Edelstahlwagen und hoffte, dass jemand auftauchte, der wusste, was er tat. Ich würde gerne sagen, dass es ein Augenblick tiefer Verbundenheit mit der Frau war, die ihren Körper für meine Ausbildung gespendet hatte, oder dass ich ihr versprach, irgendwie meine Nachlässigkeit wiedergutzumachen, aber es wäre eine Lüge. Ich ignorierte die Person unter dem Laken. Alles, woran ich denken konnte, war, wie sehr ich nach einer Zigarette lechzte. Aus Langeweile kaute ich an meinen Fingernägeln, riss mit den Zähnen scharfe Splitter ab, schluckte, kaute weiter. Als Nächstes biss ich die Nagelhaut an den Lunulae ab, zog sie in dünnen Fetzen herunter, biss und schluckte, bis jeder Finger blutete. Als ich mir vorstellte, wie all diese Stückchen Fingerfleisch und Blutmoleküle durch meinen Magen wirbelten, wurde mir wieder schummrig.

Dann kamen langsam die anderen – schlau, mit glänzendem Haar, bedächtig –, und obwohl sie versuchten, mit mir Smalltalk zu machen, lächelte ich nur flau und schwitzte vor Scham. Ich war auf der Suche nach einem sicheren Leben gekommen, aber hier gab es keine Sicherheit, keine Kontrolle. Ich hätte nie herkommen sollen. Ich fiel durch jede Prüfung. Ich war ein Wrack.

Das Laken wurde zurückgeschlagen.

Seit ich das letzte Mal da war, hatte sich viel verändert. Der Brustkorb war verschwunden, ebenso die Lunge. Das Kalvarium war abgesägt worden, und der Schädel lag offen da, allerdings fehlte das Gehirn. Ein Arm war sehr gewissenhaft aufgeschnitten worden, um die Schichten der Gefäße freizulegen. Das Gesicht … stand halb offen. An die Augen kann ich mich nicht erinnern, entweder weil ich es nicht über mich brachte hineinzusehen, oder weil ich sie zu lange anstarrte. Übrig war insgesamt ein graues Gebilde, das kaum noch als menschlich zu erkennen war, und doch schien es menschlicher zu sein, als ich es empfand. Ich schaffte es nicht, das Etui mit meinem Sezierbesteck zu öffnen. Stattdessen stand ich da und sah zu, wie sich ein Skalpell seinen Weg durch den Herzbeutel bahnte, mit dem Glitzern und den raschen Drehungen eines Schlüssels im Schloss einer antiken Truhe. Im Innern, das wusste ich, befand sich das Herz.

Als Nächstes schnitt ein Skalpell die Blutgefäße weg, auf eine Weise, die keineswegs dem filigranen Ritual glich, das ich mir vorgestellt hatte, sondern eher so wirkte, als bearbeite man einen Gartenschlauch mit einem Steakmesser. Das Herz war grau, doch schien es irgendwie zu glänzen. Nachdem es herausgenommen war, wanderte es von Hand zu Hand zu Hand. Ich hielt es behutsam in den Händen, und es glänzte tatsächlich, da das Morgenlicht auf eine Reihe von Metallklammern fiel, die aus seinem Muskel herausstanden. Der Labortechniker zeigte im Vorbeieilen auf die Klammern: »Ach ja – wie besprochen –, eine Herzoperation.« Es schien mir seltsam, dass ein Herz so unbeholfen repariert werden und einen Körper weiterhin durchs Leben tragen konnte. Und doch, hier war es: ein genähtes und geklammertes Herz; ein Herz, das zweimal herausgehoben wurde und in den Händen Anderer lag.

—

Als ich den Raum zum dritten Mal betrat, betrat ich ihn im Dunkeln.

Es war ein Abend spät im November, und ich trug meinen kleinen Sohn in einem Tragetuch, mit seinem warmen Bauch dicht an meinen Körper gebunden, seine pochende Fontanelle nah unter meinem Kinn. Aus einer Laune heraus hatte ich beschlossen, zu einer Buchvorstellung auf dem Campus zu gehen, da ich dachte, dass es interessant sein könnte, zehn Jahre später noch mal in das Gebäude zurückzukehren. Nach diesem ersten katastrophalen Jahr hatte ich das Fach gewechselt und Psychologie und Englisch studiert, bevor ich schließlich Lehrerin wurde. Ich stellte fest, dass es mir gefiel, meine Tage in der Gesellschaft von fünfunddreißig Kindern zu verbringen und ihnen Lesen, Malen und Zählen beizubringen. Ich habe das Jahr Zahnmedizin nie bereut, aber manchmal, wenn das Sonnenlicht schräg durchs Fenster in mein Klassenzimmer fiel, wurde ich wieder von der rätselhaften Ähnlichkeit meines Traums mit dem realen Sektionsraum überrascht. Ich hatte diesen Raum nie vergessen; ich fragte mich, ob er mich vergessen hatte.

Nach den Buchpremierenreden, nachdem ich in den Applaus eingestimmt und pflichtschuldig das Buch gekauft hatte, hievte ich die Tragegurte über die Schultern und stahl mich fort vom lauwarmen Geplauder, Wein und den Käsestangen. Ich war während meines Studiums hier nur im Hellen gewesen, aber ich wusste auch im Dunkeln den Weg zurück zum Sektionsraum. Vor seiner Tür zögerte ich, die Hand über dem Knauf schwebend. Es würden in ihm keine Leichen liegen, das wusste ich, da im vergangenen Jahrzehnt ein aufwändiges neues Zentrum gebaut worden war, die Facility for Learning Anatomy, Morphology, and Embryology, besser bekannt unter ihrem Akronym: das FLAME Lab. Die Tür schien zu klemmen, als ich den Knauf drehte, gab aber meinem Schulterknochen nach. Ich zauderte auf der Schwelle und hatte Angst vorm Dunkel, aber noch mehr Angst davor, den Schalter zu betätigen, da das Licht einen Wachmann anlocken könnte. Ich trat in die Dunkelheit ein. Der Raum war leer.

Ich ging zu der Stelle, an der ich immer inmitten der Leichen gestanden hatte. Während ich meine Stirn an die Fensterscheibe drückte, legte ich die Hand auf die kühle

Fensterbank. Es hatte sich dort eine dünne Schicht Staub zur Ruhe begeben, voll der gewöhnlichen Schönheit winziger Dinge, und ich stellte mir seine vielen Bestandteile vor: ein Atom Graphit, abgeschabt von einem alten Bleistift, ein silbriger Partikel einer vor Ewigkeiten gerauchten Zigarette, Schuppenrestchen, alte, alte Asche, Dreck, der unter einem Fingernagel hervorgekratzt wurde, und die kaum wahrnehmbar winzigen Überreste der hier sezierten Leichen. Ich fuhr mit dem Finger über die Fensterbank, strich mir den Schmutz auf die Zunge und schluckte.

Ein dumpfer Schlag aus dem Hof ließ mein Herz rasen, und ein neues Gefühl regte sich und wuchs: der Eindruck, dass sich, wenn ich nur hierbliebe, etwas im Raum verändern und etwas Unermessliches enthüllen könnte, etwas, das ich noch nicht verstanden hatte. Es hatte hier schon so Vieles gegeben, mit dessen Verständnis ich mich schwergetan hatte, also flüsterte ich einen Abschiedsgruß, wandte mich um und sagte mir, dass ich den Raum nie wieder betreten würde. Das Baby drehte sich im Schlaf, öffnete sein klammes Fäustchen und streckte die Finger seesternförmig auf meinem Schlüsselbein aus. Als meine Hand den Türknauf berührte, kribbelte die einschießende Milch, und meine Brustwarze begann zu jucken. Ich widerstand dem Wunsch, sie zu kratzen.

—

Das vierte Mal betrat ich den Raum als Diebin.

Ich hatte auf Facebook gesehen, dass das Gebäude wegen umfangreicher Renovierungsarbeiten vorübergehend leer stand und die Fakultät eine Kunstausstellung in den Räumlichkeiten genehmigt hatte. Noch bevor ich den Tab schloss, war mir klar, dass ich bald wieder in dem Raum stehen würde.

Ich war fest entschlossen, meiner Hingezogenheit zu diesem Ort und seiner Übereinstimmung mit meinem Traum auf den Grund zu gehen. Auf dem Parkplatz las ich auf dem Handy über ein Phänomen, das als *déjà rêvé* bekannt ist: eine Bezeichnung, wenn auch keine Erklärung, für die Erfahrung, etwas zu träumen und es dann in der Realität zu erleben. Was mir widerfahren war, wird als präkognitiver Traum bezeichnet: eine Vorahnung im Schlaf, ein Omen, aber die Webseiten boten keine überzeugende Erklärung, und viele irritierten mich dazu mit ihren Bildern von Kristallkugeln und spärlich bekleideten Comic-Feen.

Wenn mein Traum tatsächlich wahr geworden war, warum hatte ich dann alles vergeigt? Die ganze Geschichte schien so weit hergeholt, dass ich die Augen verdrehen würde, begegnete ich ihr in einem Roman. Und doch fragte ich mich, was ich als fiktive Figur jetzt wohl tun würde, die ihren Traum wahr werden sah und dann spektakulär scheiterte. Sie würde nicht im Auto sitzen und auf ihrem Handy Eso-Webseiten durchlesen. Nein. Sie würde reingehen.

Die Tür wurde von einem wackligen Stuhl aufgehalten, an dem ein handgeschriebener Zettel klebte: KUNST HIER LANG. Im Obergeschoss fielen mir im Tageslicht Dinge im Raum auf, die mir bei meinem letzten Besuch entgangen waren. Der kalte Aufzug, mit dem die Leichen aus dem Keller nach oben befördert wurden. Die Waschbecken, in denen man noch immer die eingetrockneten konzentrischen metallischen Ränder vieler vergangener Jahre sah. Ich begann mir Sorgen zu machen, dass man mich hinausbitten würde, wenn ich mich nicht für die Ausstellung interessierte, und so schlenderte ich durch die Projektionen und Bilder, während ich heimlich die Veränderungen studierte, die an ihren Rändern stattgefunden hatten. Die zarte Efeuranke, die durch den Fensterrahmen eingedrungen war. Das Spinnennetz unter einem Wasserhahn. Die Risse, die ihre eigene, langsam verlaufende Geschichte in den Putz schrieben. Die dicke Staubschicht, unter der sich die einzelnen Fliesen abzeichneten.

Hinter mir machten zwei Studentinnen ein Selfie. Die eine rollte ein Blättchen zwischen ihren Fingerspitzen mit abgesplittertem blauem Nagellack hin und her, leckte es an und drückte es fest. Als sie lächelte und »Gleich wieder da« sagte, nickte ich. Sobald die Tür hinter ihnen ins Schloss gefallen war, lief ich in drei Sprüngen über die Hintertreppe in das Zwischengeschoss, wo ich noch nie gewesen war, und ins Büro des Labortechnikers der Anatomie. Die Schubladen diverser Aktenschränke standen offen, die Papiere lagen über den Boden verstreut. Eine dünne Schmutzschicht bedeckte die Oberflächen. Ich schätzte, dass ich ungefähr fünf Minuten Zeit haben würde, bevor sie vom Rauchen zurückkämen. Was konnte ich tun? Zu meiner eigenen Überraschung riss ich eine Seitentür auf und rannte eine ältere, schmale Treppe hinauf.

Der Dachboden war kalt und hatte diesen für verborgene Räume typischen Geruch nach Feuchtigkeit und Stein, und das Mauerwerk war mit der schmutzigen Seide alter Spinnweben überzogen. Ich befand mich genau über dem Sektionsraum. Vielleicht war durch diesen undurchsichtigen oberen Raum etwas von jedem dieser Menschen aufgestiegen – nenn es eine Seele –, empor durch Sparren und Schiefer, so wie Wasserdampf von der Haut in die Luft entweicht. Einen Moment lang stand ich still da und dachte an die Generationen von Fledermäusen und Mäusen, die hier ganze Leben verbrachten, während die Menschen darunter menschliche Körper zerlegten. Was konnte ich tun, um ein irgendwie vernünftiges Ende dieser Geschichte zu erzwingen? Ich schloss meine Augen, bis mir schwindelig wurde. Dann suchte ich mir etwas zum Stehlen aus.

Als ich nach Hause kam, wusste ich nicht, was ich mit dem Diebesgut machen sollte. Der Ziegelstein war mit Mörtel verkrustet und voll altem, uraltem Staub. Er war hässlich und seltsam, und ich hatte keine Erklärung dafür, warum ich ausgerechnet ihn gestohlen hatte. Es war mir peinlich. Zunächst versteckte ich ihn vor mir selbst unter einem Sessel im Wohnzimmer. Dann lehnte ich ihn hinter eine Pflanze. Ich wollte, dass ich den Ziegelstein nicht sehen konnte – ihn zu stehlen, war nur ein weiterer dummer Fehler gewesen –, musste aber ununterbrochen an ihn denken. Ich wollte ihn nicht im Haus behalten, aber zurückbringen konnte ich ihn auch nicht. So kam es, dass der Ziegelstein jetzt im Gras lebt, zwischen Steinen, die ich von Strandausflügen und aus den Ruinen von Landgütern mitgebracht habe. Dort bleibt er, ein Wirt für Flechten, ein vorübergehender Unterschlupf für Wildbienen und Schmetterlinge, überkrochen von Schnecken.

—

Ich wusste, dass es nur eine Frage der Zeit war, bis ich in den Raum zurückkehren würde. Ich hatte so viel genommen und bekommen, dass ich den Wunsch hatte, auf irgendeine Weise für ein ausgeglicheneres Verhältnis zu sorgen. Eines Morgens rief ich eine Nummer an. Am nächsten Tag kamen Formulare. Meine hingekritzelte Unterschrift war das Einzige, dessen es bedurfte, um meinen Körper dem Sektionsraum zur Verfügung zu stellen. Eine in die Ferne gerichtete Geste, die sich so einfach anfühlte, wie ein Auto von Weitem per Knopfdruck zu öffnen. Ich warf einfach den Umschlag in den Briefkasten und spürte, wie sich mir eine Tür öffnete.

Die Vorstellung, dass mein Körper eines Tages eine der hundert Leichen sein würde, die jedes Jahr in die Räume von fünf irischen medizinischen Fakultäten gerollt werden, empfand ich als erleichternd und sie ließ mir außerdem meinen Traum prophetischer denn je erscheinen.

Die Institute sind sich einig in ihren Annahmen über die emotionalen Motive solcher Spenden. Auf der Webseite der National University of Ireland Galway heißt es: »Eine Körperspende ist eine äußerst großzügige und wohltätige Geste, und wir vom Institut für Anatomie der NUI Galway sind zutiefst dankbar für solche Spenden, da sie eine große Hilfe bei der Ausbildung der künftigen Generation von Ärzten und Medizinern darstellen.« Das Royal College of Surgeons verweist darauf, dass das »einzigartige und unbezahlbare Geschenk des menschlichen Körpers eine Quelle der Wissensproduktion darstellt, die nichts weniger als die Grundlage der medizinischen Ausbildung und Forschung ist«. Trinity College: »Unser Fachbereich ist auf die Großzügigkeit derjenigen angewiesen, die ihren Körper der Medizin spenden.« University College Cork: »Der großzügige Akt der Körperspende ist für das Studium der menschlichen Anatomie unerlässlich.« University College Dublin: »Durch den selbstlosen Akt, seinen Körper für die medizinische Ausbildung zu spenden, kann man einen enormen Einfluss auf das Leben und das Wohlergehen anderer Menschen über Generationen hinweg ausüben ... Die Fakultät ist den vielen Menschen, die sich entschieden haben, ihren

Körper für die klinische Ausbildung zu spenden, und ihren Familien, die dieses großzügige Geschenk unterstützen, auf ewig zu Dank verpflichtet.«

Ich glaube nicht, dass sich die Spende des eigenen Leichnams an ein anatomisches Institut mit etwas so Schlichtem wie Großzügigkeit oder Selbstlosigkeit erklären lässt; ich vermute, dass eine solche Geste von größerer Komplexität ist, als sich diese Institutionen vorstellen können. Man könnte sie zum Beispiel auch als einen gescheiterten Versuch deuten, noch irgendwie Kontrolle auszuüben über das Schicksal des Leichnams nach dem Tod, oder als praktische Möglichkeit, die Bestattungskosten zu bezahlen. In der Vergangenheit war es nächsten Verwandten erlaubt, den Leichnam eines Angehörigen zu spenden, um diese Kosten decken zu können. Medizinische Fakultäten entschädigen auch heute noch die Familie des Spenders für die anfallenden Kosten einer Beerdigung oder Einäscherung, was mich beruhigt – wenigstens wird sich meine Familie nicht mit solchen Rechnungen herumschlagen müssen. Auch die Poetik der Geste gefällt mir, ermöglicht sie mir doch, einen Moment in meiner Zukunft zu gestalten, in dem mein Körper einen Moment aus meiner Vergangenheit nachhallen lässt. Trotz meines Versagens als Anatomiestudentin war die Erfahrung, dabei zuzusehen, wie ein menschlicher Körper zerlegt wird, eine der tiefgreifendsten meines Lebens. Ich bin immer noch berührt von der Erinnerung an das Gefühl, das Herz eines anderen Menschen in meinen Händen zu halten. Eines Morgens, wenn ich tot bin, wird ein Fremder dann mein Herz in seiner Hand halten. Und selbst wenn sie kichern oder die üblichen Scherze mit meinem Körper machen, wird ihr Lachen eine Form des Weiterlebens sein, dem ich mich gerne hingebe.

Ich wollte aber eine Nachricht für die Fremden hinterlassen, die die Letzten sein würden, die mich berühren. Als ich mich für weiße Tinte für mein Tattoo entschied, dachte ich an die Milchbank. Ich dachte an das *Caoineadh,* wie es aus einer Reihe blasser Kehlen aufsteigt. Ich dachte an all die abwesenden Texte, die von Frauen verfasst wurden, an jene literarischen Werke, die nie niedergeschrieben oder übersetzt wurden. Ich dachte an Hélène Cixous: »Immer besteht in ihr wenigstens ein bisschen gute Muttermilch weiter. Sie schreibt mit weißer Tinte.« Da wusste ich, dass es Worte von Eibhlín Dubh sein mussten. Ich entschied mich für eine Stelle des *Caoineadh,* wo sie aus einem Traum erwacht, in dem ihr eine prophetische Vision offenbart wird: »*Is aisling trí néallaibh*«, was ich mit »von wachem Traum umwölkt« übersetze.

Als sich die Nadel des Tätowierers meiner Haut näherte, kniff ich die Augen zusammen und ließ mich vom Schmerz zum fünften Mal in den Raum tragen. Als mir ihre Worte in die Haut gestochen wurden, Buchstabe für blasser Buchstabe, sah ich noch einmal die alten Fenster, kathedralenhaft elegant und das Glas strahlend im gleißenden Sonnenlicht.

7. kalte lippen auf kalte lippen

Níor throm suan dom:

No slumber hampered me,

Kein Schlummer ließ mich säumen,

Eibhlín Dubh Ní Chonaill

ICH HABE NIE die Gewohnheit abgelegt, mit der Fingerspitze zu lesen. Wenn ich jetzt in Archiven nach Hinweisen auf Eibhlín Dubh suche, spiegelt die Linie meiner Skalpellnarbe den blassen Raum zwischen den Textzeilen wider. Meine Haut erinnert sich gut an die Klinge, nur selten aber erinnern sich diese alten Schriften an ihren Namen. Ich versuche, sie zu finden. Ich versuche es und versuche es wieder und scheitere und scheitere wieder. Ich wende mich schließlich wieder Mrs O'Connell zu, mit ihrem beneidenswerten Zugang zu den Briefen ihrer Brüder. Vielleicht begann der Drang, das Leben einer Frau vor mir ausbreiten zu wollen und Schicht um Schicht zu erforschen, im Sektionsraum; so viele unserer beständigsten Verhaltensmuster nehmen in diesen Jahren zwischen Kindheit und Erwachsensein ihren Anfang.

—

Nelly war noch ein Teenager, als sie nach Derrynane zurückkehrte. Ich errechne, dass die Zwillinge nur drei weitere Jahre miteinander verbrachten, bevor sie durch eine weitere Heirat getrennt wurden. Während Nelly nun eine dunkelhaarige Witwe im Teenageralter war, wird ihre Zwillingsschwester Mary von Mrs O'Connell als »die Zierde der Schar, mit blauen Augen und goldenem Haar« beschrieben. Wann immer ein Schiff auf Grund lief, stellte die Familie großzügig ihr Haus und Hilfe für die in Not Geratenen zur Verfügung. Ich male mir aus, wie die Zwillinge heimlich das Kommen und Gehen der Besatzungen beobachteten, wie sie die Röcke über die Knöchel rafften, wenn sie über die Pfützen hüpften. Eines Tages spülte die Flut mit den geborstenen Planken auch einen Liebhaber an ihren Strand.

Während er auf die Überfahrt nach Hause wartete, verliebte sich ein Aristokrat namens Herbert Baldwin in Mary. Er war sich seiner Sache schnell sicher: Er würde dieses irische Mädchen heiraten und mit ihm nach England zurückkehren: *Und sie waren glücklich bis ans Ende ihrer Tage.* Wie erstaunt muss er gewesen sein, als sein Antrag von ihren Eltern abgelehnt wurde. Máire glaubte, dass ihre goldene Mary, wenn sie einen Aristokraten heiraten würde, im Vergleich zu ihm immer wie ein Bauerntrampel wirken würde. Lieber wollte sie, dass ihre Tochter als vornehm galt in einer einfachen Ehe. Wie sehr Herbert sie auch anflehte, ihre Entscheidung noch einmal zu überdenken, Máire schüttelte den Kopf. Schließlich ging er und versprach im Gehen, schriftliche Zusicherungen von seiner Familie einzuholen, um Mary heiraten zu können. Máire lächelte. Máire begann, eine Heirat zu planen.

Anstelle von Marys Geliebtem wählte Máire einen anderen Baldwin aus einer wohlhabenden Familie englischer Abstammung aus Clohina in der Grafschaft Cork. Die arme Mary – wenngleich er reich war, schreibt Mrs O'Connell, dass dieser Mann »sie keineswegs ansprach, da er nicht jung war und eine große, hagere, langgliedrige Person«. In seiner Jugend war James Baldwin für einige Zeit enteignet worden, nachdem er zum Katholizismus konvertiert war – eine in der Zeit der Strafgesetze verwirrend seltsame Entscheidung. 1762, drei Jahre nach Nellys Rückkehr als Witwe nach Derrynane, machte sich Mary daran, ihre eigene Aussteuer zu packen. Wie oft suchte ihr Blick wohl den Horizont nach einem Schiff ab? Wie lange machte sie sich noch Hoffnungen? Als sie Derrynane verließ, hatte sie eine großzügige Mitgift von 120 schwarzen Rindern dabei, eine nicht genannte Summe Bargeld, Ponys, eine eigene Reitstute und ihre Pflegeschwester Cathy Sullivan, die sie seit ihrer frühesten Kindheit kannte. Beim Frühstück nach der Hochzeit gingen viele Glückwunschschreiben ein. Darunter befand sich auch ein Brief aus England, in dem

Mary offiziell gebeten wurde, Herberts Frau zu werden. Zu spät, zu spät. Mary war bereits Mrs James Baldwin. *Ende.*

—

Mary war schon immer ein »braves Mädchen« gewesen. Sie erfüllte fortan alle Erwartungen, die man an eine Frau in ihrer Position stellte, mit Bravour. Nachdem sie den von ihrer Mutter gewählten Ehemann akzeptiert und eine glänzende Mitgift in den Haushalt eingebracht hatte, gebar sie während ihrer ersten zehn Jahre in Clohina sechs Kinder. Ihre Familie wird mit derlei Leistungen sehr zufrieden gewesen sein. Mary vergaß jedoch nicht, was hätte sein können – als sie ihr drittes Kind im Arm hielt, nannte sie es Herbert.

Mrs O'Connell berichtet, dass sie, »da selbst die besten Ehemänner mitunter etwas ermüdend sein können, ihren Gatten immer mit der Bemerkung necken konnte: ›Ohne Sie, Mr Baldwin, wäre ich jetzt möglicherweise Gräfin von Powis‹«, eine Erwiderung, die an die Schlagfertigkeit ihrer Mutter erinnert.

Máire muss derweil Mitleid mit der kleinen Witwe gehabt haben, die niedergeschlagen über den Strand von Derrynane stromerte, denn schon bald erhielt Nelly die Erlaubnis, ihre Zwillingsschwester zu besuchen.

—

Ich beschreibe diese Leben, als ob sie leicht heraufzubeschwören wären, aber dem ist nicht so. Ich habe über diese frühen Jahre von Eibhlín Dubh monatelang nachgedacht. Wann immer in meinen Tagen kein Platz für uns beide war, ordnete ich ihre Bedürfnisse meinen über und ließ Mahlzeiten, Duschen und Schlaf weg – ein Impuls, der mir leichtfiel, da ich es ohnehin gewohnt war, meine eigenen Wünsche zurückzustellen, um den Bedürfnissen anderer zu dienen. Ich nutzte jede freie Minute meines Lebens, um mehr über das ihre zu erfahren. Ich wurde immer dünner. Trotz der dunklen Ringe, die sich unter meinen Augen bildeten, trotz meiner fettigen Haare und meines grummelnden Magens tröstete mich der Gedanke, dass sich diese Arbeit irgendwie lohnen könnte. Ich war mir nur nicht sicher, inwiefern.

Milch war untrennbar mit meiner Arbeit verbunden: Mein Körper reagierte auf den Hunger meiner Tochter mit Milcheinschuss, und dann reagierte mein Geist auf die Milch, indem er zum verstreuten Puzzle von Eibhlín Dubhs Leben zurückkehrte. Jedes Mal, wenn ich spürte, wie sich die Milch auf meinen inneren Pfaden aus Kanälen und Läppchen bewegte, dachte ich an schwingende Euter auf einem Feldweg, die sich auf eine Harfe in der Ferne zubewegten, die Saiten noch gespannt. Meine Tochter machte im Schlaf ein Bäuerchen.

—

Die Zwillinge beschlossen, von Clohina einen Ausflug in die Stadt zu machen. Dort ließ Nelly den Blick über den Markt schweifen. Schön und extravagant gekleidet, wie er war, lief Art Ó Laoghaire nicht einfach durch ihr Blickfeld – er schritt. Als sie ihm hinterherblickte, wuchs in ihr eine Strophe heran, die ihr zukünftiges Ich dichten würde, die erste Strophe eines Gedichts, das Nelly jetzt noch nicht denken konnte, ein Text, der sie zum Tod dieses Fremden tragen würde, ein Text, der sie alle überleben würde. Dies ist der Moment, mit dem das *Caoineadh* beginnt –

> Als ich dich einst sah
> beim Reetdach auf dem Markt,
> mein Aug' hell erleuchtet,
> mein Herz voller Freude,
> floh mit dir die Meinen,
> so weit von daheim.

Diese Zeilen spielen sich gleichzeitig in zwei Landschaften ab, sowohl in einem geschäftigen Straßenbild als auch in einem weiblichen Körper. Die Dichterin stellt sich selbst als die Aktive dar – sie ist es, die Art sieht, sie ist es, die den körperlichen Stich des Begehrens und der Liebe spürt, und sie ist es, die beschließt, mit ihm zu fliehen.

Wie Nellys hatte auch Arts Familie Mittel und Wege gefunden, unter dem brutalen Regime der Strafgesetze zu Wohlstand zu gelangen, da sein Vater sich eine Anstellung bei einer wohlhabenden Grundbesitzerfamilie gesichert hatte. Als Gutsverwalter für die Minhears arbeitete er als Mittelsmann, der die Pacht von den örtlichen Bauern eintrieb und sie bei seinen Chefs ablieferte. Die Tätigkeit ermöglichte es ihm, eine Farm in Raleigh zu pachten, einen kurzen Ritt von Macroom entfernt. Auch wenn es englisch klingen mag, ist *Raleigh* in diesem Fall eine Anglisierung von *Ráth Luíoch*: das Ringfort von Luíoch. Für einen ehrgeizigen Mann wie Art, der zur jüngeren Generation einer ehemals adeligen gälischen Familie gehörte, bedeutete die Realität der Strafgesetze, dass ihm nicht nur der Zugang zu Schulbildung verwehrt war, sondern auch das öffentliche Auftreten als der Gentleman, als der er sich fühlte. Sein Vater legte derweil genügend Geld beiseite, um Art, als er volljährig war, eine Reise nach Österreich auf dem See- und Landweg zu bezahlen und ihm eine Stelle in der österreichisch-ungarischen Armee zu verschaffen, die dem Befehl von Kaiserin Maria Theresia unterstand. In seinem Regiment, den ungarischen Husaren, stieg Art schnell zum Hauptmann auf und machte sich einen Namen, sodass die Kaiserin ihm ein eigenes Pferd, einen dekorativen Bronzeadler und zwei große ornamentale Soldatenstatuen schenkte. Die Skulpturen reisten in Arts Gefolge nach Hause, quer durch Europa, in Planwagen, auf dem Seeweg und auf der Straße. Der Adler wurde schließlich an der Wand des Hofes von Raleigh House angebracht, als Geschenk der Mutter eines kleinen Mädchens, das später einmal eine französische Königin werden sollte und noch später vor der Guillotine knien.

Art war furchtlos oder tollkühn oder beides. Wann immer er auf Heimaturlaub zu Besuch war, machte er viel Wirbel um sich selbst, indem er zum Beispiel öffentlich ein Schwert zur Schau trug oder auf einem rollenden Fass die Main Street hinunterrannte. Auf diese Weise machte er zugleich viel Wirbel um die Gesetze, die erlassen worden waren, um seinesgleichen zu unterdrücken. Für eine Jugendliche, die den Anblick von Männern gewohnt war, deren Verhalten eher von ängstlicher Unterwürfigkeit geprägt war, muss sein Auftreten geradezu fantastisch glamourös gewirkt haben. Nellys Blick klebte an seinem Körper und dessen Bewegungen. Nelly stellte fest, dass sie begehrte, ihm vorgestellt zu werden. Nelly stellte fest, dass sie begehrte.

—

Von allen Dingen, die ich in meinem eigenen kleinen Leben begehrte, war mir mittlerweile die Entdeckung des Lebens einer anderen Frau das Wichtigste geworden. Sogar wichtiger als Schlaf. Mein Hauptgegner in diesem Kampf war ich selbst. Ich war müde. Nein, ich war erschöpft, und doch überwog meine Entschlossenheit die Bedürfnisse und das Begehren meines Körpers. Wie belanglos jedes neue kleine Detail, auf das ich stieß, einem Außenstehenden auch erscheinen mochte, für mich war es von großem Wert. Ich sammelte jede noch so spärliche Information auf und trug sie mit mir durchs Leben, ließ sie meine Fantasie anregen, während ich Hausarbeiten erledigte, meine Kinder badete oder im Stau stand. Ich staubsaugte und schrubbte und las Geschichten vor und stopfte Bettdecken in Bezüge, während sie sich in meinem Innern immer realer anzufühlen begann.

Jedes Mal, wenn ich dachte, ich sei zu müde zum Weitermachen, hatte ich das Gefühl, dass ich Eibhlín Dubh im Stich ließ. Ich wurde wütend auf mich selbst. In meiner Verzweiflung fing ich an, spätabends Kaffee zu trinken, mir die heiße Tinte in den Rachen zu kippen, das Gesicht verzerrt wie nach einem Tequila. Ich hatte mein Handy immer neben dem Bett liegen, während die anderen schliefen, um Notizen, Bilder und neue Listen auf meinen Bildschirm zu tippen. In dieser Dunkelheit dachte ich über Begehren und Macht nach. Ich sah Marys Ehering, Nellys Lächeln oder Arts Schatten, wie er über die Mauern in Macroom huschte, die ich kannte. Jede Nacht kämpfte ich gegen meinen Körper an, so lange, bis er sich wehrte und mir mitten im Satz die Augen zufielen, meine Finger sich öffneten und mein Handy zu Boden fiel. Jede Nacht wiederholte ich dieses Ritual, lag so lange wach, wie mein Körper es zuließ, und lauschte aufmerksam, ob sie vielleicht klopfen würde. Es gab ein Klopfen – ich konnte es hören, schwach und matt –, aber es stieg aus meiner eigenen Brust auf.

—

Wir können mit großer Sicherheit annehmen, dass sich das neue Paar in der gemeinsam verbrachten Zeit oft angelächelt haben wird. Vielleicht können wir auch annehmen, dass es gelegentlich zu einer heimlichen Berührung oder einem Kuss kam, ohne dass wir jedoch wüssten, wie solche Momente herbeigeführt, überwacht oder unterbunden wurden. Ich frage mich, ob auch Mary zu den Verabredungen mitgeschleppt wurde – die arme Mary, wachsam oder gelangweilt in ihrer Rolle als Anstandsdame; die arme Mary, schon wieder schwanger und müde, voller Sehnsucht, sich zu Hause zu fühlen.

Es dauert eine Weile, bis ich den genauen Standort von Clohina House ausfindig gemacht habe. Ich studiere mit zusammengekniffenen Augen alte Landkarten und versuche, die gezackten Begrenzungen alter Wege und Felder mit modernen Satellitenbildern abzugleichen. Die Landschaft sieht so anders aus, als ich dort ankomme, dass ich zunächst verwirrt bin und in langsamen Runden das Gebiet umfahre, das sie gekannt haben muss. Irgendwann steige ich aus und stehe am Rande eines Feldweges und versuche, durch Brombeergesträuch zu sehen, aber der Blick dringt nicht durchs Dickicht. Ich werde ungeduldig und spüre das innere Jucken, das mir sagt, dass mir die Zeit davonläuft und meine Tochter zu Hause bald nach Milch verlangen wird. Aus einer Laune heraus bitte ich Mary, mich zu ihrem Haus zu führen. Ich sage mir, dass ein solch schräger Ansatz zur Seltsamkeit meines Auftrags passt, bin durch den Klang meiner Stimme dann aber doch peinlich berührt. Skeptiker mögen es als Zufall abtun, dass kurz darauf ein Auto neben mir hält, aus dem mich ein Bauer fragt, ob ich mich verfahren hätte. Er wisse vom alten Haus der Baldwins, sagt er, und führt mich zu der feuchten Wiese, auf der sich einst Marys Räume befanden. »Sehen Sie?«, sagt er. »Nichts.« Er macht kehrt, während ich noch oben auf einem metallenen Weidegatter sitzend ins Leere blicke, in dem einst ein Gedicht schöner Räume stand, jede *Stanza* eine eigene sorgfältige Komposition: die Wandschirme, Porträts und Bücher, die blauen Vasen und bestickten Decken, die Vorhänge und Anrichten, die Briefe, die Kämme und Mäntel, die Löffel und Spiegel und Scheuertücher, die Kohleneimer und Tagebücher und Nachttöpfe. Jetzt: nichts. Eine weitere große Auslöschung. Eine weitere ganz gewöhnliche Tilgung eines Frauenlebens. Der Bauer hat recht, ich schaue auf nichts. Ich schaue zugleich auf alles.

—

Es gibt viele Momente in Nellys Leben, die ich mir ohne Informationen nicht auszumalen erlaube, da es mir wie eine Übertretung oder Diebstahl vorkäme. Immer wenn ich mich nicht dazu durchringen kann, eine Lücke mit eigenen Vorstellungen zu füllen, ein fehlendes Puzzleteil zu ersetzen, schaue ich stattdessen auf die Ränder und die Umgebung. Anstatt mir die Vertraulichkeiten vorzustellen, die Nelly und Art im Werben umeinander ausgetauscht haben, denke ich an den nicht wahrnehmbaren Moment in der Existenz eines Worts, wenn es ausgesprochen ist, aber noch nicht gehört wurde. Ich stelle mir das Paar an getrennten Orten vor, nicht am gleichen. Zuerst der Drang, der Puls, das Bedürfnis. Dann das Lächeln, der Übermut, das kleine Begehren mit seinem kleinen Flackern. Darauf das Papier, der schwebende Federkiel, sein Innehalten, dann der flüssige Tropfen: klecks, klecks. Die menschliche Anstrengung, ein Verlangen und eine Liebe zu artikulieren. Das Kratzen der Spitze auf dem Papier, die flüssige Geburt und die Schwünge der Buchstaben, jeder verbunden mit dem nächsten, Wort um Wort, und die vielen winzigen Zwischenräume zwischen ihnen. Das Papier wird versiegelt und auf die Reise geschickt. Die seltsame Stille zwischen dem Abgang eines Briefes und seiner Zustellung, die sonderbare Zeit, nachdem die Worte erdacht und aufs Papier gebracht, aber noch nicht gelesen wurden. Der Brief als kinetisches Objekt der Begierde, in Bewegung von einem Körper zum anderen. Nur in diese Zwischenräume zwischen Nelly und Art erlaube ich mir zu blicken, wie man nach dem Absenden eines Briefes vielleicht am Fenster verweilt und sich vorstellt, wie er bald von der Hand eines Geliebten gehalten wird und die eigenen Worte leise über die Lippen eines Anderen gehen.

—

Art galoppiert jetzt.

Das Maul seines Pferdes schnaubt und schäumt. Er zieht die Zügel an und wechselt in den Trab, wischt den Schweiß von der Stirn in den weißen Handschuh und schirmt die Augen gegen die Sonne ab. Vor ihm das Meer, glitzernd, und dahinter Derrynane. Fast da.

Jetzt, die Tür. Jetzt das Klopfen von Fingerknöcheln.

Jetzt, das Zisch-Geraschel der Röcke, das silberne Lied der Schlüssel: Máire.

Für einen schwebenden Moment steht sie auf der einen Seite eines Portals und Art auf der anderen, seine Faust erhoben, ein zweites Klopfen erwägend, während ihre Hand sich dem Türgriff nähert.

Die Tür öffnet sich.

Sie sehen sich in die Augen. Máire erkennt so schnell wie er, dass Ärger droht.

Beide lächeln.

Art wird mit der gleichen Gastfreundschaft empfangen, die hier jedem jungen Mann fernab seiner Heimat zuteilwird. Er räuspert sich, die leuchtend hellen Hände offen den Eltern zugewandt, doch sobald er Nellys Namen sagt, schütteln beide den Kopf. Art ist eine Gefahr, und eine lautstarke noch dazu; schon der vorübergehende Aufenthalt eines solchen Charakters könnte Ärger bedeuten. Trotz der Zurückweisung lächelt Art. Er hat keinen Grund, sich entmutigt zu fühlen. Er kennt ihre Tochter gut.

—

Als ich mir eine Tasse Tee aufbrühe, werde ich immer durch irgendwas unterbrochen, und mein Tee wird langsam kalt, während ich mit einem Baby auf der einen und einem Geschirrtuch auf der anderen Schulter zwischen weiteren Aufgaben hin und her schwirre. Ich habe meinen Frieden damit gemacht, immer wieder stehen gelassenen und aufgewärmten Tee zu trinken. Als das Baby schläft, setze ich mich hin und puste wieder in den alten Dampf, und Eibhlín Dubh kommt auf Zehenspitzen herein, um mir in meinen Tagträumen Gesellschaft zu leisten. Ich bin nie allein.

Heute stelle ich mir, mit meiner Tasse in der Hand, ihre Habseligkeiten vor. Ich gebe ihr eine große, robuste Truhe mit einem Verschlag aus poliertem Messing. Darin befinden sich die gewöhnlichen Schätze eines Lebens: ein Medaillon, eine Lieblingstasse, eingewickelt in ein Tuch, eine Muschel, ein Federkiel, ein Tagebuch, Nachthemden und Morgenmäntel, ein Spiegel, ein schwerer Wintermantel, Tischwäsche, eine Halskette und ein Bündel fein säuberlich zusammengeknoteter Briefe. Ich werde die Dinge, die ich für sie heraufbeschwöre, nie berühren, und doch fühlt sich jedes Einzelne von ihnen richtig an, wenn ich mir vorstelle, wie ich sie eins nach dem anderen gegen das Licht halte und dann wieder in ihre Truhe zurücklege. Unsere Besitztümer sind so flüchtig wie unsere Tage; wie schnell alles vergeht. Oben erwacht schon das Baby – ich höre einen Schrei und renne kurz darauf wieder die Treppe hinauf. Irgendwo hinter mir steigt Dampf auf und verflüchtigt sich.

—

Wenn man ein Kleid schneidern lässt, befühlt man zunächst Stoffe zwischen Daumen und Fingerspitze, entscheidet sich dann für einen Schnitt, eine Form, in die es mit Nähten aus vielen präzisen Stichen gebracht wird. Nähgarn heftet an einer Zunge. Die Nadel wird durch den Stoff gestochen, wieder und wieder, jeder Stich und jeder Schnitt mit der Schere folgt einem ganz bestimmten Muster. Der Faden wird abgebissen und verknotet, der Bund geschlossen, der Körper in das Gewand geknöpft, die Blumen geschnitten und gebunden. Alle Augen sind auf den Mittelgang gerichtet. Sie beobachten die langsame Ankunft der Frau. Sie lächeln.

—

Ende des Jahres 1767 fand die Hochzeit des Paares statt. Dezember. Ein frostig klarer Tag. Art war einundzwanzig und Nelly vierundzwanzig. Sie drückten kalte Lippen auf kalte Lippen und sahen zu, wie ihre Namen nebeneinander geschrieben wurden, ein Text, der nicht ungeschrieben gemacht werden konnte. Ich lasse Sonnenlicht durch die Fenster fallen an dem Ort, wo sie sich schworen, einander treu zu sein bis in den Tod. Sie drehten sich zusammen um und blickten nun in Richtung der Pforte, die sich zum Rest ihres Lebens öffnete. Ihre Schritte auf dem Weg hinaus hallten von den Wänden wider: *für-immer, für-im-mer.* Ihre Ehe sollte sechs Jahre dauern.

Es gibt keine Briefe, die berichten, was Frauen aus der Familie von diesem Durchbrennen hielten, überliefert ist aber die Reaktion ihrer Brüder. Am 26. Mai 1768, sechs Monate nach der Trauung, erhielt Maurice einen Brief von seinem Bruder Daniel aus Frankreich: »Es tut mir leid zu erfahren, dass unsere Schwester Nelly diesen Schritt gegen den Willen ihrer Eltern getan hat, aber die Liebe kennt keine Vernunft.«

Als sie ihre Mitgift verschmähte und Derrynane hinter sich ließ, ließ sie auch einen Teil von sich selbst zurück. Nelly war weg. Im Gegensatz zu Mrs Baldwin in Clohina würde diese Zwillingsschwester nie den Namen Mrs O'Leary tragen. Mit der selbstbestimmten Wahl eines Ehemannes wählte sie auch ihren eigenen Namen. Ihr Nachname blieb Ní Chonaill, während »Dubh« traditionsgemäß vom Namen der Mutter auf den der Tochter überging, von Máire Ní Dhonnabháin Dhuibh – Máire der dunklen Donovans – zu Eibhlín Dubh Ní Chonaill. Je mehr ich mich auch nur mit den oberflächlichsten Details aus dem Leben dieser Frau beschäftige, desto mehr kommt zum Vorschein. Ein Name ist hier nie einfach nur ein Name. Das »Dubh« in Eibhlín Dubh – die Dunkelheit in ihr – stammt von ihrer Mutter.

Ich frage mich, welche Dunkelheit ich womöglich in meiner Tochter hinterlassen werde.

8. kerker

> Mo ghrá is mo rún tú!
> 'S mo ghrá mo cholúr geal!
>
> O my love and my dear!
> O my love and my bright dove!
>
> O mein Lieber, mein Herz!
> Mein Lieber, meine Taube!
>
> *Eibhlín Dubh Ní Chonaill*

ICH HATTE IMMER gehofft, eine Tochter nach dem Ozean zu benennen, aber als ich unter den langen Neonröhren vor dem Geburtsraum lag, änderte ich meine Meinung. Aus einem Impuls heraus wählte ich einen Namen, der *Licht* bedeutet; ich weiß nicht mehr, warum. Jedes Mal, wenn ich jetzt die Vorhänge aufziehe, ertönt irgendwo in der Ferne ihrer Träume meine Stimme und ruft: *Licht, Licht*.

Ich hebe sie hoch und füttere sie, und als wir uns darauf vorbereiten, das Haus zu verlassen, tue ich etwas, was ich für ihre Brüder nie getan habe. Mit ihrem flauschigen Gewirr von Kleinkindhaaren, ihren weitervererbten Shorts und ihrem T-Shirt sieht sie genau wie sie aus bis zu dem Moment, wenn ich ihre Haare in feste, ordentliche Zöpfe zwänge. Sie windet und beschwert sich und schlägt meine Hände weg, und dennoch kann ich nicht anders, als ihr diese Mädchenhaftigkeit aufzuzwingen. In dem Spiegel, in dessen Bild wir beide zusammen zu sehen sind, beschattet mein dunkles ihr helles Haar, und ich sehe, wie sie ihre Mutter böse anschaut: ein echtes kleines Mädchen.

Es dauert nicht lange, die Kinder zu unserem Ziel zu fahren, einer Lagerhalle in einem Industriegebiet. Schon vom Parkplatz aus kann ich die Schreie hören, die aus dem Innern dringen. Ich knalle den Kofferraum zu. Ich verabscheue diesen Ort. Ich muss mich zwingen, hierher zu kommen und dabei auch noch zu lächeln. Die Schiebetüren des Autos gleiten ins Schloss. In der Halle ist die Lautstärke fast unerträglich. Überall schreien Kinder, Kinder rennen und fallen und weinen und lachen und schreien und schreien und schreien. Das Dach wirkt unendlich weit weg, seine Stahlträger werden von langen silbernen Rohren durchkreuzt. Unten am Boden stehe ich verstört in einer falsch nachgebildeten Burg mit einem Turm aus Schaumstoffziegeln, einem Burggraben gefüllt mit Plastikkugeln und drei Stockwerken mit Kammern aus Netzen. Fast vermag ich in der Konstruktion einer Wendelrutsche einen Treppenturm zu erkennen – außen mag er neongelb sein, im Innern ist es jedoch stockdunkel. Durch diese alptraumhafte Vision rauschen flüchtige Gestalten, der rosafarbene Pullover eines Mädchens verschwimmt mit dem grünen T-Shirt eines anderen: kurze Eindrücke, die direkt wieder verfliegen. Meine Söhne befinden sich irgendwo in dieser kreischenden Horde, draufgängerisch mit höllischer Fröhlichkeit, lachend, und krachen mit anderen Kindern zusammen, die sie mit blutigen Nasen oder weinend zurücklassen, oder humpeln selbst blutend davon.

Ich setze mich an den Rand des Verlieses, wo die Kinder in eine tiefe Grube mit regenbogenfarbenen Plastikbällen rutschen. Umgeben ist sie von einem Schwarm Eltern, jeweils ihr eigenes Kind fest im Blick. Meine Tochter hüpft durch die Bälle, watet dann wieder zurück und plumpst auf mein Knie nieder, mit rosigen Wangen und lachend. Ich will das Bild in Erinnerung behalten, also halte ich mein Handy mit ausgestrecktem Arm hoch wie einen antiken Handspiegel. Sie lächelt mein reflektiertes Lächeln an, dann verschwindet sie und hinterlässt nur einen verschwommenen Fleck auf dem Foto, neben meinem Gesicht, das ihr starr hinterherblickt. Ich lösche das Bild, während sie zurück in die Ballgrube klettert, kichert, hüpft, tief eintaucht und dann freudestrahlend wieder nach oben kommt, weil sie auf einen großen Schaumstoffball gestoßen ist, einen Eindringling, knautschig und etwas Besonderes zwischen den identischen anderen, und ich lächle über ihre Freude, bis ich ein Stück weiter einen taumelnden kleinen Jungen bemerke. Er weint und streckt verzweifelt die Arme in die Luft. Meine Tochter folgt meinem Blick und sieht dann wieder zu mir, nach Rat suchend. Soll sie weglaufen, ihren kostbaren Fund fest an die Brust gepresst? Oder soll sie ihn hergeben, zum Wohle eines anderen? Ich bin hin- und hergerissen zwischen dem Wunsch, sie zu Letzterem zu ermutigen, und dem, sie davor zu bewahren, so zu werden wie ich.

—

Ich denke an all die Zöpfe, die im Briefkasten an der Main Street gelegen haben. Vielleicht ist auch heute wieder ein neuer drin, so gewöhnlich wie der Briefkasten selbst. In dieser düsteren Stahlkammer, mit Teppich und Tapeten aus Sackleinen, wird der Sonneneinfall durch den Schlitz nur durch den Einwurf neuer Post unterbrochen. Zwischen all den anderen Briefen und Kuverts befindet sich, in ein braunes Kuvert gestopft, ein Zopf. Spulen wir zurück.

Der Umschlag steigt wieder auf und zum Schlitz hinaus zurück in die Hand eines Mädchens, das ihn jetzt wieder an seine Brust drückt. Sie hüpft rückwärts die Straße hinauf und zurück in einen Friseursalon. Die Türglocke enttönt. Sie ist zurück im Raum mit all den Lockenstäben und Haarspraydosen, den Kämmen und Klingen. Die Spucke kehrt vom Kuvert zurück an die Zunge und die Adresse wird ungeschrieben gemacht, sie verschwindet Buchstabe um Buchstabe: L-E-Z-N-U-P-A-R. Zweimal weicht eine liebevoll tätschelnde Hand vom Kopf des Mädchens zurück: »Mädchen. Braves.« Das Lächeln verlässt ihr Gesicht, als sie zurück in den Stuhl sinkt. Im Spiegel suchen ihre Augen wieder die ihrer Mutter. Die Zwillingsklingen der Schere öffnen sich immer wieder, und ihr Blinzeln verschwindet, während sie zusieht, wie sich die Strähnen wieder entflechten, bis ihr Pferdeschwanz wieder lang und offen ist. Als Nächstes gleitet das Glätteisen die Haare hinauf, wieder und wieder, und ihre Locken kehren zurück. Handgriff um Handgriff werden ihre Zöpfe wieder geflochten. Der silberne Umhang wird von ihren Schultern geworfen, die Tür wird geschlossen, und sie steht wieder auf der Straße, mit langen Zöpfen bis zur Taille.

Was bedeutet es, sich als Spender zu verstehen – was kostet es uns, und wie profitieren wir davon? Da mich dieser unklare Drang schon bei mir selbst verwunderte, staune ich oft darüber, welche Form solche Wünsche bei anderen annehmen können. Auf meinem Bildschirm bin ich vielen ähnlichen Situationen begegnet: Menschen, die sich einer Operation unterziehen, um einem Fremden eine Niere zu spenden, zum Beispiel, oder Frauen, die sich Hormonspritzen geben, um Eizellen spenden zu können, oder Menschen, die viele Stunden ihres Lebens für die Ausbildung von Blindenhunden opfern. Meine eigenen kleinen Bemühungen wirken im Vergleich dazu so unscheinbar, wenn ich mich neidisch durch die Großzügigkeit dieser Menschen klicke und mir wünsche, ich könnte mich so nützlich machen wie Andere.

Auf der Facebook-Seite von Rapunzel grinsen die Mädchen von Triptychen aus Fotos, die fast immer gleich aussehen, auch wenn die einzelnen Gesichter und Hintergründe wechseln. Auf dem ersten Bild ist jede Emily, Alanna, Aoife und Emma, jede Ella und Lucy, mit einem breiten zahnlückigen Grinsen zu sehen, und Haaren, die glänzend bis hinab zur Taille fallen. Auf dem zweiten Bild sind die Haare zusammengebunden, die Schere schon angesetzt. Auf dem dritten Bild hat sie so kurze Haare, dass sie wie ein anderes Mädchen aussieht, während sie ihren abgeschnittenen Zopf in die Höhe hält wie ein Angler seinen Rekordfang, mit Wangen wie rote Ballons vor Stolz. Ihr Haar wird an eine Wohltätigkeitsorganisation geschickt, die individuell angefertigte Perücken für Bedürftige herstellt. In den Pixeln all dieser Kinderaugen erkenne ich ein Blitzen, das ich nur allzu gut kenne, und ich frage mich, was von sich sie wohl als Nächstes geben werden.

Das Haar im Briefkasten ist ein Anfang, und wie jeder Anfang birgt es ein Versprechen jenseits des Sichtbaren. Die DNA in abgeschnittenem Haar ist eine Variante namens mtDNA, die in Mitochondrien enthalten ist und ausschließlich vom weiblichen Elternteil vererbt wird. Eine Mutter vererbt diese Mitochondrien zwar an alle ihre Kinder, aber an die nächste Generation weitergegeben werden sie nur von ihren Töchtern. Dieser gewöhnliche Pferdeschwanz, der immer wieder durch die heißen Klingen des Glätteisens gezogen wird, schreibt eine direkte weibliche Linie fort.

—

Während ich mit den Gedanken woanders war, hat mein Kind selbst seine Entscheidung getroffen. Der weinende Fremde weint nicht mehr. Er drückt sich den Ball an den Bauch und watschelt davon, sabbernd und glücklich grinsend, während meine Tochter in die Ballgrube plumpst, traurig und mit leeren Händen. Ich hebe sie hoch und küsse ihre sommersprossige Wange. »Braves Mädchen«, sage ich. Ihre Haut schmeckt salzig; ich hatte ihre Tränen nicht bemerkt.

Später liege ich im Dunkeln neben ihr, bis sie eingeschlafen ist. Die Tür fällt langsam hinter mir zu, als ich unter der Lampe im Flur stehe, blinzelnd mein Spiegelbild betrachte und das schwarze Wirrwarr meiner Haare zurechtstreiche. Voneinander getrennt. Zwei Spiegel reflektieren uns jetzt einzeln: ein wenig Dunkel im Hellen und ein wenig Hell im Dunkel.

9. blut im matsch

> M'fhada-chreach léan-ghoirt
> ná rabhas-sa taobh leat
>
> An ache, this salt-sorrow of mine,
> that I was not by your side
>
> Meine Sorge, mein salziger Gram,
> dass ich nicht an deiner Seite gegangen,
>
> *Eibhlín Dubh Ní Chonaill*

ICH WÜNSCHE MIR nichts im Leben so sehr, wie das Haus zu besuchen, in dem Eibhlín Dubh während ihrer Ehe lebte, Raleigh House. Es ist das Puzzlestück, so glaube ich, das mir fehlt, um ihr Leben loslassen zu können und wieder mein eigenes zu leben. Da ich den Namen der jetzigen Bewohner nicht weiß, schreibe ich einen Brief an das Haus selbst. Das Haus antwortet nicht.

Wochenlang springe ich voller Hoffnung auf, wenn ich die Klappe des Briefkastens höre, um jedes Mal enttäuscht zusammenzusacken. Wieder bin ich gescheitert. Stattdessen nähre ich meine Obsession wieder durch meinen Bildschirm, kneife die Augen zusammen über Satellitenkarten und suche alte Bilder der Hausfassade. Ich weiß, dass es nicht richtig ist, so herumzuspionieren, aber ich kann mir nicht helfen. Besessenheit hat zwei Seiten, besessen sein und besitzen; jedes Mal, wenn ich Eibhlín Dubhs Haus google, jammert eine hässliche Stimme in mir: *Lass mich rein.* Ich lade Schwarz-Weiß-Fotos runter und zoome hinein, bis ich ihn sehe, noch immer eingelassen in die Wand – den Adler, der Art aus Europa nach Hause gefolgt war.

—

Am 25. August 1768 öffnete sich mit Geheul Eibhlíns Körper und sie gebar ihren ersten Sohn. Man gab ihm einen vererbten Namen, den auch Arts Bruder und Vater trugen – Conchubhar. Dass sein Geburtsdatum auf Arts Grabstein eingraviert wurde, ermöglicht hier eine Genauigkeit, die sonst bei so vielen meiner unbeholfenen Detektivarbeiten fehlt. Wenn man einen solchen Hinweis findet, steht man vor der Frage, was man damit anfangen soll.

Eine unangenehm neugierige Frau könnte das Internet bemühen. Wenn sie sich fragt, ob Eibhlín Dubh vor ihrer Hochzeit schwanger war, könnte sie eine Webseite aufsuchen, die Empfängnisdaten rückwärts berechnet und einen Wahrscheinlichkeitsalgorithmus verwendet, um Folgendes zu ermitteln:

Wahrscheinlichstes Datum der Zeugung:
28. November – 2. Dezember 1767
Wahrscheinlicher Zeitpunkt des Geschlechtsverkehrs, der zur Schwangerschaft geführt hat:
25. November – 2. Dezember 1767

Wenn sie *Enter* drückt, könnte eine solche Frau Scham empfinden. Sie könnte sich (erneut) fragen, warum sie ohne Einverständnis im Intimleben einer Fremden herumstöbert. Solche Zweifel haben seit einiger Zeit zu Fragezeichen am Rand meiner Tagesnotizen geführt, wenngleich ich sie zu ignorieren versuche. *Was tust du hier?* scheinen diese Fragezeichen wissen zu wollen, und *Wer wird von dieser Arbeit profitieren?* Nicht ich, die um 3.15 Uhr morgens erschöpft Zeugungsrechner googelt. Auch nicht Eibhlín Dubh, denn ich beginne zu ahnen, dass ihr diese Suche nichts bringen wird. Im Tod wird es sie kaum kümmern, wie die Forschung ihr Leben darstellt. In allen meinen Zweifeln hallt in einer nervenden Endlosschleife die Stimme der Krankenschwester wider: »Und wozu soll das dann gut sein?«

—

Bald darauf gebar Eibhlín Dubh ein weiteres Kind, einen Jungen, dessen Geburtsdatum nicht überliefert ist und dem damit die entwürdigende Herumrechnerei zukünftiger Übereifriger mit ihren Internet-Geburtsrechnern erspart bleibt. Im dritten Jahr ihrer Ehe starb Eibhlíns Vater. Ein Jahr später starb auch Arts Vater. In diesen Jahren trauriger und freudiger Ereignisse, der Geburten und Todesfälle, war Art teils zu Hause, teils bei seinem Regiment in Europa. Eibhlín war oft allein; Eibhlín war nie allein.

Im Frühjahr 1771 öffneten sich wieder die Blätter rund um Raleigh House, und die Luft war erfüllt vom Kichern und Kreischen zweier kleiner Jungen, dem Gegacker der Hühner und dem warmen Gewieher der Pferde. Eibhlín war mit ihrem dritten Kind schwanger, als Art zum letzten Mal zurückkehrte, gekleidet in seine »schlanken Stiefel aus fremdem Leder / und der Anzug nach feinster Mode, / für dich im Ausland genäht und gewoben«. Sie war stolz auf die Erscheinung ihres Geliebten, und darauf, dass ihn sogar die Frauen reicher Kaufleute begehrten. So wie ihre Blicke Art folgten, taten es, so stelle ich mir vor, allerdings auch die ihrer Ehemänner. Mary muss in Sorge um ihre Zwillingsschwester gewesen sein, und besorgt auch darum, wie Arts draufgängerisches Verhalten die Aufmerksamkeit auf sie alle lenkte. Auch sie muss die Dunkelheit beobachtet haben, die hereinzubrechen begann. Empfand sie Hilflosigkeit angesichts der Unausweichlichkeit, so wie ich? Wenn ich ihr Leben aus der Distanz aufschreibe, beunruhigt mich sowohl das Gefühl der bevorstehenden Katastrophe als auch meine Komplizenschaft, denn wenn ich von diesen Schrecken erzähle, muss ich sie aufs Neue zufügen. Ich wünschte, ich könnte das Leid aufhalten, das diese Erzählung bald über Eibhlín Dubh bringen wird, aber ich kann es nicht. Die Vergangenheit endet nie. Oder, schlimmer noch, die Vergangenheit sagt uns, wie sie endet. Vorbei, sagt sie, immer und immer wieder.

—

An diesem Nachmittag sitzt du in deinem Auto. Du bist ganz für dich. (Das ist eine Lüge. Du warst schon seit langer Zeit nicht mehr ganz für dich.)

Allein bist du aber und unsagbar müde. Der Plan, den du verfolgst, hat dich zehn Pfund abnehmen lassen und dunkle Furchen unter deine Augen gegraben. Du kannst so nicht weitermachen, und doch zeichnet sich auch kein Ende ab. Jedes Lied im Radio scheint deinen Kummer zu besingen, genau wie damals, als dein jugendliches Herz zum ersten Mal brach. Du ertappst dich dabei, wie du all die scheußlichen Texte mitsingst, die du auswendig kennst, ohne es zu wollen: »… and you give yourself away, and you give, and you give …«, und es stimmt, du hast dich selbst weggegeben, indem du deine Gedanken und Tage an jemand anderen verschenkt hast. Dein Fuß auf der Bremse bringt das Auto zum Stehen, schräg am Straßenrand. Deine Stirn sinkt aufs Lenkrad, und du weinst, wieder. Du Idiotin: Niemand trägt die Verantwortung für dieses Schlamassel als du selbst. Du hast diesen Weg gewählt, so froh, wie eine Musikerin ein Notenblatt wählt und sich der präzisen Choreografie von

Bewegung und Klang hingibt, die jemand Fremdes lange zuvor erdacht hat. Überlass dich ihr bis zum Ende, dumme Harfenspielerin. Stimme die Saiten.

—

Was für den einen ein schlechtes Omen ist, kann für den anderen Glück verheißen. Zu denen, die Art hassten, gehörte Abraham Morris, ein furchteinflößender Mann, früher High Sheriff von Cork. Der Hass war gegenseitig.

An einem warmen Samstag Mitte Juli drang das Geräusch trappelnder Pferdehufe durch die geißblattduftende Luft. Art schwang sich aus dem Sattel vor Hanover Hall, seine Absätze landeten fest im Kies des Vorplatzes. Als er zum Haus seines Feindes schlenderte, sah ihm sein Pferd hinterher, das Zaumzeug voller Schaum und mit bebenden Flanken. Art schlug mit der Faust gegen die schwere Tür. Beide Versionen des folgenden Geschehens sind schriftlich festgehalten, da beide Seiten ihre Darstellung anschließend in der *Cork Evening Post* veröffentlichen ließen. Am 7. Oktober hieß es in Morris' Bericht:

> In Anbetracht der Tatsache, dass Arthur Leary aus Raghleagh, ein für seinen schändlichen Charakter berüchtigter Mann, am Samstag, dem 13. Juli, abends gegen 9 Uhr in meinem Wohnhaus in Hanover Hall einen Anschlag auf mein Leben verübte, einen meiner

Bediensteten verwundete und ihm in verbrecherischer
Weise eine meiner Pistolen entwendete und stahl,
wofür jener Leary nun neben mehreren weiteren Verbrechen
im Crown Office dieses Gerichts angeklagt ist,
verspreche ich nun eine Belohnung von 20 Pfund für
jede Person, die den besagten Leary festnimmt und ihn
innerhalb der nächsten zwölf Monate in das Bezirksgefängnis
bringt.

Diese Mitteilung machte Art de facto zu einem Outlaw
und setzte ein Kopfgeld auf ihn aus. Drei Tage später bestätigten
Morris' Kollegen, die Justizbeamten der Muskerry
Constitutional Society, in einer eigens einberufenen
Sitzung einstimmig die Rechtmäßigkeit dieses Aufrufs.
Wenig später wurde eine weitere Bekanntmachung veröffentlicht,
die bekräftigte, dass Art in den Augen der
Beamten jenseits des Gesetzes stand. Zwei Wochen später
erschien in derselben Zeitung eine Antwort von Art,
in der stand:

> Um sich an Mr Morris zu wenden, als Magistrat in
> einer Rechtssache, begab er sich zu diesem Zweck am
> Abend des 13. Juli gegen 7 Uhr nach Hanover Hall,
> dem Haus von Mr Morris, und teilte ihm dort in sehr
> bescheidener und respektvoller Weise den Inhalt seiner
> Beschwerde mit, welcher daraufhin ohne jeden Grund
> in rasenden Zorn geriet und sich einer sehr unanständigen,
> beleidigenden und unhöflichen Sprache gegenüber

dem besagten Leary bediente, der daraufhin dessen Haus verließ und sich auf den Rückweg machte.

Noch auf der Zufahrt sah er, wie Mr Morris und John Mason, sein Diener, jeder mit einem Gewehr bewaffnet, ihm folgten, und als Mr Morris bis auf zwanzig Meter an den besagten Leary herangekommen war, richtete er sein Gewehr auf ihn, schoss und verwundete ihn an der Hand, woraufhin der besagte John Mason nah an den besagten Leary herankam und sein Gewehr auf ihn richtete, welches der besagte Leary ihm vorsorglich entriss, bevor er das Verbrechen begehen konnte, das sein Herr lediglich durch Missgeschick nicht begangen hatte, und übergab darauf die Waffe an einen Friedensrichter seiner Majestät und erstattete Anzeige gegen Mr Morris wegen des gewaltsamen Angriffs auf sein Leben.

Eine gewisse Skepsis gegenüber diesen beiden Darstellungen des Vorfalls sei den Leserinnen verziehen. Trotz des auf ihn ausgesetzten Kopfgeldes nahm Art mit seiner Stute an lokalen Pferderennen teil, die sie alle gewann, auch gegen ein Pferd von Morris. Wutentbrannt verlangte sein Feind, dass Art sich den Strafgesetzen beugt und sie für die erniedrigende (und gesetzlich festgelegte) Summe von fünf Pfund verkauft. Art, weil er nun mal Art war, schlug Morris mit seiner Peitsche und forderte ihn zum Duell heraus. Morris, weil er nun mal Morris war, schlug die Forderung aus.

—

Am 4. Mai verließ Art Raleigh,

> und hast dich noch mal umgedreht
> und hast unsere Kinder,
> hast meine Hände geküsst,
> und als du sagtest »Auf, Eibhlín,
> tu, was zu tun ist,
> sorgsam und fleißig,
> ich muss weit von euch weg,
> und vielleicht komm ich nie zurück«,
> lachte ich nur spöttisch,
> denn solche Warnungen kannte ich.

Art zog los. Er hatte beschlossen, dass der Tag gekommen war, Morris ein für alle Mal entgegenzutreten. Zuerst würde er aber noch einen Zwischenhalt einlegen für einen Drink. Oder mehrere. Als er im Pub von seinem Plan erzählte, hörte jemand mit. Der Lauscher leerte sein Glas und ritt los. Morris schenkte seinem Informanten ein Lächeln. Er hatte Art bereits zu einem Geächteten gemacht. Jetzt konnte er ungestraft handeln.

—

Der Gesang trommelnder Hufe begleitete Art auf seinem Ritt, doch verlangsamte er, als er das Dorf Carriganima erreichte. Irgendetwas fühlte sich ... seltsam an. Sein Soldatenauge überflog den Text des Dorfes, auf der Suche nach lauernden Gefahren. Ja. Da vorne kauerten Männer. Eine Falle. Arts Herz schlug schneller; meines auch. Er verließ die Straße und wich in Richtung des Flusses aus, lockerte das Gebiss auf der Zunge seiner Stute, nahm die Zügel wieder an, um mit ihr über die moosbedeckten Steine und die Uferböschung hinauf zu gelangen, wo seine Knöchel sie vorwärts durch das Gras trieben. Erst dann hielt er inne und blickte sich um. Ha! Er hatte es geschafft! Er hatte sie überlistet, diese Dreckskerle, er war ihrer Falle entgangen. Sein Pferd warf den Kopf nach hinten, während er lachte und Morris hämische Beleidigungen zurief.

Unter denen, die wütend zu ihm herüberblickten, war ein einäugiger Soldat namens Green. Er hielt eine alte Muskete zwischen Schlüsselbein und Kieferknochen geklemmt. Im Innern seiner Waffe befand sich eine einzige Bleikugel, fest ins Rohr gerammt mit Watte und Pulver, bereit zum Schuss. Morris rief ein Wort. FEUER. Alle Soldaten drückten ab. Nur eine Kugel erreichte durch Donner und Rauch hindurch Art und blieb mit einem Stoß im warmen Fleisch seines Körpers stecken. Greens Finger zitterte, als er sich vom Eisen des Abzugs löste, während andere ihm auf die Schulter klopften mit ihren groben Gratulationen.

Arts Stute strengte sich an, ihn in Sicherheit zu tragen, aber Blut strömte aus seiner Wunde, seine Finger öffneten sich, und Art fiel, fiel und riss im Herabfallen eine Strähne ihrer Mähne mit. Er hielt nichts als dieses nasse Haarbüschel in Händen, als er im Dreck lag und sein Blick wild umherging und wie Blitze letzte Bilder einfing – *Wolken, dicht und nah – Schlehdornblüten, die sich im Wind wiegten – ein Huf – ein paar Stare, die rasch irgendwohin wegflogen*. Die Stute blickte zu ihrem Herrn hinunter, dann wieder zu den lachenden Soldaten, die näher kamen. Wägen Tiere Selbsterhaltung gegen Selbstlosigkeit ab? Diese Stute traf ihre Entscheidung schnell. Irgendein Drang trieb sie an, mit hoch erhobenem Schweif, windgepeitscht, wegzugaloppieren, die Zügel lang und lose flatternd. Sie stolperte, dann machte sie einen weiten Sprung über die Hecke, galoppierte jetzt, galoppierte und galoppierte.

Mit einem letzten Tritt in Arts Rippen zogen Morris' Männer von dannen. Ihr Lachen verschwand mit ihnen. Auch die Stute eilte davon, Schaum flog von ihrer Trense. Sie wusste, zu wem sie musste.

—

Das Pferd, das jetzt durch unsere Gedanken galoppiert, ist ein weibliches Wesen, gezeugt, geboren und aufgezogen in Europa.

Das Bild: Der Stall ist dämmrig, düster und strohgedämpft still, und in diesem Dunkel sehen wir ihre Geburt, wie sie mit den Hufen voraus aus dem warmen Ozean des Körpers ihrer Mutter schwimmt. Strauchelnd, ihre Hufe sind Wellen, die wild gegen die Erde schlagen, voller Erstaunen. Die Mutter stupst sie an, mit bebenden Nüstern, bis das Fohlen die Augen öffnet und aufsteht. Das Fohlen wächst vor unseren Augen heran. Es entwickelt sich gut. Auf der sonnenbeschienenen Wiese braucht es nur mit dem Maul gegen das Euter der Mutter zu stoßen, um einen Schwall süßer Milch auszulösen. Mit seinem ersten Galopp überlässt es sich dem Glück der Geschwindigkeit und dem Rauschen des Windes. Sie ist von guter Abstammung, so klug und schnell wie ihre Vormütter. Jede Generation ihrer Familie bekam eine menschliche Stimme zu hören, die als Echo die immer gleichen Worte in einer Reihe verschiedener Sprachen sagte: Braves Mädchen. Braves Mädchen.

Nachdem sie abgesetzt ist, wird sie zum Gehorsam erzogen. Der Zweck ihres Lebens wird, das begreift sie bald, darin bestehen, den Körper eines Menschen zu tragen, und sie lernt es schnell, das Geheiß von Bügel und Gebiss, Zügel und Gerte. Bald schon wird sie für immer von ihrer Mutter getrennt, verkauft; nie wieder wird sie in diese dunklen Augen blicken. Stattdessen lernt sie jetzt das frische Stroh der Kavalleriställe kennen, das Zischen und Klirren der Schwerter, den Geruch von Musketen und den Geruch von Blut im Matsch, Glockenblumenschatten unter einer Buche und Herbstäpfel. Dieses Pferd ist Ruhm und Dienst, Schnelligkeit und Todesurteil, und es erfüllt jede dieser Rollen tadellos. Das Vergessen: Später einmal wird sie den Tod über ihren Herrn bringen. Dann wird sein Tod, im Gegenzug, den ihren zur Folge haben.

Egal, wie oft das *Caoineadh* von Mund zu Mund galoppiert ist, egal, wie viele wissenschaftliche Arbeiten sich mit ihm befasst haben, ein Detail fehlt immer. Wir erfahren nie den Namen dieses Pferdes. Ich empfände es als falsch, einen zu erfinden. Ich will diese Stute stattdessen als eine der Namenlosen ehren, eine weitere Abwesenheit unter all den anderen weiblichen Abwesenheiten in dieser Erzählung.

Ich will, dass ihr wisst, sie war ein weibliches Wesen.
Ich will, dass ihr wisst, sie war.

—

Die einzige Gnade, die ich Eibhlín Dubh jetzt, von meinem Leben aus, zukommen lassen kann, ist die Art und Weise, wie ich die folgenden Ereignisse sich entfalten lasse. Einen Moment lang will ich ihr also noch ganz gewöhnliche Ruhe schenken. Ich könnte sie dösend zeichnen, mit einer Wange auf dem Arm. Oder ich könnte sie dabei zeichnen, wie sie einen Brief schreibt, eine Uhr aufzieht oder einen kleinen Jungen ausschimpft. Ich zeichne sie stattdessen mit ihrer blauen Lieblingsvase, während sie Rosenstängel zwischen die Freesien steckt. Ich versuche, diesen Moment so lange wie möglich auszudehnen, aber allzu bald bricht das Unvermeidliche über sie herein. Irgendein blitzendes Blatt lenkt ihren Blick zum Fenster. Eine vereinzelte Hufsilbe lässt sie die Stirn in

Falten legen. *Tick*, macht ihre Uhr, *tick tack*, dann sieht sie vor dem Haus – *Zügel* – *herabhängend* – *Sattel* – *leer*. Als sie dem Pferd ins Auge sieht, kann sie seinen Blick schnell übersetzen. Was macht sie also? Sucht sie Hilfe? Schickt sie einen Boten zu den Baldwins? Ruft sie einen Diener herbei, um einen Justizbeamten zu informieren? Nein. Eibhlín, unsere Eibhlín, überlegt nicht lange. Sie springt.

> Ich machte drei Sätze,
> den ersten zur Schwelle,
> den zweiten zum Tor,
> den dritten zum Ross.

Mit Hand und Knie führt sie das Pferd, und galoppiert und galoppiert, zusammen galoppieren sie vierzig Minuten oder länger, die erschöpfte Stute kämpft sich die Berge hinauf über durchweichten Grund und bergab durch kiesiges Fließ. Eibhlín Dubh kennt weder ihr Ziel, noch weiß sie, was sie dort erwartet, als das Pferd durch den Fluss Sullane und den Foherish springt, als es auf matschigen Wegen zwischen Brombeeren und unter Zweigen hindurch trabt, über Weiden und durch Bäche und Kuhfladen. Wer beobachtet sie bei ihrem Ritt? Die Krähen. Die Krähen wissen es. In solchen Momenten scheint der Ginster am Wegesrand zu verschwimmen im schwindelerregenden Flug, aber Eibhlín hält sich fest, sie packt das Tier. Immer weiter reitet sie, weiter, weiter – bis sie anhalten. Jedes Mal, wenn ich die folgende Strophe lese, bricht es mir das Herz für sie:

> Schnell klatschte ich in die Hände
> und ritt so schnell,
> so schnell ich nur konnte,
> bis ich dich fand, ermordet
> von einem kleinen buckligen Ginster,
> kein Papst, kein Bischof,
> kein Pfarrer, kein Geistlicher
> war da, dir die letzten Psalmen zu lesen,
> nur ein altes schrumpeliges Weib
> hat dich in Lumpen gewickelt.
> Liebster, dein Blut floss in Sturzbächen,
> ich konnt' es nicht wegschaffen, konnt' es nicht aufwischen, nein,
> ich machte die Hände zu Tassen und, oh,
> ich trank und trank.

Wer ist diese schrumpelige Zuschauerin? Manchmal kommt mir die ältere Fremde wie eine Erscheinung von Eibhlín selbst vor, die im hohen Alter als ohnmächtige Zeugin zurückkehrt, die nichts ändern kann, die dort nur verweilen kann, bis ihr eigenes junges Ich herbeieilt, dessen Körper im Innern noch ein sich regendes Kind birgt, das niemals leben wird. Sie sieht ihr eigenes junges Ich auf die Knie fallen und über Arts Leiche gebeugt aufheulen, bis diese Vokale ins Stocken geraten und die Gestalt von Worten annehmen, Worte, die auch die Stimme ihrer Mutter heraufbeschwören, und die der Mutter ihrer Mutter, ein ganzer Chor von weiblichen Stimmen aus ihrer Kehle, die alle dem Schmerz dieses Augenblicks Ausdruck verleihen, alle Hand in Hand in Hand, alle verbunden in der Entrückung dieser alten Worte. Durch eine Art Alchemie wird dieser Augenblick von einem privaten zu einem öffentlichen, roher Klang zu Artikulation, zu Kunst. Die Stute hört das animalische Geheul und versteht, ihre Mähne fällt zur Fessel, ihr Huf scharrt auf dem Boden.

Die geheimnisvolle alte Frau ist aber nicht nur Eibhlín Dubhs älteres Ich. Sie ist auch du und sie ist ich. Auch wir beide sind in dieser seltsamen Gestalt; wir blicken durch ihre Augen, wir sind in ihren dunklen Mantel gehüllt. Wir breiten ihn gemeinsam über Arts Körper aus. Wir geben etwas von uns, um ihn zu beschirmen. Wir stehen bei ihr, in Trauer vereint. In dieser Fremden sind wir alle aufgehoben. Ich werde nicht zulassen, dass Eibhlín Dubh das hier allein erleidet, und du wirst es auch nicht. Lasst uns einschreiten und ihr beistehen. Wir können nicht zulassen, dass die Vernunft diesen Augenblick stört. Verweigere uns das nicht.

—

Die erste Nacht danach ist dunkler als dunkel. Arts Pferd ist nicht mehr da. Stunden zuvor wurde es von einem

Fremden weggezerrt, und obwohl es seine europäischen Flüche wieherte, bemerkte niemand das schwindende Schwingen seiner Hufe.

Die Tür der Mühle ist angelehnt, durch den Spalt flackert Kerzenlicht. Zwei Männer haben die massivste Tür im Dorf aus den Angeln gehoben, hergetragen und über zwei Fässer gelegt, dann Arts Körper hochgehoben und auf ihr aufgebahrt – eine großzügige Geste. Eibhlín sitzt auf einem wackeligen Hocker, ihr Oberkörper wiegt vor und zurück. Sie hält die linke Hand ihres Mannes fest umfasst, seine rechte Hand liegt auf einem leeren Schlüsselloch. Sie weiß, dass sie nicht erwarten kann, von ihrer Mutter jetzt fest in den Arm genommen zu werden, und doch kann sie nicht anders, als bei jedem Knarren der Tür aufzublicken.

Arts Mund steht offen, aber seine Augen sind geschlossen. Durch das Dach dringt Regen, in der Ecke hört man die Tropfen wie den Taktschlag eines Metronoms. Es wird kälter. An der Wand steht eine Gruppe von Frauen von der Mühle, mit dunklen Schultertüchern, ernst. Eibhlín nimmt ihnen übel, dass sie nicht gemeinsam mit ihr weinen: »Die ins Unermessliche steigern mein Unglück, / da keine von ihnen eine Träne verschüttet.« Der Regen fällt. Der Regen fällt schneller. Höre: die Tropfen tick-tick-tick über dem Geflüster von Fremden, das gelegentliche Schniefen, die gedämpften Beileidsbekundungen, und dann hinüber zur Tür, wo sie einer nach dem anderen mit Sorgenmiene ins Freie treten und noch kurz beisammenstehen, um sich mit hochgezogenen Brauen und zugewandten Ohren Gerüchte weiterzuflüstern, von Mund zu Ohr, von Mund zu Ohr. In der Ferne summt der Fluss sein altes Lied.

Eibhlíns rechte Hand zuckt hin zu ihrem Vollmondbauch, ihre linke hält aber weiter seine, denn so lange sie sie hält, wird sie warm bleiben. Jetzt setzt sie sich aufrecht hin. Jetzt wird sie anfangen. Jetzt wieder diese Worte, jene, die sie auf dem Hügel begonnen hatte, als ihr Kinn noch rot tropfte von seinem Blut, als nur ein Tier und eine Fremde bei ihr waren. Jetzt öffnet sich ihr Mund, und die kalte Mühle mit ihrem Publikum von Bauern, Tratschenden, Frauen der Mühle und Fremden verstummt, und man hört nur noch ihre Stimme.

—

Ohne ihre Stimme würde ich den Sonntagnachmittag zu Hause mit meiner Familie verbringen, Verstecken spielen, einen alten Film schauen oder ein Brathähnchen zerlegen. Stattdessen habe ich meine Tochter schlafend im Arm ihres Vaters zurückgelassen, warm angekuschelt und den Bauch voller Milch. Bei einem Trödelladen, der eine Auswahl von Waren an der Straße stehen hat, halte ich an: ein Kaminsessel, ein Kinderfahrrad und mehrere alte Tore. Hier bin ich, denke ich, als das Zuschlagen meiner Autotür einen Schwarm Stare auffliegen und über die Dächer von Carriganima wegfliegen lässt – ich mag eine unbeholfene Detektivin sein, aber ich bin eine ergeben Dienende.

Ich habe mich in letzter Zeit verausgabt, indem ich mich rar machte in meinem eigenen Leben, um das Leben einer Anderen zu finden, und bin zunehmend irritiert über mein eigenes Verhalten und frage mich, ob meine Versuche wirklich nützlicher sind als die kargen biografischen Zeilen, die mich so provozierten und anfangen ließen. Woher nehme ich das Recht, in den privaten Momenten eines Lebens herumzuschnüffeln und Rüschen anzunähen, wo der Schnitt nichts dergleichen vorsieht? In meinen Tagträumen habe ich Regen auf dieses Dorf niedergehen lassen, in die Mühle tropfen lassen, in der Eibhlín Dubh wehklagte, ohne etwas über das tatsächliche Wetter an jenem Abend zu wissen. Wenn mein Wunsch, sie so zu beschreiben, dass sie sich real anfühlt, eine Marionette aus ihr macht, dann macht mich das zu … was? Ich streife durch die Straßen auf der Suche nach irgendeinem Rest der Getreidemühle, schleiche über Einfahrten und hinter Schuppen, das Gesicht feucht vom Regen. Dann durchquere ich noch mal das gesamte Dorf, in der verzweifelten Hoffnung, einen Überrest dieses Gebäudes zu finden. Wieder scheitere ich. Ich versage vor ihr, vor dir, und ich versage vor mir.

Fröstelnd und mürrisch wende ich mich der einzigen offenen Tür in diesem Ort zu. Hinter dem Trödel am Straßenrand steht ein Schild mit der Aufschrift THE OLD CURIOSITY SHOP. Der Laden ist vollgestopft mit den krummen Gliedern alter Möbel, Fußballerbiografien, Gaslampen, Spiegeln und Nähmaschinen. Der Nieselregen verdichtet sich zu Regen und prasselt auf das Dach mit einem Drang, den ich gut kenne: *Lass mich rein, lass mich rein.* Ein Mann schaut kurz um eine Ecke, winkt, und verschwindet wieder. Meine Hand ruht auf dem zersprungenen Glas einer großen Uhr, den winzigen Splittern ihres rissigen Holzgehäuses, ihrem leeren Schlüsselloch, ihrer halb offenen Tür. Ich greife hinein, um das Pendel in Schwingung zu versetzen, erblicke dabei aber einen gesprungenen Teller, vollmondbleich mit einem Dorf darauf in lebendigem Blau, und einem winzigen Paar, das an einem Bach spazieren geht. Verloren. Eine bauchige Vase in der Nähe leuchtet blau wie die Herbstfluten in Derrynane. Die Vase und der Teller kosten mich zusammen drei Münzen: Ich lächle, als ich gehe.

Draußen hat der Regen nachgelassen und der Bach singt meinen Zehen ein eisiges Willkommen, als sie über die Steine gleiten. Dieses Wasser muss einst das Mühlrad angetrieben haben, das mit seinem flüssigen Schwung immer wieder denselben Kreis antrieb. *Hör zu*, sagt der Bach. *Hör zu Hör zu Hör zu.* Ich tue es – oder zumindest versuche ich es.

—

Wenn sich in Derrynane ein Mädchen verirrte oder Angst hatte, konnte es sich zurechtfinden, indem es auf die Kompassnadel der Brandung hörte oder seine Zwillingsschwester um Hilfe rief. Wir wissen nicht, ob Mary in der Mühle die Hand ihrer Schwester hielt. Es scheint jedoch unwahrscheinlich, wenn man bedenkt, dass eine ganze Strophe des *Caoineadh* deren Mann verflucht, »den kleinen, gemeinen, / nichtsnutzigen Clown, der nur Scheiße verbreitet«.

Was könnte er getan haben, um solchen Hass auf sich zu ziehen? Mrs O'Connell schreibt anerkennend: »Mr Baldwin ließ die Stute abgeben, was bei der damaligen Gesetzeslage das Klügste war, was er für die Witwe und die Kinder hätte tun können.« Klug, vielleicht. Aber auch grausam. Irgendwann in den frühen Stunden ihrer heiserkehligen Klage blickte Eibhlín auf, mit roten Augen und tief erschöpft, um zu erfahren, dass Arts geliebte Stute dem Mann übergeben worden war, der seine Ermordung angeordnet hatte.

—

Jedes Jahr im Herbst, wenn die Blätter auf den Bäumen von Gold zu träumen anfangen, schimmert die nächtliche Flut in Derrynane neonblau. Das Wasser ist voll von Phytoplankton, und jede Welle wirbelt winzige phosphoreszierende Partikel auf, bis es heller und heller glimmt und dann langsam wieder erlischt. Damit ein menschliches Auge diese Biolumineszenz wahrnehmen kann, muss die Nacht tiefschwarz sein.

Nach der Beerdigung von Art liegt Eibhlín in der Dunkelheit eines Schlafgemachs weit im Landesinneren und singt ihre Söhne in den Schlaf. Bald ist sie die Einzige, die wach ist; erst dann läuft ihr Salz über die Wangen. Was als Nächstes passieren wird, weiß Eibhlín nicht – wir aber wissen es. Der Tod zieht weiteren Tod nach sich. Vom Himmel herab werfen dunkle Vögel ihre Schatten.

—

Zu Hause kämpfe ich damit, mich in der Dunkelheit, die aus Eibhlín Dubhs Leben herüberdringt, zu beruhigen. Ich versuche, mich mit meinen Routinen des Fegens, Wischens, Abstaubens und Schrubbens abzulenken. Ich klammere mich an all meine kleinen Rituale. Ich horte Brotrinden.

Jeden Tag robbe ich auf den Ellbogen unter Tischen und Hochstühlen durch Bananenschleim, Joghurt und zermatschte Weintrauben, um weitere Rinden einzusammeln. Dass ich meist schmutzige Knie habe, nehme ich gerne in Kauf dafür, diese Brotkanten zu sichern, noch spucknass, geformt von Gaumen und Händen, da diese Rinden mir den seltsamsten und kostbarsten Moment des Tages ermöglichen, wenn ich meinen Namen aus dem Rachen einer Krähe vernehme.

Ich schütte eine Schachtel mit Puzzleteilen vor den Kindern aus, dann wende ich ihren fleißigen Fingern den Rücken zu und gehe in den Garten. Kühl und plüschig ist der Teppich dieses grünen Raums. Der Hals einer Wächterin wendet sich sofort in Richtung des Geräuschs meiner nackten Füße, ihr Schielauge übersetzt meinen ungekämmten Haarschopf in den Namen, den sie mir gegeben haben. Sie öffnet den Schnabel und brüllt diese gespaltene Silbe über das Tal, und ich beobachte, wie sie sich alle aus den Sälen des Gezweigs erheben und mit Kreischen und Flügelschlägen zu mir herabstoßen und dunkle Grüße rufen.

Als die Regierung vor einem landesweiten Schneesturm warnt, werden im Fernsehen leere Bäckereiregale gezeigt; alle horten jetzt Brot wie sonst nur ich. Beim Frühstück bringe ich es nicht über mich, meinen Toast zu essen. Mein Magen knurrt, als ich stattdessen schwarzen Kaffee trinke, und ich spüre, wie mir mit jedem heißen Schluck Flügel wachsen, üppig und dunkel.

Selbst der kleinste Hunger kann andere ernähren. Von oben betrachtet muss unser verschneiter Garten weiß wie eine leere Seite erscheinen, und da stehe ich, eine weibliche Silhouette, meine Körpermitte ausgehungert dünn, während über mir Hunderte Flügel einen Sturm entfachen.

10. zwei straßen,
beide verschwommen

> Buail-se an bóthar caol úd soir
> mar a maolóidh romhat na toir,
> mar a gcaolóidh romhat an sruth,
>
> Hit that narrow road east
> where each tree will kneel for you,
> [and] each stream will narrow for you,
>
> Nimm den schmalen Pfad nach Osten,
> wo jeder Baum sich vor dir verneigt,
> wo jeder Fluss sich für dich verjüngt,
>
> *Eibhlín Dubh Ní Chonaill*

I. ALS BEIFAHRERIN FAHRERIN

In der Stadt bei Nacht lässt sich die Dunkelheit leicht ausblenden. Die Straßenlaternen stehen hier so dicht beieinander, dass ihr bernsteinfarbener Schein durchgehend unser Auto erhellt, ein beständiges Licht, das sich über das Lenkrad und die Hand meines Geliebten ergießt und den Ehering färbt, in den er meinen Namen gravieren ließ.

Ich sitze gerne neben ihm, wenn er fährt – ich beobachte gerne seine Hand, die Hand, um die er bald wieder meinen Pferdeschwanz wickeln wird, wenn er meinen Kopf zurückzieht, um mich zu küssen. Ich beobachte auch gerne sein Gesicht, das Lächeln, das dort entsteht, wenn er meinen Blick auf sich spürt, weil er weiß, dass wir bald zurück sind in den Räumen, in denen unsere Kinder schlafen, und bei den Wänden, gegen die er mich drücken wird, bis ich in seine Handfläche stöhne. In der Nacht, in der ich meine Lippen zum ersten Mal auf seine presste, waren wir beide neunzehn, und obwohl ein Jahr vergangen war, seitdem ich vom Brückengeländer zurückgerissen worden war, waren meine Haare noch feucht. Mit ihm begann ich endlich zu lachen. Er trat weder mit Fanfaren noch mit Glamour in mein Leben. Es gab kein Durchbrennen. Er ging einfach im Gleichschritt neben mir, mit seinem entspannten Lächeln, seinen alten T-Shirts, seinen abgewetzten Jeans und seinem gleichmäßigen Gang. Jetzt fahren wir auf derselben Straße, die wir als Teenager Hand in Hand entlangliefen, immer schneller.

Als wir in die Außenbezirke der Stadt gelangen, wird der Abstand der Laternen größer. Ich schaue zu, wie sich jetzt dunkle Flecken über sein Gesicht bewegen, wie schnell sie über ihn strömen und sich wieder auflösen. Wir durchqueren diese kleinen Dunkelheiten in schneller Fahrt, da wir zu spät für den Babysitter sind und hungrig aufeinander. Das Auto leuchtet immer noch in Abständen auf, aber die dunklen Phasen werden jetzt länger. Ich merke nicht, welches Licht das letzte ist.

Unsere Scheinwerfer sind an der T-Kreuzung nutzlos, wo sie gelb geradeaus starren und nur ein Brombeergebüsch beleuchten. Instinktiv oder aus Gewohnheit wenden wir den Kopf nach links, nach rechts und wieder nach links aus Vorsicht, obwohl wir in dem undurchdringlichen Dunkel, das gegen die Scheibe drängt, nichts sehen können. Da keine Scheinwerfer aufblenden, fährt er weiter. Ich zittere leicht, während das dumpfe Dröhnen des Motors uns weiter ins Unsichtbare führt. Ich bin mir nicht sicher, ob ich auf seine Finger warten kann, bis wir zu Hause sind, und vielleicht, denke ich, könnte ich ihn ja bitten, eine ruhige Einfahrt zu finden, irgendeine verborgene Stelle, an der wir – nur für eine Minute –, aber jetzt biegen wir um eine Kurve, und jetzt tritt er voll auf die Bremse, und unser Auto kommt quietschend zum Stehen.

Wir halten beide die Hände vor die Augen, schwache Schilde gegen das plötzliche Licht. Wir sagen nichts, obwohl wir beide den Mann sehen, der neben einem Taxi steht, mit leerem Gesichtsausdruck, während die Warnblinkanlage karminrot aufleuchtet und dunkel erlischt und wieder karminrot aufleuchtet. Hinter dem Mann sehe ich einen weiteren Mann, oder vielleicht zwei, beide ein Handy am Ohr, und am Boden vor ihnen bemerke ich jetzt noch etwas anderes. Jemanden. Eine Silhouette, die auf der weißen Linie liegt. Eine Silhouette in Minirock und High Heels. Eine Silhouette, die sich windet. Eine Frau.

Einen gefährlicheren Ort als diesen nicht einsehbaren Hügel, in dieser scharfen Kurve der Straße, kann ich mir nicht vorstellen für eine junge Frau, die allein in der Dunkelheit am Boden liegt. »Nein«, sagt mein Mann. »NEIN. Tu es nicht«, aber *tick* macht mein Gurt und *tick tick* der Türgriff. »Nein«, sagt er noch mal, »da sind schon Leute, die helfen«, aber mein Körper erhebt sich jetzt, springt aus dem Auto, und vielleicht würde eine bessere Ehefrau nachgeben und andere Leute diese unbekannte Krise lösen lassen, vielleicht würde ein besserer Mensch sich weiterfahren lassen, aber ich kann seine Stimme nicht mehr hören, denn ich renne jetzt durch die Dunkelheit, renne und knie und berühre die Schulter dieser Fremden und frage sie nach ihrem Namen.

Ich sehe kein Blut, keine gebrochenen Knochen, aber sie weint und windet sich, rollt hin und her, von einer Seite auf die andere. Reifen quietschen, ein anderes Fahrzeug kommt schräg hinter unserem zum Stehen, und als ich mich umdrehe, glaube ich, den Schatten meines Mannes vor Schreck zusammenzucken zu sehen. Der Taxifahrer kommt zu uns, zuckt laut seufzend die Achseln, die Hände wie zur Entschuldigung erhoben, und sagt, schnell redend: »Ich habe sie nicht angefasst, ich schwöre, als ich sie abgeholt habe, stritt sie mit ihrem Freund, sie hat ihm eine Ohrfeige gegeben, und dann hat er ihr einen Tritt verpasst, genau in die« – er deutet mit dem Finger auf seinen Schritt – »und dann ist sie einfach reingesprungen, heulend, und als ich langsamer fuhr, um zu fragen, ob alles in Ordnung ist, hat sie sich zur Tür rausgestürzt, und ich kann sie nicht da liegen lassen, aber ich kann sie auch nicht ins Auto zerren, wenn sie nicht will, und« – sein Telefon klingelt und er dreht sich um, um ranzugehen, murrt aber noch über seine Schulter – »die wird uns alle umbringen mit diesem Getue, diese egoistische Sch– Hallo? Ja, ich komme, sobald –«

Die Frau spricht nicht, aber durch ihre klappernden Zähne hindurch hört man ein leises Wimmern. Ich werde von dem mütterlichen Drang gepackt, sie zu halten, zu trösten, zu beschützen, aber vor allem von dem Drang, die magischen Worte zu sagen, die immer wie ein Reset wirken, die immer Ruhe in der Panik beschwören. Ich nehme ihren Kopf in beide Hände, hebe ihn an, schaue ihr in die Augen und sage: »Alles wird gut.« Ich helfe ihrem traurigen Körper auf und führe sie, meine Handfläche ganz sanft an ihrem Ellbogen. Während wir zusammen durch die Dunkelheit gehen, sind meine Ohren und Augen extrem wachsam, da ich befürchte, dass ein Auto zu schnell um die Kurve kommen könnte, um rechtzeitig bremsen zu können. Ich weiß, dass ich nicht viel für sie tun kann, aber helfe, so gut ich kann, setze sie sicher ins Auto und streichle ihr übers Haar, bis ihr Schluchzen nachlässt. Ich frage sie, ob sie ins Krankenhaus will, und sie schüttelt den Kopf. Ich frage sie, ob sie nach Hause will, ob sie sich im Taxi sicher fühlt, und sie nickt, also schnalle ich sie an, schließe die Tür und sehe sie nie wieder.

Als ich wieder in unserem Auto sitze, zittern meine Finger zu sehr, um meinen eigenen Sicherheitsgurt ins Gurtschloss zu fummeln, also drückt mein Mann ihn mit einem verärgerten Seufzer rein. Er ist wütend. »Das Mädchen war so betrunken, dass es sich morgen nicht einmal mehr an dich erinnern wird. Du hättest uns umbringen können«, sagt er, »und wofür?« Ich will fragen, warum er nicht auch geholfen hat, aber noch bevor er den Schlüssel im Zündschloss umgedreht hat, weicht uns haarscharf ein Lieferwagen aus, und unser Auto vibriert als Echo seiner Geschwindigkeit. Dann sehe ich es klar vor mir: Als ich ihn hier in dieser unübersichtlichen Kurve zurückließ, um in die Dunkelheit zu rennen – furchtlos oder tollkühn oder beides –, brachte ich uns beide in Gefahr. Aus seiner Sicht mischte ich mich nur in eine Situation ein, die bereits unter Kontrolle war: Es waren schon andere da, die das Schlamassel ganz sicher auch ohne mich gelöst hätten. Ich hatte etwas vollkommen anderes in diesen männlichen Schatten gesehen, als sie sich über eine auf dem Boden liegende Frau beugten. Als er den Schlüssel umdreht, sind seine Lippen weiß gespannt.

Da seine Wut etwas so Seltenes ist, bin ich erschrocken. Ich entschuldige mich, und wir fahren schweigend weiter. Ich frage mich, warum diese Triebe so tief in mir verankert sind: die umgehende Entschuldigung, aber auch das

Verlangen, das jeden Moment auftauchen kann, schneller als ein synaptischer Blitz, und mich in die Dunkelheit sprinten lässt, zu schnell, um durch Rufe der Vernunft aufgehalten zu werden. Beim Versuch, das Richtige für eine Person zu tun, gefährde ich eine andere; durch meine Bemühungen, einer Fremden zu helfen, bringe ich sowohl meinen Mann als auch meine Kinder in Gefahr. An die hatte ich in diesem Moment gar nicht gedacht. Selbst jetzt, während wir beschleunigen, verspüre ich das Kribbeln des Erfolgs, die Freude darüber, einer anderen eine kleine Hilfe zukommen zu lassen, die Wonne, eine Gefälligkeit zu erweisen und nichts dafür zu erwarten. Ich habe jedoch nicht das Gefühl, dass ich mir mein Handeln als Verdienst anrechnen kann – es fühlte sich fast so an, als wäre ich von einer Kraft in die Dunkelheit getrieben worden, die zu mächtig ist, um ihr zu widerstehen. Wie geheimnisvoll unsere Instinkte sind, diese plötzlich aufheulenden Motoren, die uns zu neuen Zielen treiben.

Auf der weiteren Fahrt nach Hause grübele ich über seine Frage nach: »Und wofür?« Ich denke immer noch darüber nach, als wir uns die Zähne putzen, als er mich von hinten umarmt und meinen Nacken küsst und dann einschläft. In der Dunkelheit wird mir klar, dass es nur eine Möglichkeit gibt, diesen Vorfall als etwas Wechselseitiges zu verstehen, nur ist die viel zu esoterisch, um sie ihm zu erzählen, und außerdem will ich ihn nicht wecken. Ich werde sie stattdessen dir erzählen. Vielleicht war es die Vertrautheit mit der Geste, etwas von mir herzugeben, die mich aus dem Auto springen ließ, aber in dem Moment, als ich mich über die Straße beugte, war sie dunkel – dunkel wie ein Fluss – dunkel genug, um ein altes Gefühl in mir zu hervorzurufen. Indem ich der Fremden aufhalf, war ich vielleicht ein Schattenzwilling der Fremden, die einst in einer anderen Nacht mein weinendes, betrunkenes Ich vom Geländer eines anderen Flusses zurückzog. Als ich sie wiegte, wiegte ich vielleicht mein eigenes altes, schmerzendes Ich. Vielleicht barg dieser Moment eine Art Entsprechung, irgendeine seltsame Form von Wechselseitigkeit. Indem ich einer Fremden zuflüsterte, dass alles gut werden würde, sprach ich vielleicht einen Zauber über uns alle in unserer Trauer und unserem Schmerz, über ihren Schmerz und seinen Schmerz und meinen, und vielleicht war es ja wahr, vielleicht würde es dieses Mal wirklich gut werden. Vielleicht war es das schon.

II. ALS FAHRERIN BEIFAHRERIN

Jahre später, wieder an einem Freitagabend, bin ich allein unterwegs in schneller Fahrt, tief unter einem Fluss. Hier unten ist alles hell erleuchtet, auch wenn die Welt darüber im Dunkel liegt. Ich stelle mir vor, was sich ungesehen über dem Tunnel alles bewegt: die trüben schlammigen Schichten und die schnell strömenden Wassermassen, die ihre Fracht von Forellen und Hechten schwenkend mit sich führen, so viele Augen, so viele Herzen, vom dahineilenden Fluss rasch fortgetragen, während das Mondlicht kurz auf seiner Oberfläche tanzt. Darunter rausche ich durch einen Tunnel grell blendender Fluoreszenz, das Radio so laut aufgedreht, dass der Bass hinter meinem Brustbein dröhnt. Als der Tunnel sich nach Westen krümmt, geht mein Fuß wieder aufs Pedal und führt mich zurück in die Nacht.

Ich wurde zu einer Lesung meiner Gedichte in meine Heimat eingeladen und folge dieser Straße also zurück zu den kleinen feuchten Feldern, in deren Umgebung schon unzählige Inkarnationen meiner Familie aufgewacht sind, Morgen für Morgen, Tag für Tag, Jahrhundert für Jahrhundert. Magnetschnell rase ich an Schildern vorbei, die immer nur das vorausgegangene wiederholen – SLOW SLOW SLOW –, vorbei an dunklen Fenstern, vorbei an der flüchtig aufragenden Silhouette zweier Pferde, die im Baumschatten dösen. Dies ist der Weg nach Hause. Der Schwung meiner Bewegung ist noch recht jung; das schnellste Tempo, mit dem sich noch die Mutter meiner Großmutter vorwärtsbewegen konnte, war der Galopp. Kilometer um Kilometer drehen sich meine Räder so leer wie Zifferblätter durch die nächtliche Landschaft, über sich ein Behältnis aus dünnem Metall, gefüllt mit Hitze und Musik und einem warmen Körper mit einem kleinen pulsierenden Herzen und einem Mund voller Gesang: mir.

Übergangslos dann die Wendung vom Gewöhnlichen

zur Katastrophe. In unheimlicher Zeitlupe begreife ich, dass die Lichter, die auf mich zukommen, nicht die harmlosen Scheinwerferstrahlen von der Gegenseite der Autobahn sind. Nein, diese Scheinwerfer bewegen sich direkt auf mich zu. Falsch, denke ich, falsche Richtung. Die Zeit verlangsamt sich zu einer scharfen Klarheit, als die entgegenkommenden Scheinwerfer in einem Wirbel erst karminrot und dann wieder weiß werden. Das Auto prallt gegen die Mittelplanke, dreht sich, dreht sich wild in chaotischen Kreisen über beide Fahrspuren, wodurch der Blick frei wird auf etwas Zweites, das sich bewegt – ein anderes Fahrzeug vor ihm, das sich ebenfalls dreht –, und ich bin unbedeutend und nichtig, bewege mich unaufhaltsam auf zwei Fahrzeuge zu, die beide wie parallele Entitäten im Weltraum herumwirbeln, jedes mit eigener Umlaufbahn, während ich auf sie zusteuere, mein Lenkrad festhalte und die Zähne zusammenbeiße. Das Radio muss noch laufen, aber ich höre es nicht. Ich höre gar nichts.

Mein Körper, unter Schock, verfällt auf eine lang schon verschüttete Beschwörung, und flüstert *O Gott O Gott O Gott O Gott*, kurzatmig, rasselnd. Ich bin ein Splitter, ein flüchtiges Destillat all der Menschen, die das zufällige Muster ergaben, das irgendwann mich hervorbrachte, eine Frau, die vier Kinder gebar, die ihre Tage mit Hausarbeit und Tagträumen zubrachte, eine Frau, die sechsunddreißig Jahre lang lebte, bevor sie in einen grausamen Tod auf der Autobahn hineinsteuerte. Ich denke blitzartig an meine Kinder, die eingekuschelt sind in ihre Betten und träumen, während mein Mann unten an einem Bier nippt und selbstvergessen Sport im Fernsehen sieht. Mir schmerzt das Herz. *O Gott. O Gott.* Mein Mund bewegt sich noch, als mein Auto die Unfallstelle erreicht.

Das erste Auto dreht sich jetzt noch schneller, während ich ihm in einem Bogen durch den tiefen Matsch neben dem Standstreifen schlitternd ausweiche. Meine Räder drehen durch und rutschen weg. Ich zucke zusammen, als ich spüre, wie Splitter und Trümmer unter mein Auto rollen und fliegen und gegen den Unterboden krachen, so viele Bruchstücke aus Plastik und Metall und Glas, durch die Luft schießend unter mir, auf ihrem Weg an den Rand, in dessen Erde sie dann liegen werden. Mein Auto bricht seitlich aus, während sie unter mir hindurchziehen, und das Lenkrad entreißt sich mir mit einem Ruck so schnell wie eine geschlagene Wange. Während meine Hände versuchen, es wieder unter Kontrolle zu bringen, driften meine Gedanken ab und ich stelle mir vor, wie sich eines Tages ein Fremder über die Erde beugt, ein Bruchstück aufhebt und sich wundert, was das wohl für ein Moment war, als dieses Teil vom Ganzen brach. Noch immer halte ich das Lenkrad fest, noch immer, *O Gott O Gott,* schleudere ich über den Randbereich, noch immer drehen sich die beiden Autos, stoßen jetzt leicht gegeneinander, und sollte es menschliche Schatten in diesen Fahrzeugen geben, sehe ich sie zumindest nicht. Ich fühle mich, als wäre ich allein in dieser Dunkelheit, als würden meine Füße auf den Pedalen tanzen, um einem Paar kreiselnder, menschenleerer Autos auszuweichen.

Dann, zu meinem Erschrecken, passiere ich sie. Ich habe sie hinter mir gelassen, denke ich, ich bin vorbei, ich bin auf der anderen Seite, und irgendwie, irgendwie bin ich noch am Leben. Meine Hände zittern unkontrolliert, und ich bemerke, dass ich weine, seit wann, weiß ich nicht. Das Ringen nach Luft dauert an, und auch die Beschwörung *O Gott O Gott O Gott*. Ich zwinge meinen Mund, damit aufzuhören. Ich atme ein, mache das Warnblinklicht an, stelle den Motor ab und versuche, den Notruf zu wählen. Meine Hände zittern so heftig, dass es drei Versuche braucht, bis ich das Freizeichen höre.

Eine ausgesprochen ruhige Frau nimmt meine Angaben auf und bittet mich dann, »es noch einmal zu wiederholen«. Während ich spreche, blicke ich wild umher, zur Seite und nach hinten und wieder nach vorne, aber draußen ist es so dunkel, dass ich nichts sehen kann; mein Rückspiegel erscheint mir gleichzeitig leer und voller Dinge. Als ich sie frage, was ich tun soll, gebe ich wieder einmal etwas von mir her; ich lege meine Entscheidung in ihre Hände. Als ich sie frage, was ich tun soll, wäge ich den nächsten Sprint im Dunkeln gegen das einfache Weitergleiten zu den Anweisungen einer Anderen ab. Als ich sie frage, was ich tun soll, weiß sie die Antwort und gibt sie mir mit einer Bestimmtheit, die keinen Widerspruch duldet. Sie verbietet mir, zu den anderen Autos zurückzurennen. Sie befiehlt mir weiterzufahren, »Ja, jetzt, sofort«, um weitere Unfälle zu vermeiden. Sie wägt meine potenzielle Nützlichkeit gegen die Gefahr ab, die ich für andere darstellen könnte, und sagt mir, dass ich dort wegmuss.

Ich tue, was man mir sagt. Braves Mädchen. Meine Knie zittern, und das Lenkrad rutscht mir immer wieder durch die feuchten Hände. Vielleicht war doch nicht alles immer so klar, wie ich es mir vorstellte; vielleicht sind wir doch in der Lage, eine andere Richtung einzuschlagen, abhängig vom Weg, auf dem wir uns gerade befinden. Vielleicht sind die kaleidoskopischen Versionen unserer selbst, die unsere Tage und Nächte bewohnen, zu tatsächlich allem fähig. An jenem Abend sagt mir eine ruhige Stimme, was ich tun soll, und dieses Mal widersetze ich mich ihr nicht. Diesmal verstehe ich, wie vernünftig der Befehl ist, und befolge ihn. Ich bedanke mich bei der Stimme am Telefon. Ich verabschiede mich.

Alle Spiegel des Autos sind tiefschwarz. Die Folgen der Unterdrückung meiner Triebe sind unerträglich. Mein Wunsch zu helfen, verschwindet nicht, als ich Gas gebe – er verfolgt mich und dröhnt unerbittlich in der Dunkelheit, durch die ich fahre. Habe ich jemanden zurückgelassen, der nach mir schrie? Morgen würde ich stundenlang die Lokalnachrichten nach Berichten über einen schweren Unfall durchsuchen und nichts finden, aber das weiß ich jetzt noch nicht. Jetzt zwinge ich mich zu tun, was man mir befohlen hat. Auf dieser Straße hier, heute, fahre ich weiter.

11. klecks. klecks.

> Thugas léim go tairsigh,
>
> Three leaps, I took – the first to the threshold,
>
> Ich machte drei Sätze, den ersten zur Schwelle,
>
> *Eibhlín Dubh Ní Chonaill*

EINE FLÜCHTIGE Ablenkung vom Schmerz mag ein Racheplan sein. Oder zwei.

In Raleigh House war Eibhlín Dubh in tiefer Trauer. Doch sie schmiedete auch Pläne.

—

Leise entriegeln Finger eine Stalltür.
Leise, ganz leise, werden Hufe in Leinensäcke gewickelt,
    um ihr Getrappel zu dämpfen.
Leise wird das Garn verknotet, am Seil gezogen.

—

Eibhlín Dubh begrüßt die Stute bei ihrer Heimkehr, indem sie ihre Stirn an die des Tieres schmiegt: zwei Gesichter, jedes umhüllt von der Wärme weiblichen Atems.

Andere hingegen beginnen sich Sorgen zu machen. Welche Strafe könnte Morris verhängen, sobald er den Diebstahl entdeckt hat? Die einzige Verteidigung, zu der man unter diesen Umständen raten kann, ist Verschleierung; das Problem muss verborgen werden.

Der Knall des Schusses ertönt und hallt zwischen den Mauern des Hofs hin und her. Noch einmal sind die Beine der Stute zittrig wie die eines Fohlens, langsam knickt sie ein, die Hufe schlagen noch einmal wie Wellen gegen die Erde. Noch einmal verteilt sich warmes Blut im Matsch. Dann bewegt sie sich nicht mehr. Ihren Körper kann man überall begraben, nicht aber ihr Gesicht – mit seinen einzigartigen Abzeichen ließe es sich jederzeit als das von Arts Pferd identifizieren. Also das notwendige Abtrennen, die Klinge, das Hin und Her. Der Herdstein wird hochgehoben wie eine schwere Tür. Mit Schaufelblättern heben die Männer den Raum aus, in dem ihr Gesicht verwahrt werden muss. Schädel unter Stein: Wenn Eibhlín am Feuer sitzt, ist sie niemals allein.

—

Wenige Wochen nach dem Schuss findet eine gerichtliche Untersuchung des Todesfalls statt. Im Gegensatz zu den bisherigen Befunden der Justiz, dass die Ermordung dieses »Geächteten« rechtmäßig war, kommt das Gericht nun zu dem Schluss, »dass Abraham Morris und die Gruppe von Soldaten sich des vorsätzlichen und mutwilligen Mordes an Arthur O Laoire schuldig gemacht« hätten. Alle beteiligten Soldaten – einschließlich Green, dessen Musketenschuss Art tötete – werden in die Britisch-Ostindischen Kolonien verschickt. Morris bleibt in Irland, verlässt aber schon bald die prächtige Hanover Hall und bezieht stattdessen vorübergehend Zimmer in einem Logierhaus in der Stadt.

In einer Strophe des *Caoineadh,* die manchmal Arts Vater zugeschrieben wurde (der jedoch, wie es scheint, einige Jahre vor Art gestorben war), verflucht Eibhlín den Verursacher all ihres Leids.

> Morris, du Gnom, dir soll Qual widerfahren!
> Schweres Blut soll dir sprotzen aus Herzen und Leber!
> Der Star soll dich plagen!
> Deine Knie sollen splittern!
> Dir, der du geschlachtet mein Stierkalb,
> und kein Mann in ganz Irland,
> der sich traut, dich dafür zu erschießen.

Vielleicht kann man Rache als das Gegenteil von Altruismus sehen. Während Letzterer in menschlichen Interaktionen ein Ungleichgewicht herstellt, verlangt Rache den Ausgleich. Auge um Auge. Zahn um Zahn.

—

Der zweite Akt der Vergeltung ereignete sich am 7. Juli, als Arts Bruder Cornelius, noch ein Teenager, über die matschigen Wege und Kopfsteinpflasterstraßen galoppierte, die in den entsetzlichen Gestank der Stadt führten. Er wusste, dass Morris Zimmer in Boyces Lodging House gemietet hatte, also suchte er sich einen Platz in der Nähe der Hammond Lane und lehnte sich unauffällig an eine Hauswand. Die Form seiner Waffe ist über die Zeiten hinweg unscharf geworden – die Richter stellten später fest, dass es sich um eine unter dem Mantel verborgene Muskete gehandelt haben könnte, oder vielleicht eine Donnerbüchse. Während er das Kommen und Gehen im Logierhaus beobachtete, fuhr sein Finger über kaltes Eisen. Das Tageslicht schwand. Um elf erhellte in dieser Sommernacht manche der Zimmer noch Licht, andere lagen bereits dösend im Dunkel. Hinter den Vorhängen dort begann der Schlaf den sonderbaren Stoff menschlicher Träume zu weben, während Cornelius draußen auf der Straße gähnte.

Im Haus wurde auch Morris langsam müde. Er stieg die Treppe zu seinem Schlafgemach hoch, verriegelte die Tür und begann, sich fürs Bett fertig zu machen, als von der Straße beschwipst-fröhliches Stimmengewirr hereindrang. In dem Moment, in dem Cornelius Morris' Silhouette am Fenster erblickte, begann sein Herz zu galoppieren und seine Wange zu glühen. Er zielte. Die kalten Glassplitter spritzten in das Schlafzimmer, und Morris taumelte erschrocken rückwärts. Mehrere Schüsse verfehlten ihr Ziel und landeten in der Hauswand knapp unter seinem Fenster, einer aber fand den Weg in seinen Körper und drang ins warme Fleisch zwischen Brustkorb und Hüfte. Noch bevor Morris' Knie den Boden berührten, noch vor seinem ersten Schrei nach Hilfe, war Cornelius schon auf und davon. Sein Herz raste, als er sich seinen Weg durch die schlammigen Straßen und dunklen Gassen der Stadt bahnte, mit pochender Brust, bis er das leise Wellenrauschen des Flusses an den Docks hörte. Bald stand er auf dem Deck eines Schiffes, den Blick zum Horizont gewandt. Vielleicht peitschte ihm der Wind salzige Gischt ins Gesicht. Vielleicht war sein Gesicht trocken.

Die Behörden setzten Cornelius umgehend zur Fahndung aus. Zwischen Suchmeldungen nach Personen, die im Verdacht standen, »Arabella Allen, aus CORK, unverheiratet, gewaltsam weggebracht zu haben, mit der Absicht, sie zu verheiraten«, und denjenigen, »die dem Vieh von Thomas BUTLER, aus Woodvill, Lähmungen zugefügt haben«, findet sich auch ein Fahndungsbefehl »gegen die Personen, die in das Schlafgemach von Abraham MORRIS, von Hanover Hall, Co. Cork, Esq., in seiner Unterkunft in der Stadt Cork geschossen haben«. Von Morris' Verbündeten war eine beträchtliche Summe als Belohnung zusammengekommen, darunter mehr als 45 Pfund von William Tonson, einem Parlamentsabgeordneten, und 100 Guineen von Morris selbst. In den folgenden Monaten wuchs die Summe noch. Cornelius jedoch hatte Amerika erreicht und würde nie mehr zurückkehren. Die Stimmen der beiden Brüder waren in den Räumen von Raleigh für immer verstummt.

Morris starb nicht an seiner Wunde. Er überlebte und kam zum Prozess gehumpelt, der gegen ihn wegen des Mordes an Art eröffnet wurde, und humpelte nach seinem Freispruch wieder von dannen. Am 6. September 1773 berichtete die *Cork Evening Post*: »Letzten Samstag, den 4. September, wurde Abraham Morris in Cork wegen der Ermordung von Arthur O'Leary vor Gericht gestellt und ehrenhaft freigesprochen.« Morris mag zwar für den Mord an Art nicht verurteilt worden sein, war aber gestraft durch seine Wunde, die nie verheilen sollte. Jahrelang muss er sich durch Fieberträume, Infektionen und Schmerzen gequält haben, bis ihm eine Idee kam, wie er seine Heilung finanzieren könnte. Er würde sein gesamtes Hab und Gut zu Bargeld machen. Am 1. Juli 1775 erschien eine Anzeige in der *Cork Evening Post*:

> Zur Versteigerung steht in Hanover Hall, dem Haus von Abraham Morris, der zur Besserung seiner Gesundheit den Ort verlässt, sein gesamtes Mobiliar, seine Stiere, Kühe, Schafe, landwirtschaftliche und andere Geräte.

Was hatte er mit dem Geld vor? Wohin wollte er gehen? Monate später wurde eine zweite Bekanntmachung veröffentlicht:

> Cork: 25. September 1775: Die Gläubiger von Abraham Morris Esq. werden gebeten, ihre Forderungen an James Boyce von Hammond's Marsh zu schicken, wo man so schnell wie möglich dafür sorgen wird, dass sie erfüllt werden.

Alle historischen Studien, die ich gelesen habe, nehmen an, dass Morris zwei Jahre nach seiner Verwundung an deren Komplikationen starb – ein ausgesprochen langsamer und schmerzhafter Tod. Mir ist nachvollziehbar, wie man zu diesem Schluss kommt: Warum sonst sollte der Vermieter von Morris' Logierhaus Schulden in seinem Namen begleichen? Trotzdem kann ich nicht widerstehen, in den Sterberegistern nach seinem Namen zu suchen. Ich scheitere. Ich habe bis heute keinen Beleg für den Tod von Abraham Morris gefunden.

—

Dreimal habe ich Bettelbriefe an Raleigh House geschrieben, aber das Haus schweigt, das Haus antwortet nicht. Schließlich vertraue ich mich einem freundlichen Bibliothekar an, der Mitleid mit mir hat und einen guten Freund von ihm, der zugleich ein Freund der Besitzerin ist, zu ihr schickt, um sich für mich einzusetzen. Die Antwort, die ich erhalte, ist unzweideutig: Die Frau will, dass ihre privaten Räume privat bleiben. Ihre Tür wird nie meiner Schulter nachgeben. Wenn ich weine, weine ich um mich, um dich und um Eibhlín.

Nach den Tränen kann ich jedoch vor lauter beißenden Schuldgefühlen nicht schlafen. Ich liege in der Privatsphäre meines Bettes und stelle mir vor, wie irritierend es sein muss, wenn jemand Fremdes sich das Recht anmaßt, in die eigenen Räumlichkeiten eindringen zu wollen. Ich fange an, mich für die egoistische Arroganz meiner wiederholten Bitten zu hassen. Wieder die Kontrollillusion: Ich kann meine unbeholfene Belästigung dieser Frau zwar nicht rückgängig machen, aber ich habe Kontrolle über das Ritual der Gesten. In der Dunkelheit ist mein Bildschirm eine Kerze.

Bald schon werden die Straßen Macrooms zum Gesang der Vögel erwachen. Schritte werden zu hören sein, dann ein Schlüssel in einem Schlüsselloch. Eine Hand wird zusammentragen, was ich ausgewählt habe: weiße Rosen, Freesien, fliederfarbene Lisianthus und Trachelium, Nelken und Chrysanthemen. Die Stängel werden mit Garn zusammengebunden und in Zellophan gehüllt, dann mit Bändern und Aufklebern versehen und zu Eibhlín Dubhs Tür gebracht werden.

Ein Fingerknöchel wird klopfen.

Dahinter, das Geräusch von Schritten. Das Klicken eines Schlüssels.

Diese Tür wird sich öffnen, wenn nicht für mich, dann für mein Geschenk: einen Blumenstrauß und eine Entschuldigungskarte. Mit dieser kleinen Choreografie wird jedoch nicht nur eine Entschuldigung erkauft. Sie verschafft mir auf indirektem Weg auch einen Zugang. Meine blassen Rosenknospen werden in Raleigh in der Dunkelheit funkeln. Auch in einer weiter zurückliegenden Dunkelheit füllt sich hier die Nachtluft mit Duft, in der Eibhlín allein sitzt. Unter ihren nackten Füßen liegt ein Herdstein, und unter diesem Stein liegt ein Schädel, zart wie ein abgefallenes Rosenblatt.

In der Morgendämmerung hinterlasse ich dunkle nasse Fußspuren in unserem taufeuchten Garten, wo eine Krähe mich dabei beobachtet, wie ich einen einzelnen Stängel abschneide. Schnipp. Indem ich diese Blume in die Vase stelle, die in Carriganima zu mir fand, lasse ich dank meiner listigen Organisation Rosenduft gleichzeitig über Zeiten und Orte hinweg aufsteigen, sowohl in meinen Räumen als auch in Eibhlíns. Diese Vase, mit ihrem Blau, passt zur schillernden Flut in Derrynane, die in Bewegung ist, jetzt auch.

Wer sucht wen heim?

—

Eibhlíns Bruder Maurice – jetzt Herr von Derrynane – war weiterhin nicht zur Vergebung bereit. In seinen Augen hatte Arts Tod Schande über Eibhlín und damit auch über Derrynane gebracht. Im Juni 1773 schrieb ihm ihr Bruder Daniel aus Frankreich:

> *Ich habe vom unglücklichen Schicksal des armen Arthur O'Leary erfahren. Ich finde kaum Worte dafür, wie sehr es mich erschüttert hat. Während unserer kurzen Bekanntschaft bildete ich mir eine wohlwollendere Meinung von ihm, als ich anfangs gedacht hatte. Dennoch ahnte ich, dass seine Gewalttätigkeit und sein unbändiges Temperament ihn unweigerlich ins Unglück führen würden ... Es ist jedoch ein nicht geringer Trost, sicher zu wissen, dass seinen Waisen und seiner Witwe ein Lebensunterhalt bleibt ... Du bist zu großzügig, als dass du ihr Unglück noch vergrößern wirst. Ich bin mir sicher, dass du ihr vergeben hast, dass sie dich je erzürnt hat, und dass du ihr und ihren Kindern freundschaftlich gesonnen bist.*

Eine Antwort von Maurice auf diesen Brief konnte ich nicht ausfindig machen. Die Schatulle von Derrynane öffnete sich für viele, nicht aber für diese Schwester.

Im August, nur einen Monat nach dem Schuss auf Morris, stand in Derrynane ein großes Fest an. Nancy, die jüngste Schwester der Zwillinge, sollte heiraten. Dass Eibhlín Dubh an den Feierlichkeiten teilnahm, war ausgeschlossen, aber Mary kam mit ihrem Mann und ihren schönen Kindern und ihren Reisetruhen voller schicker Kleider.

In den zehn Jahren seit ihrem Weggang aus Derrynane hatte sie sich zu einer glamourösen Dame der Gesellschaft entwickelt. Mary war nun als die schöne Mrs Baldwin of Clohina bekannt, berühmt für ihre Kultiviertheit, ihre Anmut und die Eleganz ihrer Kleidung. Im Sommer 1773 war sie dreißig Jahre alt, Mutter von sechs Kindern, eine glänzende Gesellschafterin mit großem Stilbewusstsein. Das Kleid, das sie für diesen Anlass wählte, war so edel, dass sie zum Gesprächsthema der Feier wurde. Noch ein Jahrhundert später sprach man davon, wie Mrs O'Connell feststellte –

> Die alte Miss Julianna O'Connell erinnert sich daran, dass die Älteren ihr erzählten, was für ein hübsches Geschöpf Mrs Baldwin in ihren jüngeren Jahren war und wie schön sie sich vor allem zu besonderen Anlässen zu kleiden pflegte. Zu Nancys Hochzeit, so habe man ihr erzählt, hätten sie und ihre hübsche Tochter beide offene, taillierte Seidenkleider über blauen, gesteppten Satinunterkleidern getragen, das Haar teils bedeckt von wunderschönen Spitzenhauben, und wohlweislich nicht gepudert. Als ihr Bruder Dan die sechs Kinder sah, behauptete er sofort, dieses kleine Fräulein und drei der hübschesten seien echte O'Connells, während der arme Bruder Baldwin lachend bemerkte, er gestehe ihm nur die unscheinbaren als Baldwins zu.

Während ihre Familie bei Nancys Hochzeit lachte und tanzte, war Eibhlín Dubh nicht im Raum; sie war weg.

In den folgenden Monaten werden in den Briefen weder sie noch ihre Kinder erwähnt, mit keiner einzigen Silbe. So ist die Korrespondenz unter Brüdern. Wir können wohl annehmen, wie schon Mrs O'Connell, dass Maurice sich von Daniels erstem Appell an sein Mitgefühl nicht erweichen ließ, denn drei Sommer später wiederholt Daniel sein Ersuchen. Am 6. Juli 1776 schreibt er:

Wenn es möglich wäre, dass du dein Herz dazu bringst, die Fehler der unglücklichen Witwe Leary zu vergessen, denn Barmherzigkeit und ihr Elend und Unglück verlangen nach deiner Gnade. Ich wünschte, es wäre so, könnte so sein, aber ich wage es nicht, darauf zu drängen, da ich um ihre Verfehlungen weiß. Doch wer weiß schon, was passieren wird – angesichts deines guten Herzens, mein lieber Maurice. Folge nur ihm, und ich wage die Voraussage, dass du verzeihen wirst.

Ein empfindliches Gleichgewicht ist das, eine heikle Gratwanderung, zwischen dem Respekt vor dem gerechten Zorn eines Patriarchen und der Ermutigung, eine Witwe zu unterstützen. Jedes Mal, wenn ich diesen Brief lese, mache ich mir Gedanken über die Formulierungen ihres Bruders, wenn er »ihr Elend und Unglück« und »ihre Verfehlungen« schreibt. Können wir davon ausgehen, dass er sich auf Arts Tod und den Verlust ihrer Schwangerschaft bezieht? Oder war ihr in den Jahren dazwischen eine weitere Katastrophe widerfahren? Ich bringe es nicht über mich, Eibhlín noch mehr Leid zuzufügen. Wenn ich versuche, mir diese Jahre von ihr vorzustellen, sehe ich nur den Schneesturm eines Bildausfalls im Fernsehen. Mrs O'Connell hat immerhin etwas Hoffnung. Sie nimmt an, dass es zwischen Eibhlín und ihrer Mutter zu einer Versöhnung kam, da Máire ihr laut einer Quelle »mit der Begründung verzieh, dass man von keiner Frau erwarten konnte, dem Werben eines so schönen und anziehenden Freiers zu widerstehen«. Máire Ní Dhuibh verstand die Kraft des weiblichen Begehrens.

—

1791, achtzehn Jahre nach Arts Tod, wird Eibhlín zum letzten Mal in den Familienbriefen erwähnt. Sie ist nicht mehr »die unglückliche Witwe O'Leary«, sondern wird wieder zu »unserer Schwester Nelly«. Mit achtundvierzig Jahren wird sie auf einen Kosenamen reduziert, ein rasch hingekritzelter Schriftzug in einem männlichen Text. Ich habe nie ein Todesdatum oder einen Grabstein für meinen geliebten Geist finden können, aber jedes Mal, wenn ich die Briefe ihrer Brüder wieder lese, verfalle ich in Trauer an der Stelle, wo ihr Name verschwindet.

Ich versuche, mir die kleinen kostbaren Momente ihrer Tage vorzustellen, alles, was sie sah und woran sie sich erfreute: wie ihre Söhne anfingen zu rennen, zu reiten und zu lesen, ihre Gesichter erhellt von Arts altem Lächeln. Am Flug der Fledermäuse und Schwalben. An den Zweigen, die sich jedes Jahr weiter in die Höhe reckten, mit ihren Blättern, wenn sie sich golden färbten, abfielen und dann wieder grün austrieben. Und all ihre erinnerten Traumfragmente, all ihre Enttäuschungen, ihre Geldsorgen, ihre Listen, ihre Tage der Unterleibsschmerzen und des Messingpolierens, ihre Tage, an denen sie das Abendessen streckte, um die vielen Mäuler zu stopfen, ihre Tage mit tapferem Gesicht und die mit Stopfarbeiten, ihre Tage ohne Briefe, ohne Nachricht von Schwestern oder Brüdern, ihre Tage der Einsamkeit, ihre Waschtage. Ihre Kinder, die ihr aus dem Garten, aus den Sätteln, aus den Kutschen zuwinken, immer winken sie, wenn sie gehen. Sie winken, ihre Jungen. Sie winken und winken.

12. omen – von flugzeugen und staren

I. NACHGEBURT / NACHWIRKUNGEN

In der Novemberdämmerung schiebe ich meine schlafende Tochter auf dem selbem Weg durch die Stadt, den Cornelius einst rennend zurücklegte, als ich auf einmal Stare höre. Dann sehe ich sie – zwanzig oder mehr – festgekrallt auf einem graffitibeschmierten Bauzaun sitzen. Wie eine Reihe von DJs neigen sie ihre Köpfe und nicken zum Beat, dann heben sie, Schnabelschlag auf Schnabelschlag, zum Remix ihrer Klänge an. Zuerst die Erinnerung an einen Feueralarm, dann ein Fetzen menschlicher Sprache, dann das Zündungsgeräusch eines Autos, gemischt mit der sich drehenden Vinylplatte eines herabfallenden Mülleimerdeckels, das Klick-Klack eines Feuerzeugs, wieder Feueralarm, Feueralarm, höher und noch höher, bis ihre Melodie in einen Schrei übergeht. Repeat. Repeat. Sie sind lautstark, diese Vögel, doch meine Tochter rührt sich nicht. Ob sie den Gesang in ihren Traum einwebt?

Als ich näher komme, flattern sie aufgeschreckt himmelwärts: ein Formationsflug im Kleinformat, Tintenkleckse, die auf einer ins Tiefe reichenden Seite umherwirbeln. Unübersetzbar: Ist es eine unheilverkündende Schau, Schutz vor Feinden oder ein freudiger Abschied vom Tag? Was genau wollen sie sagen? Ich halte inne, mein Nacken wird steif und fühlt sich seltsam an. Das Gefühl, etwas so Unheimliches über der Stadt aufsteigen zu sehen, erinnert mich an etwas anderes. Etwas, von dem ich noch nicht erzählt habe. Einige Wochen bevor die Sonde des Arztes auf meinem Bauch verlangsamte, warf ein Flugzeug seinen Schatten über diese Stadt, doch flog es nicht am Himmel. Es flog hinter meinen Augen. Ich selbst war das Blau, durch das es seine menschliche Fracht trug, und obwohl ich es noch nicht wusste, war dieses Flugzeug, als es sich durch mich hindurchbewegte, ein Omen.

Der Traum lief immer auf dieselbe Weise ab. Ich sah darin, müßig in den Himmel blickend, ein Flugzeug über der Stadt aufsteigen, in einem Winkel, der zunächst ganz normal wirkte, dann schon bald aber nicht mehr richtig, ein Steigflug, der steil und steiler wurde, bis das Flugzeug – Horror – senkrecht hintenüber kippte und anfing zu fallen, kopfüber auf dem Rücken, schnell stürzte, bis es aufschlug und die Straße in ein Flammenmeer verwandelte. Jedes Mal, wenn es explodierte, schreckte ich aus dem Schlaf hoch. Erst jetzt erkenne ich, wie mein Körper verzweifelt versuchte, mich zu wecken, indem er eine abbauende Plazenta in eine Bildsprache übersetzte, die mich aufschrecken und zum Handeln bewegen könnte.

Es gelang nicht; so rätselhaft ich diese wiederkehrende Traumvision fand, fragte ich mich doch nie, ob sie etwas zu bedeuten haben könnte. Wenn ich am Morgen nach den Träumen übernächtigt in die Küche tapste, gab mir mein Mann einen Kuss und sagte mit einem Lächeln: »Lass mich raten – wieder ein Flugzeug?« Und dann legte ich los, machte mich munter an meine Liste für den Tag, erledigte und strich Wort um Wort, Aufgabe um Aufgabe, und versuchte, mit jeder Streichung das untergründige Gefühl des Grauens, das dieser Traum hinterließ, auszulöschen.

Ich habe nie über den Sinn des Traums nachgedacht, bis ich in einem Krankenhausbett am Fenster lag, die Wange an ein feuchtes Kissen gedrückt. Ich war allein. Das Blau, in das ich blickte, wurde lediglich von vereinzelten Vögeln und dröhnend vorbeifliegenden Flugzeugen unterbrochen, die den Flughafen am Horizont ansteuerten. Ich sah zu, wie sie landeten, eines nach dem anderen nach dem anderen, und Touristen sicher in die Stadt brachten, von der ich geträumt hatte, und dann verstand ich.

Ich erinnerte mich an die Augen der Ärzte über ihren OP-Masken am Vortag. Sie werden meine fehlerhafte Plazenta untersucht haben wie ein Gelehrter ein Manuskript voller Lakunen, auf der Suche nach Hinweisen. Nachgeburt: Dieser rote Raum mit seinem unhörbaren, unerklärlichen Versagen war sowohl Nahrungs- als auch Gefahrenquelle für meine Tochter gewesen. Nur durch die Wachsamkeit unseres Arztes war es diesem Schiff gelungen, seine Fracht in unsere Welt zu bringen. Was wird aus einem Omen, wenn wir das Unheil vereiteln, dessen Vorzeichen es ist? Wenn Harfensaiten reißen, aber niemand umkommt, wer wird dann davon erzählen?

Wenn ich an die Zeichen denke, die zu fürchten man uns lehrt – die einzelne Elster, der zerbrochene Spiegel –, denke ich über das Gerüst nach, das ihm Sinn gibt und es trägt und dann wegbricht, wenn das Ereignis ausbleibt. All unsere Omen bergen die mysteriöse Vorausdeutung schwerwiegender Folgen für Menschen, von der wir nichts mehr wissen, und nur das leuchtende Symbol überdauert. Wenn wir versuchen, ein Unglück zu verstehen, suchen wir rückblickend nach einem Omen als Vorspiel, da ein solches Zeichen, so wir es finden, dem Chaotischen einen Sinn verleiht. Auf der Suche nach einem Omen suchen wir oft nach einem Vogel.

Im Mai 1622, eineinhalb Jahrhunderte vor Arts Tod, stand die Stadt aus meinem Traum in Flammen. Das Feuer jagte durch ihre Gassen und Räume und zerstörte fast alles, auf das es traf, sei es aus Stroh und Holz oder aus Blut und Zähnen. In den schwelenden Resten der Stadt, den Nachwirkungen des Brandes, folgerte einer der Überlebenden, dass das seltsame Auftauchen von Vögeln vierzehn Tage zuvor etwas mit diesem katastrophalen Feuer zu tun haben musste. *Ein Omen.* Eine solche Vermutung, einmal in der Welt, verbreitete sich schnell, denn *ja*, sagten sie, *ja, natürlich* waren die Vögel ein Omen für das folgende Feuer. Sie hatten ja wohl alle die beiden riesigen Starenschwärme gesehen, die sich an jenem Tag am Himmel versammelt hatten und ihre unheimlichen Melodien kreischten? Und sie hatten alle auch den anschließenden Vogelkrieg gesehen, nach dem die Stadt mit gefiederten Leichen übersät war. Zunächst hatte niemand das Feuer begreifen können, doch plötzlich ergab es einen Sinn, da es jetzt zur Folge eines Omens umgeschrieben werden konnte. Das Vogelblut an den Wänden und auf den Dächern muss eine Warnung vor den folgenden roten Flammen gewesen sein. Was ist ein Omen, wenn nicht eine Übersetzung der Vergangenheit, sodass sie sich in eine neue Form fügt?

Wenn solche Omen unsere Leben fliegend durchkreuzen, schnellen sie durch die Lüfte wie Echos. Wenn Menschen ein Echo prüfen wollen, rufen sie immer dasselbe Wort.

—

Hallo!
    Hallo!

Den ganzen Vormittag lang ziehen in dem Dorf Boolymore zwei Fremde von Haus zu Haus. Die Tür, an die sie jetzt klopfen, gehört zu einem ordentlichen kleinen Häuschen inmitten eines ordentlichen kleinen Gartens, in dem eine ordentliche kleine Frau lebt. Diese Frau ist unter drei Namen bekannt. Für ihre Freunde und Nachbarn ist sie entweder Norrie Singleton oder Nora Ní Shindile, aber den beiden Beamten gegenüber, die gekommen sind, um den Wert des von ihr gepachteten Eigentums im Rahmen von Griffith's Valuation zu schätzen, gibt sie ihren Namen als Honoria Singleton an.

Sie wirft sich ein Tuch über die Schultern, einen Umhang aus dunklem Wollstoff, besprenkelt mit Asche, und buchstabiert sorgfältig ihren Namen. *Ja. H-O-N-O-R-I-A. Sir.* Die Augen der Männer gewöhnen sich an die rauchige Düsternis ihrer Hütte und überfliegen ihr Hab und Gut – die Súgán-Hocker, den Kessel über dem Feuer, den Korb voller Torf, die Eier in der angeschlagenen Schüssel, den Fingerhut neben einer Spule mit dunklem Garn, die Kommode, das Geschirr, die silberne Schere, die gelben Vorhänge, von ihr handgesäumt – aber diese Männer sind nicht gekommen, um ein Inventar des Besitzes einer alten Frau zu erstellen. Ihr Haus wird auf 5 Schilling geschätzt, und das kleine Stück Land, das sie bewirtschaftet? Wertlos.

Wertlos und unschätzbar wertvoll zugleich ist ihr unsichtbares Erbstück, denn in ihrem Inneren birgt sie eine riesige Bibliothek mit kostbaren Kunstwerken. Norrie mag unter drei verschiedenen Namen bekannt gewesen sein, bekannt war sie aber vor allem für ihr enzyklopädisches Wissen über Gesänge und Geschichten, ihre hell blitzenden Augen und die Neigung ihres Kopfes. Menschen reisten von weit her an, um bei ihr zu sitzen und zuzusehen, wie sich ihr Augenlid schloss, wenn sie den Faden suchte, mit dem ihre Erzählung beginnen sollte, und sie blieben stundenlang und lauschten verzaubert ihrer Stimme.

Norrie lebte ein langes, der Bildung verschriebenes Leben, und sie hatte immer eine offene Tür für Musiker:innen und Geschichtenerzähler:innen, die sie besuchen kamen. In dieser kleinen Hütte, etwa acht Stunden Fußmarsch von der eleganten Welt des Raleigh House entfernt, wurde das *Caoineadh* von Eibhlín Dubh zum ersten Mal von der Stimme in Text übersetzt. Es wurde mit großer Sorgfalt aufgeschrieben, bewegte sich vom Mund zum Ohr zur Hand auf das Papier, und weiter ins Englische, die Sprache, in der es von Mrs O'Connell veröffentlicht werden sollte. Wir können nicht wissen, aus wessen Mund die Echos unserer Leben erklingen werden. Norrie ist die Quelle, aus der Eibhlín Dubhs Stimme zu uns dringt, und die Oberfläche, von der sie widerhallt. Kleiner Star: Sie öffnet ihren Mund, und die Worte einer anderen zwitschern heraus.

—

In meinem November landen die Stare auf den Stromleitungen, die nach Westen hin aus der Stadt führen. Weder Norrie noch Eibhlín hätten diese Drähte erkannt, ebensowenig wie die hohen silbergrauen Masten in den ihnen so vertrauten Landschaften. Beide hätten jedoch die Stare gekannt, die sich auf den Leitungen niedergelassen haben, die ordentlichen Reihen, in denen sie nebeneinandersitzen und Fetzen neuer Klänge trällern, vermischt mit den aus einer fernen Zeit überlieferten, weitergegeben von Schnabel zu Schnabel, so schnell wie ein Gerücht. Aus der Ferne mögen solche Vögel graubraun erscheinen, aber wenn man genau hinsieht, erkennt man das petrolblaue Schillern ihres Gefieders, wie ihr Mantel hell gesprenkelt ist, mit Sternen vielleicht – oder mit Asche.

13. die oberfläche zersplittern

gur thit ár gcúirt aolda,

our bright-limed home tumbling,

ich sah unser weiß getünchtes Haus einstürzen,

Eibhlín Dubh Ní Chonaill

DIE GESTE, mit der man Wäsche auf eine Leine hängt, erfordert, dass ich meine Arme himmelwärts strecke, dorthin, wo die Wolken vorbeiziehen, eine Flut, die in Schichten von Silber und Grau dahinschwebt. Ich könnte auch tief unter Wasser sein jetzt; ich könnte Flüssigkeit atmen und zu einem Jenseits aufschauen, das auf der anderen Seite der dort oben schwebenden Dünung liegt. Nenn es eine Wolke.

—

Tief in einer alten, uralten Nacht liegt unsere Stadt dunkel im Tal. Hinter einem geschlossenen Vorhang schreckt eine Frau in ihrem Zimmer aus einem Alptraum auf; selbst im Schlaf kommt ihre Trauer nicht zur Ruhe. Im furchterregenden Halbdunkel sieht sie vor sich, wie ihr Haus zu einer Ruine zerfallen ist, das Land verkümmert, die Tiere verschwunden, die Luft totenstill: »The Gearagh verödet / es schwiegen die Hunde, / und die lieblichen Vögel«. Zu ihrer Zeit war The Gearagh ein uralter Auenwald, unterbrochen von Weideflächen und Bauernhöfen. Die Landschaft war lange zuvor geformt worden, als bei Gougane Barra ein eiszeitlicher Gletscher zerbrach und gewaltige Mengen von Schmelzwasser freisetzte. Im Schwall und Gewirbel dieser gewaltigen Flut wurden Gesteinsmengen zu Hügeln zusammengeschoben. Es wuchs Gras. Gestrüpp. Dornensträucher. Langsam, in diesen fernen Jahrhunderten, entstand ein Wald aus Weißdorn, Hasel, Eiche und Esche, in dem von den neuen Zweigen herab neue Vögel ihre neuen Lieder sangen. Bald erklangen auch Stimmen von Menschen zwischen den Bäumen, die dort die ersten Generationen des Viehs hielten, deren Kiefer das Gras von The Gearagh malmend zu Milch wiederkäuten.

Frauen arbeiteten dort mit Eimern, Bürsten, Töpfen und Schaufeln, hängten Wäsche an die Leinen, warfen Vögeln Getreidekörner zu, fütterten Kälber, schleppten eimerweise Quellwasser herbei, schälten Kartoffeln, hatten Kinder an der Brust, seufzten und sangen und rührten, und wenn alle anderen schliefen, beugten sie sich im Kerzenlicht über zerschlissene Säume, um weiterem

Ausfransen Einhalt zu gebieten. Das war The Gearagh, wie Eibhlín Dubh es kannte: geschäftig, ausgelassen und unüberwindlich. Totenstill? Hier? Unmöglich. Jahrhundertelang trotzte dieser Ort ihrem Alptraum, mit dem Gelächter und Gesang und Torfrauch, die hier immer in der Luft lagen.

Die erste Zerstörung von The Gearagh erfolgte im Text. In den 1950er Jahren beschrieben Planungsunterlagen ein Wasserkraftwerk, den Bau von Dämmen und eine strategische Überflutung. Hände wurden gehoben, Dokumente unterzeichnet. Ein Mann hielt eine Landkarte hoch und kreiste eine Evakuierungszone ein. Andere nickten. Die Karren, die Kühe, die Kinder, alles wurde weggebracht, alle Habseligkeiten und Einrichtungsgegenstände, die Stühle und Tische, die Körbe und Töpfe und Decken, alles wurde in Sicherheit gebracht. Haben die Menschen ihre Türen abgeschlossen, als sie weggingen? Ließen sie die Schlüssel stecken oder trugen sie sie an einer Schnur um den Hals? In der Ferne der Fluss. Jede Kräuselung so gespannt wie eine Harfensaite. Gezupft. Zitternd.

Die Wassermassen brechen schnell und mit brutaler Wucht herein, schlagen die Türen auf, ohne zu klopfen, stürzen durch die Zimmer und treffen auf die zurückgelassenen Kleidungsstücke: die zerschlissenen, die schlecht sitzenden und die unnützen. Das Wasser lächelt und spielt mit diesen Gliedern wie ein Puppenspieler, wirbelt die Beine und Ärmel herum, bis sie zu Fetzen werden und dann zu Resten von Fetzen, lässt sie tanzen und tanzen, bis der letzte Schussfaden herausgerissen ist aus den Kettfäden. Eine gewaltige und gewöhnliche Auflösung ist das, die Schnelligkeit, mit der das Gewebe einer Klanglandschaft aufgetrennt werden kann. Sechs Stunden lang denke ich über dieses Wasser nach, während ich die Seiten im Zug überarbeite, an einem Tisch mit Fremden, die immer betrunkener werden, immer lauter lachen und zu ihren Fangesängen mit den Fäusten auf das Melamintischchen trommeln, bis die Tastatur meinen Fingerspitzen von unten entgegenzittert. *Kein Zurückweichen.* Jedes Mal, wenn ich im Text zurückgehe, um diese Absätze zu überarbeiten, muss ich mir erneut die Überflutung von The Gearagh vor Augen führen. Als ich das Wort »Puppenspieler« tippe, tickt ein unsichtbarer Uhrzeiger, dreht sich ein geheimer Schlüssel, und ohne es zu merken, blute ich. Tropfen folgt auf dunklen Tropfen. Klecks. Klecks. Noch eine Tochter, weg. Die leeren Zimmer von The Gearagh singen nur noch von Flüssigkeit. In meiner Tasche habe ich ein Taschentuch mit aufgetupftem Lippenstift, eine Folge von abgelösten stummen Mündern, jeder rot wie Blut.

—

Als ich dort bin, steht das Wasser so niedrig, dass die uralten Stümpfe die Oberfläche zersplittern, mit ihren kahlen Gliedern auf etwas zeigen, auf was, weiß ich nicht.

Ich habe gehört, dass man die alten Dächer manchmal unter der Wasseroberfläche sehen kann, und so beuge ich mich über diese tiefen Gärten, in denen Wasserpflanzen wehen und Fische wie Krähen fliegen. Sie liegen jetzt weit unter mir in der Tiefe, und wenn ich sie auch nicht sehe, spüre ich sie, die verborgenen Räume, in denen Frauen Säuglinge und Lämmer mit Milch versorgten, Kerzen mit ihrem müden Atem löschten, in denen sie die Namen ihres Geliebten riefen, mit Wut, Begehren oder Angst, wo sie schrien, wenn neues Leben aus ihnen hervorbrach, *O Gott O Gott O Gott*, all diese verborgenen Räume, in denen sie lächelten und starben – es gibt sie noch, irgendwo unter der Oberfläche, auch wenn sie niemand sieht.

> Klopf, klopf.
> Wer da?

An meiner Wäscheleine denke ich an diese Frauen. Ich nehme eine Körperhaltung ein wie sie: Ich schaue auf. Die Wolken wirken wie eine Flut, in hoher Ferne schwebend. Unsere Vergangenheiten liegen tief unter Wasser, untergetaucht und aufgehoben in anderen Welten.

—

An einem anderen Ort färbten die Jahre Máires langes Haar grau, legten ihre leuchtenden Seidenkleider zusammen und verstauten sie in Truhen, schlossen die Deckel und drehten die Schlüssel herum. Ihre farbenfrohen Kleider wurden durch ein dezentes Kostüm ersetzt, laut Mrs O'Connell aus »schwarzer Seide, dazu eine weiße Haube und ein weißes Tuch, und schlichte Rüschen aus Kambrik«. Bescheiden, ja, aber immer elegant.

Im Jahr 1795 starb Máire. Die Trauerrede hielt Alice, Eibhlíns Schwester. Eibhlín muss Anfang fünfzig gewesen sein, falls sie dabei war, als der Sarg ihrer Mutter wiegend über den Sand zur Abbey Island getragen wurde. Dort entriegelten dann scharfe Klingen die massive Tür, durch die Jahrzehnte zuvor auch der Leichnam ihres Mannes getragen wurde, und in diesen Raum aus Erde senkte man den Leichnam von Máire Ní Dhuibh.

Die Nacht brach herein.

Die Nacht legte sich über all die Fußabdrücke im Sand des Strandes.

Die Nacht legte sich über den Wald und den Gemüsegarten, über die Ställe und den Berg.

Die Nacht legte sich über Máires Dach, und die Nacht drang in alle Zimmer ihres Heims und umfing alles, was von ihrem Leben noch übrig war. Dunkel ihr Silber, dunkel ihre Schlüssel, dunkel ihre Spiegel, dunkel ihre Schränke, dunkel ihre Söhne, dunkel ihre Töchter, und hinter ihren schlafenden Augenlidern war alles dunkel, dunkel, dunkel.

Der Grabstein kam erst etwas später, mit einer Inschrift, die sie als »Vorbild für Ehefrauen und Mütter, bewundernswert und nachahmenswert« bezeichnete. Ich musste lächeln, als ich das erste Mal mit meinen Fingern über diese steinernen Worte fuhr, aber ich bewundere sie tatsächlich – du nicht auch?

Ich denke wieder an Eibhlín, allein, ihre Fersen galoppieren über den Herdstein. Darunter liegt der Schädel einer Stute, und in den Höhlen, in denen sich einst die Augen bewegten, ist nichts als Dunkelheit.

—

Als Mrs O'Connell Derrynane ein Jahrhundert nach Máires Tod besuchte, machte sie sich daran, alle Spuren von deren Leben zu erfassen, das in diesen Räumen noch immer widerhallte. Sie dachte, Máires Habseligkeiten seien »ausgenommen von den Wechselfällen der Zeit und des Schicksals«. Sie hielt sie für unbezwingbar, sie hielt sie für sicher. Sie irrte sich.

Als ich dort ankomme, sind weitere hundert Jahre vergangen und nicht nur alle Dinge von Máire verschwunden, sondern auch die Räume selbst ausgelöscht, durch die sie einst ging. Alles, was von dem Haus, in dem Eibhlín Dubh aufwuchs, noch übrig ist, sind die Erweiterungsbauten aus der Zeit ihres berühmten Neffen Daniel, aus dessen Haus ein Museum wurde. Als das Gebäude in den 1960er Jahren dem irischen Staat vermacht wurde, war Máires Haus, im Zentrum des Komplexes, noch intakt, bis seine Bausubstanz wenig später für zu marode befunden wurde. Die Beamten entschieden, dass Daniels Räumlichkeiten zwar erhalten bleiben sollten, die Sanierung des älteren Teils des Gebäudes aber zu teuer sei. Die üblichen Verwaltungsverfahren nahmen ihren Lauf – Hände wurden gehoben, Dokumente unterschrieben, bis Schlag um brutalen Schlag Máires Räume ausradiert wurden.

Ich stehe jetzt in ihren alten Gemäuern, im zugigen Kiesbett zwischen den Touristen und Reiseleitern, und versuche, mich nicht zu schämen, während ich meine Augenlider herabsinken lasse. Wie ein Gebet oder einen Zauberspruch sage ich das Inventar der Gegenstände her, die Mrs O'Connell hier erfasst hat, all die Dinge, die Máire liebte, ihr

> feines altes massives Silber, das seltene und schöne orientalische Porzellan, die geschmuggelten Rokokospiegel, dunkle Mahagonimöbel, die sie und ihr Mann hatten anfertigen lassen, edle Messingbeschläge um die Schlüssellöcher, eine riesige Punschschale aus Porzellan, blau-weiße Obstkörbe, ein langstieliger Silberlöffel zum Umrühren von Marmelade, bereits in sechster Generation im Familienbesitz …

Das Wort *scutcheon* ist mir neu. Mein Handy erklärt, dass es im 18. Jahrhundert sowohl den verzierten Beschlag um ein Schlüsselloch bezeichnen konnte als auch einen bestimmten Teil der Haut einer Kuh hinter dem Euter (auch der »Milchspiegel« genannt, von dem man früher annahm, dass er Rückschlüsse über die Milchergiebigkeit einer Kuh zulässt). Máires Messingbeschläge ließen sich nur mit ihren Schlüsseln öffnen. Wenn man sich jeden ihrer Schlüssel als ein Wort vorstellt, enthielte ihr Schlüsselbund einen außerordentlich seltenen weiblichen Text. Wo ist er?

Ich lasse den Kies zu einem Küchenboden werden und fülle den Raum um mich herum mit geschäftigen Frauen. Ich beschwöre die Luft, bis sie sich mit Dampf, Tratsch und dem Duft von warmem Brot füllt. Ich lasse mich weiter davontragen, bis ich fast über den Flur und die Treppe hinaus in ein anderes sonnenbeschienenes Zimmer sehen kann. Im alten Saal ruhen meine Handflächen auf einem imaginären Fensterbrett. In diesen Mauern habe ich die Marionettenfäden gezogen, bis ein Hauch im Kamin lebendig aufflackerte und drei Glutnester wieder zum Tanzen brachte. Ich habe die Morgendämmerung durch diese Fenster herbeigewunken und Schritte auf seine Dielen gesetzt. Ich habe die Vorhänge so gehängt, dass sie die Fenster säuberlich rahmen, und Stühle mit ordentlich gepolsterten Kissen aufgestellt. Ich habe einen Rokokospiegel an die Wand gehängt, in dem sich die Kerzen spiegeln, wenn sie abends angezündet werden, und der ihren flackernden Schein verdoppelt.

Ein Spiegel wie der von Máire muss in einer Werkstatt im Ausland, in Frankreich vielleicht, hergestellt worden sein, wo zunächst zwei Glastafeln aus Rohglas gegeneinander bewegt worden wären, zwischen ihnen lediglich eine Schicht aus Wasser und Sand, durch deren Reibung beide Oberflächen plan geschliffen worden wären, bis sie glänzten. Als Nächstes wären die Gläser mit Zinn und Quecksilber belegt worden und schließlich geschliffen und poliert. Gerahmt und in weiche Stoffe gehüllt, würde er nun über salzige Meeresströme und aufgewühlten Sand, über Delfine und Haie verschifft worden sein, Máire immer näher kommend. Als er schließlich an der Wand in Derrynane befestigt wurde, wird sie sicher gelächelt haben, als sich zum ersten Mal ihre Augen darin spiegelten. Wie kostbar muss ein solcher Spiegel gewesen sein, als er eintraf, seiner Eleganz und auch seiner Seltenheit wegen. Schon bald wurde dieser extravagante Gegenstand Allgemeingut, als Spiegel auch in vielen anderen Haushalten Verbreitung fanden und er so zu einem nicht weiter bemerkenswerten Wort im Vokabular dieses Zimmers wurde. Beim Abriss mag Máires Spiegel noch vorhanden gewesen sein, oder vielleicht war er vorher schon als zu altmodisch abgehängt und ersetzt worden durch einen Spiegel in einem zeitgenössischeren Stil. Vielleicht war er auch heruntergefallen, ein zersplitterndes Omen. Wenn Máires Spiegel tatsächlich auf dem Boden von Derrynane zerbrach, wer war dann wohl da, um die sieben Jahre Unglück aufzukehren, die das brachte?

Ich habe auf Antiquitäten-Webseiten nach solchen Spiegeln gesucht, fasziniert von der Feinheit ihrer vergoldeten Ranken und Blüten. Antiquitäten aus dieser Zeit haben jetzt ein so hohes Alter, dass die Rahmen oft ohne das Spiegelglas angeboten werden, an dessen Stelle nun ein dunkler Filz zu sehen ist, der einen Abgrund heraufbeschwört, wo sich einst ein Gesicht spiegelte. »O«, scheinen solche leeren Spiegel zu sagen,

>O
>O Schatten
>O Iris
>O verlorener Zwilling
>O Dunkelheit
>O, O, O.

Spiegel sprechen eine Sprache der Reflexion und Brechung durch ein sich ständig wandelndes Muster von Symmetrien. *Sie sah, sah sie*: Nachts, wenn Máires Spiegel träumt, verabschiedet er sich von der getreuen Wiedergabe durch das Glas und bringt stattdessen alte Gesichter zurück. Den Handwerker, der ihn zur Welt brachte. Den Jungen, der ihn in Tücher wickelte. Die Magd mit ihrem wirbelnden Putztuch. Máire, begleitet von der silbernen Melodie der Schlüssel im Takt ihrer Schritte: *für-im-mer, für-im-mer*. Mary, die sich einen Apfel aus einem blauweißen Korb nimmt. Nelly, die innehält, um eine lose Locke in ihren Zopf zurückzustecken. So vergehen die Jahre in diesem Spiegel: schnell, zu schnell. Eines Tages wird auch er verschwunden sein, und ebenso der Raum, aber bis dahin klammern sie sich aneinander. Der Spiegel hält den dunklen Raum fest, und der Raum hält den dunklen Spiegel.

—

Jenseits des Kieses schlendert eine Gruppe von Touristen vom Souvenirladen zur Teestube, pummelig wie Kleinkinder. Ich wünschte, ich könnte Derrynane so genießen wie sie, aber ich kann an nichts anderes denken als an Eibhlín Dubh. Kürzlich wurde mir mitgeteilt, dass ich für ein Buch, in dem auch ein von ihrem Leben inspiriertes Gedicht enthalten ist, einen Literaturpreis bekomme, der so großzügig dotiert ist, dass wir uns mit dem Preisgeld die Anzahlung für ein eigenes Haus leisten können. Ich bin mir sicher, dass Eibhlín Dubh bei dieser Auszeichnung mitgewirkt hat, aber ich bin so sehr mit der Suche nach ihr beschäftigt, dass ich nicht feiern kann. Ich beneide diese Touristen um ihre Gelassenheit, also ahme ich sie nach; ich täusche ein Lächeln gleich ihrem vor und folge ihnen durchs Museum, vorbei an den Ausstellungsstücken aus Daniel O'Connells Leben, seinen Gedenktafeln und seiner goldenen Kutsche, seinen vielen in Leder gebundenen Büchern, sogar seinem Totenbett, alles makellos erhalten. *Ein großer Mann. O, ein großer Mann.*

Ich finde eine Museumsführerin und frage sie nach Máire, und dann nach ihren Töchtern, und bekomme ein nickendes Lächeln, und es fällt das Wort »unbedeutend«. Mein Gesicht verfinstert sich, aber ich fange mich und erkundige mich lieber nach dem Verbleib älterer materieller Gegenstände: den Spiegeln, dem Porzellan und den Türbeschlägen. Als ich nach Schlüsseln für Türen frage, die es gar nicht mehr gibt, weicht das Lächeln aus dem Gesicht der Führerin, und als ich anfange, einen besonders alten Marmeladenlöffel zu beschreiben, verschwindet es schließlich ganz, und ich bin allein. Ich durchkämme diese gepflegten Räume nach irgendwelchen Überbleibseln der mich interessierenden Frauen – einem einzelnen Knopf, einer Schreibfeder, einem Kerzenständer oder einem Ohrring –, überhaupt einer Spur ihres Lebens. Ich finde nichts.

Der letzte Touristenbus fährt ab, das Haus wird ruhiger, und jedes Zimmer kann wieder in die ihm eigene Stille finden. Auf der Treppe nach unten trödle ich entmutigt herum, lehne den Kopf gegen die Wand, die einst an das alte Haus angrenzte. Ich bin müde. Ich klopfe – *leise, leise* –, aber wo mein Klopfen früher als Echo durch Räume auf der anderen Seite gehallt haben könnte, ist jetzt nichts. Ich sollte eigentlich schon auf dem Heimweg sein, denke ich und krame mein Handy hervor, um nach der Uhrzeit zu sehen. Von hinten dringt ein Sonnenstrahl durch die Wolken und zeichnet meinen Schatten an die Wand, tintenschwarz und nur als Kontur, ein vom Licht gezeichneter weiblicher Körper. Die Deutlichkeit dieser plötzlichen Reflexion erschreckt mich, und ich stolpere zurück und halte mich an der Brüstung fest. Die Gestalt verblasst, dann schmilzt sie dahin, flüchtig und weiblich, so wie auch ihre Schatten es waren. Ich starre weiter auf die Wand, will, dass sie zurückkehrt, will unbedingt übersetzen, was es zu bedeuten hatte, bis ich spüre, dass mich jemand beobachtet. Vom Fuß der Treppe blickt die Fremdenführerin mitleidig zu mir hoch. Sie muss mich für labil halten, wird mir bewusst, und sie hätte nicht unrecht – was ich für eine Epiphanie halte, ist einfach nur mein eigener Schatten. Ich lächle und schüttle den Kopf, während ich mich bei ihr bedanke und noch mal bedanke. Als ich davoneile, lächle ich immer noch vor mich hin.

Meine Absätze tragen mich singend vom Kies zu Pflastersteinen, weiter in nasses Laub und dann in spärliches Wintergras. Eine weitere kalte Novembernacht zieht vom Meer herauf, während meine Augen einen vorsichtigen Pfad durch die Nebelschwaden über den glitschigen Boden suchen. Ich will nicht hinfallen. Aus dem Matsch glitzert mich etwas an. Etwas Bleiches und Spitzes. Ich knie nieder und kratze den Dreck mit den Fingernägeln ab. Zu meiner Freude stelle ich fest, dass es sich um eine Porzellanscherbe handelt, auf der noch der Schimmer einer aufgemalten zarten Blume zu sehen ist, eine Scherbe einer alten Schale vielleicht, eines Untertellers oder einer Teetasse. Sie lächelt mich an; ich lächle zurück. Dieses Stück war einst Teil eines Gefäßes, aus dem Dampf in die Luft aufstieg, sich auflöste und verschwand, ein Gefäß, das viele Male in warmer Seifenlauge gespült worden war, bis es eines Tages einer menschlichen Hand entglitt und auf dem Boden zersprang, begleitet von einem lauten Fluch, dieses Gefäß, dessen Scherben rasch aufgekehrt wurden, in einen Abfalleimer entsorgt und auf einen Müllhaufen geworfen wurden. Dort lagen seine Scherben in Modder und verrottenden Schalen, verstreut durch die Jahre und durch Würmer, Wachstum, Frost und Sonne und Schnee, bis zu diesem Moment, als es sich endlich dazu entschloss, sein Gesicht zu erheben und sich erneut den Händen einer Frau zu überlassen. Ein kleiner Schatz. Ich reibe die Scherbe zwischen meinen Fingern, und sie wird warm. Ich übersetze sie in ein Zeichen. Ob sie bis zu den Händen von Máire oder Nelly zurückverfolgt werden kann oder nicht, ist mir nicht wichtig. Wichtig ist allein, dass ich ein Artefakt aus der Erde hebe, das ein Symbol ist für das Leben, das Denken und die Arbeit von Frauen, die zu diesem Ort gehörten. Ich halte dieses Stück im Herzen meiner Hand, so behutsam wie alle Fragmente aus dem Leben von Eibhlín Dubh, die ich finden konnte. Selbst im Halbdunkel glänzt es. Ich versuche, mir vorzustellen, wie ich daraus auf etwas Ganzes schließen könnte, unzerbrochen und lebendig. Máires Sachen mögen verschwunden sein, aber in der Inselerde strahlen noch immer ihre Zähne, perlbleich.

—

Ich habe in letzter Zeit die Gewohnheit entwickelt, im Internet nach Fleisch zu suchen, inkognito Fenster zu öffnen, um mit Staunen und Abscheu, mit Schaudern und Ehrfurcht durch endlos viele Bilder von Plazentas zu scrollen, beeindruckt davon, wie labyrinthisch und fleischig sie aussehen, und frage mich, wie wohl die Fehler meiner eigenen aussahen. Diese zwanghafte Suche führt mich zu einem Artikel des Smithsonian Institute über Mikrochimärismus. In der Schwangerschaft, so lese ich, wandern pluripotente Zellen des Fötus durch die Plazenta und gelangen in den Blutkreislauf der Mutter. In ihrem Körper heften sie sich an das Gewebe, ahmen die Zusammensetzung der benachbarten Zellen nach, und dort bleiben sie, lange, nachdem das Baby den Körper verlassen hat. Eine Ansammlung solcher Zellen von allen Geschwistern kann gleichzeitig in der Mutter fortbestehen, wobei die Zellen jedes Kindes mit den eigenen körperlichen Impulsen der Mutter koordiniert werden und in Konflikt geraten können. Ich denke an Máire Ní Dhuibh, allein am Strand, den Blick zum Horizont gerichtet, während ihre Zwillinge im Ozean in ihr schwimmen. Und noch als beide erwachsen und fort von zu Hause waren, mag sie manchmal dorthin zurückgekehrt sein und an ihre Töchter gedacht haben, die in der Ferne ihr eigenes Leben lebten. So wie sie in ihren Gedanken blieben, blieb auch etwas von ihrer Zellmaterie in ihrem Körper, verkümmert, verweilend.

Auch wenn Eibhlín Dubh in ihrem *Caoineadh* Marys Mann verflucht, ihrer Zwillingsschwester mag sie nichts Schlechtes wünschen –

Mary allein soll verschont sein,
nicht aus großer Geschwisterliebe,
doch ihr erstes Bett
war der Schoß meiner Mutter,
wo wir drei Jahreszeiten gemeinsam verweilten.

Eibhlín hatte noch immer Achtung vor diesem roten Raum, der gemeinsamen Gebärmutter, in der nah beieinander ihre Plazenten wuchsen, und so nahm sie Mary von ihrem Fluch aus. Wir gehen davon aus, dass wir so wenig darüber wissen, was jenseits von uns oder in unserem Innern geschieht, sei es die gelebte Vergangenheit oder unsere unsichtbaren zellulären Mechanismen, und doch verstehen wir auf einer instinktiven Ebene etwas von diesen Mysterien. Noch als ihre Zwillinge im Zwist miteinander lagen, bestanden Fossilien ihrer Zellen im Körper ihrer Mutter fort. Máire trug sie beide weiter nah bei sich.

—

Ich stecke die Porzellanscherbe nicht zurück in ihr anonymes Gartengrab. Ich umfasse sie fest, so wie ich jedes Stückchen Information festhalte, das ich über Eibhlín Dubh bekommen konnte. Ich umschließe sie mit meinen Fingern und renne. Ich stehle sie.

Mein Autospiegel ist das einzige Auge, das meinen Diebstahl bemerkt. Während der Fahrt denke ich an die reflektierten Augen von Máire und ihren Töchtern, und an ihren verlorenen Spiegel, aber in meinem eigenen, wessen Gesicht sehe ich da? Nur meines, meines allein, und ich ertrage es nicht.

Ich verstelle den Rückspiegel und sehe in ihm jetzt den Widerschein der nassen Straße, silbern und grau wie ein sich lösender geflochtener Zopf. Als konvexer Seher lässt mich dieser Rückspiegel in die Landschaft blicken, die sich hinter mir entfaltet, aber er kann mir weder zeigen, was vor mir liegt, noch wohin ich als Nächstes abbiegen soll.

14. jetzt, damals

> nó thairis dá dtaitneadh liom.
>
> or beyond
> if I'd want.
>
> oder noch länger,
> wenn mir danach war.
>
> *Eibhlín Dubh Ní Chonaill*

JETZT

Seit zweieinhalb Jahren gehen die Tage und Nächte, die ich mit meiner Tochter verbringe, über vor Milch. Ich habe sie auf Flughäfen und in Supermärkten, an Stränden und in Bussen, auf Gehwegen und Bänken an die Brust gelegt. Ich habe sie gestillt, wenn sie wach war und wenn sie schlief, wenn sie Fieber hatte und wenn sie zahnte, Bauchschmerzen hatte und auch wenn ich selber erschöpft war, Brustinfektionen oder Mastitisfieber und verstopfte Milchkanäle hatte. Sie trinkt. Ich stille. Sie schläft. Ich habe Schmerzen.
Doch selbst in den Momenten größter Erschöpfung

stimmt es mich noch froh, wenn ich mich so nützlich fühlen kann. Meine rechte Brust kennt ihre Bedürfnisse genau und erfüllt sie sofort. Meine linke Brust hingegen will immer noch nicht funktionieren: ein faules, unverschämtes Stück. Von dem Moment an, als sich die Haut meiner Mädchenbrust zu wölben begann, war die linke Brustwarze nach innen eingezogen. Mürrisch blieb sie stumm, wenn Liebhaber sie berührten. Während meine rechte Brust prall und fleißig ist, döst die linke schlaff vor sich hin; Milch hat aus mir eine ungleichgewichtige Fabrik gemacht.

In einem BH-Anproberaum schnalzte eine Fremde beim Anblick meines Körpers mit der Zunge. Meine rechte Brust benötigt die stabile Architektur eines E-Körbchens, die linke ein kleines B, ein Rätsel, das für jeden Dessous-Ingenieur eine unmögliche Arithmetik darstellt. Ich kaufe schließlich etwas, das mein jüngeres Selbst als *Oma-BH* verspottet hätte, aus schlichtem weißen Stoff mit festen, breiten Trägern, die so eingestellt werden, dass eine Brust angehoben wird, während sich die andere in ihrer geräumigen Baumwolltasche fläzt. Ich fange an, Strickjacken zu tragen.

Seit Jahren wird mein Schlaf von Milch unterbrochen. Gelegentlich, wenn ich wach gerüttelt werde, tröste ich mich damit, mir vorzustellen, wie oft genau dieser Moment nicht nur von meinem eigenen Körper, sondern auch von anderen Müttern aufgeführt wurde, immer und immer wieder, jedes Mal eine Spiegelung der gleichen

Elemente – *die Milch, die Mutter, das Baby, die Dunkelheit, die Milch, die Mutter, das Baby, die Dunkelheit, die Milch, die Milch, die Milch* – und in diesen Momenten bin ich unerträglich müde, schon, und doch empfinde ich auch da Behagen, es schillert an den Rändern, egal, wie müde ich bin. Ich *bin* unerträglich müde, ja, so müde, dass ich mich dauernd wiederhole, so, so müde – und doch zögere ich die Entscheidung zum Abstillen hinaus. Dieses Kind von meinem Körper fortzulocken und seinen Hunger andernorts zu stillen, hieße, mich selbst aus meinem gemütlichen Bau des Dienstes zu vertreiben. Ich bringe es nicht über mich, zu erlesen ist für mich das Ritual, etwas von mir selbst einer Anderen zu geben. Ich habe mich unsichtbar gemacht, gut verborgen in Räumen, die durch weibliche Arbeit, Wiederholung und Milch erschaffen werden.

DAMALS

Als Mädchen hielt ich mich für sehr bewandert darin, mir ein Heim zu erschaffen. Im Juli wucherten aus den Spalten der alten Steinmauern rund um unser Haus Unkraut und Walderdbeeren, und die Gräser waren voller Anfang und schossen Tag um Tag weiter in die Höhe. Ich war zehn, und es waren Schulferien. Ich spürte, dass sich die Vergnügungen der Kindheit bald dem Ende zuneigen würden, war aber wild entschlossen, diesen Sommer lang die Freude voll auszukosten, ein junges Mädchen zu sein. Ich schleuderte meine Stiefel weg und lief barfuß.

Ich hatte mir jeden Sommer einen Rückzugsort im Gras geschaffen, ein Nest, in dem ich nicht gesehen werden konnte. Meine Methode war immer dieselbe: Ich suchte mir mit Bedacht eine Senke, warf mich dann auf die Knie und gab mich dem Land hin. Ich rollte mit aller Kraft herum, Rücken zum Boden, den Bauch zum Himmel, dann den Nabel zur Erde und zurück zur Wolke, warf mich hin und her, bis ich nur noch Himmel und Erde und Erde und Himmel sah. Ich formte diesen Ort, bis er mir nachgab, bis ich spürte, wie die Gräser und Halme sich ergaben und ihre sämtlichen Samen dem Wind überließen, bis ich eine Mulde geschaffen hatte, die mir und nur mir gehören würde. Nenn es ein eigenes Heim. Ich stützte mich auf die Ellbogen und bewunderte meine Himmelsdecke, an der Scharen von Hummeln vorbeibrummten. Die Wände wiegten sich. Ich machte mich dort unsichtbar, gut verborgen in einem Raum, der durch weibliche Arbeit und Wiederholung entstanden war, ein Echo-Abdruck meiner kleinen Existenz. Sie fühlte sich an, als gehöre sie mir, diese Mulde, fühlte sich neu an, und doch auch, als sich mein Körper in diesen Boden drückte, sehr alt. Es waren auch andere da, unsichtbar, aber mit mir dort anwesend.

Die Tage in unserem Heimatort glichen sich seit jeher: Die gleichen Freuden und Mühen, die gleichen Zyklen von Schwangerschaften und Totenwachen, die gleichen

Ringforts, die gleichen Felder, die sich füllen und leeren und wieder füllen mit Stimmen, mit Gras, mit Tieren und mit Heu. Alles wiederholte sich und wiederholte sich wieder. Meine Familie lebte schon seit Jahrhunderten in diesen Hügeln. Ich wusste, dass schon viele andere Mädchen vor mir sich hier auf dem Boden ein Heim geschaffen hatten, Mädchen, die jetzt erwachsen waren und selbst unter dieser Erde lagen, mit Kindern – meinen Urgroßmüttern –, die ebenso erwachsen geworden und gestorben waren. Kein Wissen von mir war jemals wirklich neu; jeder Weg, dem ich folgte, war von den Körpern anderer geschrieben worden, der Verlauf jeden Pfades von den Schritten derer bestimmt, die vor uns kamen. *Für-im-mer. Für-im-mer.* Zum Brunnen. Zum Lagerplatz. Zum Stall. Zum Hügel. Entlang dieser Wege summten die Gräser ihre alten Melodien, die Schlehen schreckten mit stechenden Spitzen, und jeder Brunnen barg die Erinnerung an geflüstertes menschliches Begehren. Vielleicht war ich ein seltsames Kind, da ich meinte, das ständige Summen der Vergangenheit um mich herum zu spüren, so real wie die Bienen, oder vielleicht empfindet es jedes Kind. Ich wusste nur, dass ich mich dort sicher fühlte, im Echo ihrer Gesellschaft.

JETZT

Abstillen. Abstillen. Meine Familie fragt mich oft danach, mit hochgezogenen Augenbrauen beim Anblick eines weiteren Kleinkindes, das durch den Raum marschiert, um zu meiner Brust zu gelangen. Auch mein Mann fragt danach; er hat Schlafstörungen, wacht oft auf und ist – wie ich auch – erschöpft. Mein Instinkt weist mich aber zurecht, meine leichte Erschöpfung auszuhalten und mich stattdessen darauf zu konzentrieren, meiner Tochter alles zu geben, was sie braucht – sie findet so viel Trost in diesen Momenten des Stillens, dass es mir nicht nur egoistisch, sondern geradezu grausam vorkäme, wenn ich sie ihr vorenthielte. Ich stelle fest, dass ich zu müde bin zum Weitermachen, aber auch zu müde, die Entscheidung zum Abstillen zu fällen. Wie also vorgehen? Wenn ich in meiner Vergangenheit Rat suchen würde, wenn ich meinen Körper befragen würde, welche Antwort würde ich wohl erhalten?

Irgendwann trifft mein Körper die Entscheidung für mich. *Aufhören,* sagt meine Erschöpfung, *aufhören.* Als Erstes muss das morgendliche Stillen meiner Tochter dran glauben, unser geliebtes Morgenritual, unter die Decke gekuschelt, ihr Kopf in meiner Ellenbeuge. Eines Morgens wird sie von einer Stimme geweckt, die von unten nach ihr ruft. Bevor sie nach Milch schreien kann, stochert sie schon mit einem Löffel in einer Schüssel mit Porridge und Obst herum. In der folgenden Woche beginne ich damit, die vielen Stillmahlzeiten am Nachmittag langsam zu reduzieren. Immer wenn sie an meinem Ärmel zerrt, reiche ich ihr stattdessen einen Trinklernbecher mit Wasser. Manchmal nuckelt sie fröhlich daran, mit lächelnden Augen über dem neonfarbenen Plastikrand. An anderen Tagen schlägt sie ihn mir aus der Hand, kreischt vor Empörung und Leid, wirft sich auf den Boden und hin und her. *Mama*, kreischt sie. *Gib. Mir. Mamm Mamm.* Dicke Tränen kullern ihr über die Wangen, während sie mit den Fäusten auf den Boden einschlägt. Der Teil von mir, der darin geübt ist, die eigenen Begierden zu unterdrücken, beobachtet solche Vorführungen voller Bewunderung. Ich streiche ihr übers Haar und erzähle ihr die alte Lüge: »Beruhige dich, alles wird gut.« Sie gewöhnt sich bald an die neue Gestalt ihrer Tage und meldet sich nachts nur noch einmal, für Wasser. Sie schläft jetzt. Ich schlafe auch.

Zehn Jahre liegen hinter mir, in denen ich schwanger war oder gestillt habe, oder beides. Insgeheim hoffe ich, dass es bald wieder ein Baby gibt, das mich auf Trab halten wird, im Moment träume ich aber zum ersten Mal seit einem Jahrzehnt wieder ungestört die Nächte durch. Mein Traumbewusstsein führt mich zu einem Haus auf einem Hügel, an dessen Fenstern Milch herunterläuft. Als ich hineinblicke, sehe ich, wie sich die blasse Flüssigkeit dickflüssig über die Betten und Stühle, über Dielen und Gebälk ergießt und Kessel, Fernseher und Wäschekörbe, Radios und Telefone von einer Flut tiefer, dicker

Milch umspült werden. Mein träumender Fingerknöchel klopft an die Tür. *Klopf, klopf.* Eine Frau fegt diese untergegangenen Räume, mit flüchtig aufscheinendem Besen, der kurz verschwindet, dann wieder sichtbar wird. Sie hat dunkles Haar, das hoch über ihrem Kopf schwebt, die Augen hat sie auf den Boden gerichtet. Sie kann mich nicht sehen. Ich klopfe noch mal. *Wer da?,* sagt sie und lächelt vor sich hin, und als sie aufblickt, sind ihre Augen voll und weiß und starren mich mit Milch gefüllt an. Ich wache zitternd auf. Was wird aus mir ohne diese Arbeit, all das Anbauen und Ernten? Wie werde ich ohne Milch sehen können? Wer werde ich ohne Milch sein?

DAMALS

Das Haus, in dem ich aufwuchs, stand auf einem Hügel, dessen gefährliche Steilhänge den Einsatz von Strohpressen und anderen modernen Maschinen unmöglich machten. Sobald das Gras hüfthoch war, rumpelte mein Vater mit einem alten Traktor hinauf. Im Haus befürchtete meine Mutter, dass die Steigung des Hangs ihn besiegen und sein Fahrzeug hintenüberkippen lassen würde. Was nicht geschah. Die Wiese war schon bald in Stoppeln übersetzt, die in die Fußsohlen stachen. Ich stieg in meine Gummistiefel und sammelte armeweise das Heu ein, während mein Vater mit der Heugabel ordentliche Haufen zusammenschob. Die Sonne machte ihre Sache gut: Sie wirkte so lange auf jeden einzelnen Grashalm ein, bis er zu einer brüchigen Faser getrocknet war und zusammen mit all den anderen in die Scheune gebracht werden konnte. Ein Koloss: Bis unters Dach reichte diese Wand aus Heu. Was für eine seltsame Vorstellung, wie diese verlagerte Masse von Gräsern einen Raum mit genügend Nahrung füllte, um den Hunger Anderer in den kommenden kalten Monaten zu stillen. Draußen war sie selbst für ein Mädchen wie mich bewältigbar gewesen, aber hier im Raum schien sie gewaltig. Doch auch hier drinnen noch erinnerte sich mein Körper an das Gras. Ob es sich, fragte ich mich, auch an mich erinnerte?

JETZT

Als ich aufhöre zu stillen, beginnt meine rechte Brust schnell zu schrumpfen. Sie hängt schlaff da, erschöpft und mit Dehnungsstreifen, sodass die faule Brust jetzt die vollere von beiden ist. Nach dem Duschen begegne ich endlich meinem eigenen Blick in dem Spiegel, den ich so oft geputzt hatte, ohne hineinzusehen, und betrachte die violetten Schatten unter meinen Augen. Ich lasse das Handtuch fallen und begutachte neugierig meinen Körper: meine käseweißen Oberschenkel, durchzogen von türkisfarbenen Nähten; meine Brüste, ungleich und toll; die heilige Pforte meiner vierfachen Kaiserschnittnarbe, mein Hängebauch mit Dehnungsstreifen wie Rippelmarken im Sand bei Ebbe. Dort grimassiert mein Bauchnabel, das unsichtbare Band, das mich immer mit meiner Mutter verbinden wird, so wie ihrer sie mit ihrer Mutter verbindet, und so fort. Ich betrachte eingehend diesen Körper, meinen, nur ein weiterer in einer langen Reihe, und empfinde keinen Abscheu, sondern nichts als Stolz. *Dies ist ein weiblicher Text*, denke ich. Mein Körper antwortet in seinem Dialekt der Narben. *Tada!*, scheint er zu sagen, *tada!*

—

Meine rechte Brust schrumpft weiter, während die restliche Milch resorbiert wird. Ich werfe meine alten Still-BHs in den Müll und verabschiede mich von ihren grauen Baumwollschalen und den abgenutzten Plastikclips. Erledigt – *tick, Strich durch*. Irgendwo im warmen Dunkel meines Körpers tickt eine andere Uhr und lässt etwas heranwachsen, das mich bald bedrohen wird, aber noch weiß ich nichts davon.

Mein neuer BH kommt eingewickelt in rosafarbenes Seidenpapier und Bänder. Als ich die Schieber auf den Trägern einstelle, hebt es meine Brüste so an, dass die falsche Illusion von Straffheit entsteht. In diesem kunstvollen Gebilde aus Metall und Spitze wirken sie fast normal, als hätte ich sie nie benutzt – aber der Körper erinnert sich. Als ich meine rechte Brustwarze drücke, zwinkert ein blasser Tropfen zurück.

DAMALS

Im Herbst trugen mich steife neue Schulschuhe ganz nach oben auf den Heuberg. Ich hatte mal wieder Ärger. Ich streckte mich in meinem hohen Nest aus und schmollte. Ich war faul gewesen, und jetzt war meine Mutter wütend, mit einem Plastikarmband in der Hand, das sie in meiner Hosentasche gefunden hatte. Meine Unachtsamkeit hätte die Waschmaschine zerstören können, und was dann? Ich war ein freches Kind, zuckte mit den Schultern angesichts ihres Missmuts und rannte davon, bevor sie mich festhalten konnte.

Hoch im Heu hatte ich eine Tasche mit Gerstenzuckerpastillen und einem Comic versteckt, und ich schmiegte mich jetzt so nah an den Sparren, dass ich jede einzelne Holzfaser sehen konnte. Wenn ich diese altmodischen Pastillen kantig gelutscht hatte, schnitten sie mir ins Zahnfleisch, und es mischte sich eine Spur Blut in die Süße. Irgendwo in der warmen Dunkelheit meines Körpers tickte eine Uhr. Ich kniff die Augen immer fester zusammen, bis die Dunkelheit hinter meinen Lidern wie ein Feuerwerk explodierte, und wurde eine kleine Fledermaus, die sich tags in ihrem behaglichen Versteck zurück in die Nacht träumt. Die Stimme meiner Mutter drang zu mir herauf, und hastig machte ich mich auf den Weg nach unten, um mein Versteck nicht zu verraten, verlor aber den Halt und rutschte mit dem Kopf voran ab, mit zu viel Geschwindigkeit, als dass ich mich an den herabgleitenden Heuhalmen hätte festhalten können, bis ich auf dem dunklen Boden des Schuppens landete und mit dem Mund gegen den Stahl eines Gastanks schlug. Ich setzte mich auf und spuckte einen halben Vorderzahn in meine Handfläche. Er war blass und nass und rot zugleich. Meine Mutter schrie.

»Keine Sorge«, sagte der Zahnarzt mit lächelnden Augen über seiner Maske, »bald bist du wieder ganz die Alte. Also, tief einatmen für die Spritze – braves Mädchen.« Mit Sorgfalt schuf er eine perfekte Symmetrie in meinem Mund und verband ein Fragment der Vergangenheit mit einer neuen Gegenwart. Im Spiegel sah der Zahn vollkommen echt aus, eine Vermischung von Wahrheit und Fiktion, die sich immer offenbarte, wenn ich sprach. Mein kostbarer Kunstgriff: Wo mein Zahn mit der Prothese verbunden ist, birgt mein Mund gleichzeitig Wahrheit und Lüge.

JETZT

Jeden Tag knie ich in derselben Kirchenbank und bete zu demselben Gott wie meine Mutter, mit seinem Heiligenschein aus Waschpulverschaum und heiligem Gebrumm. Ich folge ihr nach in ihrer Andacht und durchsuche die Taschen meiner Kinder nach Gefahren für die Maschine jenseits des normalen Wirbels der Stoffe: eine Münze oder ein Tannenzapfen, eine Murmel oder eine Kastanie.

Eines Abends ertaste ich einen harten kleinen Knubbel in meiner linken Brust. Meine Finger halten inne, dann tasten sie sich zurück. Eingeschmiegt in Schichten von Brustgewebe finde ich einen zweiten. Einen zweiten was?

Im Kopf schreie ich ein Wort, *nein,* immer und immer wieder.

Wieder spüre ich, wie ich den Halt verliere. Ich versuche, nicht in Panik zu geraten, indem ich mir sage, dass die Bildung solcher Klumpen vielleicht eine Art Nebeneffekt der Milchproduktion ist, aber in Wahrheit weiß ich, dass das nicht sein kann – es ist schließlich meine linke Brust, die seit Jahren keinen Tropfen Milch mehr produziert hat. Außerdem bin ich mit Mastitis in all ihren Formen vertraut: dem Schüttelfrost, der Abgeschlagenheit, dem Grauen, der Schwellung. Das hier ist anders. Hätte ich es, frage ich mich, verhindern können, wenn ich meine Tochter nicht abgestillt hätte?

An dem Morgen, an dem die Hand eines Arztes meine Brust nach weiteren Hinweisen absucht, fliegt mein Blick durchs Fenster und trägt mich fort. Der Arzt ist ein außergewöhnlich freundlicher Mann, warm und fürsorglich, aber heute sind seine Hände kalt. Als er den zweiten Knoten gefunden hat, ruft mich seine Stimme aus der Ferne zurück. Er schaut stirnrunzelnd auf meine linke invertierte und scheue Brustwarze. Ich denke an die vielen Male, als dieser Mann mir zuhörte, wenn ich befürchtete, der Hitzeausschlag eines Babys sei eine Meningitis, oder wie ich mir Sorgen machte, dass eine Beule am

Kopf ein Schädelbruch sein könnte, und ich will unbedingt, dass er jetzt wieder so lächelt wie damals immer. Stattdessen drückt er mir in die Achselhöhle, dann wieder meine Brust. Ich höre meine Stimme zittern wie die eines Kindes, und als ich Worte hervorbringe, sind auch sie die eines Kindes. »... aber – aber, wird alles gut werden?« Er druckt eine Überweisung zu weiteren Untersuchungen aus. »Wir brauchen nur ein paar mehr Informationen, das ist alles. Gehen Sie nach Hause, trinken Sie eine Tasse Tee. Machen Sie sich nicht zu viele Sorgen.« Als ich der Arzthelferin am Empfang fünf zerknitterte Zehner zustecke, erinnert sich mein Gesicht ans Protokoll und verzieht sich zu einem höflichen Lächeln. Nein, das ist alles.

Auf dem Parkplatz stützt das Lenkrad meine Stirn, während mir die Tränen in den Schoß fallen und jede langsam ihre eigene kleine salzige Lache auf dem Stoff bildet. Etwas weiter sitzen drei dünne Stare festgekrallt auf einer Leitung. Ich blicke zu den Dächern hinüber, wo Satellitenschüsseln ihre Ohren in den Himmel recken, um unsichtbare Signale aus der dunklen Ferne zu empfangen. Da weiß ich auf einmal, wo ich jetzt sein muss. Ich gehe nicht nach Hause; ich drehe den Zündschlüssel.

In Kilcrea begrüßen mich die silbernen Steine am Eingang auf ihre kalte Weise. Ich sage mir, dass ich gar nicht genau weiß, warum ich hergekommen bin, aber eigentlich weiß ich es. Ich erinnere mich nicht an die Worte, die ich laut ausspreche, weiß aber, dass mein Gesicht feucht und meine Kehle heiser wird. Ich tröste mich mit dem Wissen, dass ich bei Weitem nicht die erste Frau bin, die je an diesem Ort geweint hat, an dem ich zugleich von anderen umgeben bin als auch sehr, sehr allein.

DAMALS

Ich saß zitternd allein auf der Toilette, und mein Atem bildete eine Wolke zwischen mir und einem Wort, das ich noch nie gesehen hatte, ein Strich, den mein kindlicher Körper auf ein Stück Papier gekritzelt hatte. Ich fragte mich bei diesem Anblick, blass und nass und rot zugleich, ob mein Zahn in seiner Handfläche voller Blut eine Art Omen gewesen war. Ich war mir nicht sicher, wie dieser Text zu übersetzen war, aber ich wusste, dass er Veränderung bedeutete, und Scham. Er musste verborgen werden. So wurde mein Körper zu dem einer Frau – mit Widerwillen und Angst. Ich wünschte mir, mich gegen diese Veränderung irgendwie wehren und dafür entscheiden zu können, weiter mein Leben mädchenhafter Unsichtbarkeit zu führen. Ich faltete ein Buch aus sauberem Papiertuch und drückte es an meine Haut. Ich würde mich später zwingen müssen, es zu lesen, und falls es bis dahin weitere Worte enthalten sollte, würde ich es wahrscheinlich meiner Mutter erzählen müssen. Wie sehr hoffte ich, dass diese Seiten ungeschrieben bleiben würden. In der folgenden Woche kaute ich gerade Kaugummi, als ein

Mann sagte, ich sähe aus wie eine *Schlampe*. Ich war mir auch bei diesem Wort nicht ganz sicher, wie es zu übersetzen wäre, aber aus der Art, wie er es ausstieß, schloss ich, dass es nichts Gutes bedeuten konnte. Zu Hause kaute ich weitere Kaugummis, aber alles, was der Spiegel in mir sah, war ein schüchternes kleines Tier, das sein Futter mahlt.

JETZT

Im Brustzentrum bin ich eine von neun Frauen, die mit freiem Oberkörper in identischen Bademänteln dasitzen. Der kratzige und feste Stoff scheuert schrecklich auf der Haut. Ich hasse solche Kleidungsstücke, und ich hasse diesen Raum. Von den Wänden herab schneiden die üblichen Heiligen ihre Grimassen, mit gelben Heiligenscheinen, die perfekt zu den gelben Plastikrahmen passen. Der Fernseher redet ununterbrochen vor sich hin, jetzt gerade weist Judge Judy eine Reihe von Leuten für ihr Fehlverhalten zurecht, mit grimmig ausgestrecktem Zeigefinger, bis sie sich winden wie Hunde, die Hände flehend zu ihr ausgestreckt, mit ihren verletzten Gefühlen und Pfoten. Gelangweilt gehe ich zum Fenster.

Der Blick auf die Stadt von hier oben ist eigenartig, eine Karte all der Straßen, in denen ich mich als Studentin verirrt habe, aus dieser neuen Entfernung plötzlich übersichtlich. Mein Blick schweift über die Dächer von

College-Wohnheimen, Plattenbauten und die verschnörkelten Giebel viktorianischer dreistöckiger Häuser, bis ich das lange, bescheidene Dach des Klosters Colletine entdecke. In seinem behaglichen Dachstuhl schlafen Fledermäuse. Zwergfledermäuse. Es ist die größte Kolonie in der Stadt, habe ich gehört. Bald werden sich die Weibchen in Gruppen zu ihren jährlichen Wochenstuben zusammenfinden, und ihre Jungen dort heranwachsen, durch Milch und Wärme, bis sie im Herbst entwöhnt und bereit sind, vom Dachstuhl in ihr eigenes, dunkles Leben zu springen.

Zwei Jahrzehnte zuvor, als ich eigentlich im Anatomiekurs hätte sein sollen, saß ich allein in dieser Kapelle, mit einem grauenhaften Kater, und starrte durch die Glasfenster nach oben. Damals wusste ich noch nichts von den Fledermäusen, aber sie waren trotzdem da, verhüllt und träumend, irgendwo jenseits meiner durchbrochenen Silhouette. Ich kniete nieder. Ich weinte. Mein sehnlichster Wunsch war zu sterben. Jetzt blicke ich hinunter auf dasselbe Glas, von einem Fenster hoch auf der anderen Seite, und will leben. Mein Handy klingelt, aber als ich es aus meiner Tasche krame und rangehe, meldet sich niemand. *Hallo?*, sage ich. *Hallo?* Ich warte auf eine Antwort. Es kommt keine.

Eine Krankenschwester ruft meinen Namen, und ich folge ihrem Lächeln in ein anderes Zimmer. Ich wünschte, ich könnte der Veränderung in meinem Körper irgendwie widerstehen, dass ich weiter mein Leben glücklicher häuslicher Unsichtbarkeit leben könnte. Eine Stunde später verlasse ich das Krankenhaus und fummele mir Plastikkopfhörer in die Ohren. In einem Zimmer hinter mir lasse ich ein Stück Fleisch von mir zurück, entnommen für eine Biopsie. Ich mag ganz normal wirken auf die Passanten, an denen ich vorbeigehe, aber unter meinem Sommerkleid, unter Lagen von Verbänden und Mull, unter fünfzehn Einstichlöchern von Spritzen weint ein großes Hämatom Blut ins Dunkel. Ein tiefer Bluterguss bildet sich dort, so rasch wie ein Wolkenschatten über The Gearagh.

DAMALS

Der Schuppen wurde kälter, als das Heu verschwand, Halm für Halm aus der Welt gemahlen durch das langsame Malmen von Speichel und Zähnen. Jeder Klumpen Wiedergekäutes durchlief die Achterbahn mehrerer Mägen und kehrte dann in die Erde zurück in extravagant herabklatschenden Fladen. Als Nachwirkung blieb eine neuartig nachhallende Leere, die in allem das Gegenteil meines einst gemütlichen Heims zu sein schien. Um die Akustik zu testen, wippte ich in meinen Stiefeln hin und her, von den Zehen auf den Absatz, vom Absatz auf die Zehen, und rief dabei zu mir selbst: *Hallo? Hallo?*, und musste über die Klänge lachen, die meine Stimme diesen Wänden entlockte. Die Dachsparren schienen bereits unendlich weit weg. Ich wusste, dass ich nie wieder zu ihnen heraufreichen würde. Nur noch Fledermäuse würden die Fasern jetzt aus der Nähe kennen.

JETZT

Ich warte auf die Ergebnisse der Biopsie. Ich sorge mich. Ich warte. Ich sorge mich.

Der Brief kommt in einem Umschlag unübersehbarer Erleichterung, auf die schnell Verwirrung folgt. Die Tests ergaben nur, dass keine Krebszellen entdeckt wurden; eine Erklärung für die Knoten liefern sie nicht. Bald kommen weitere Briefe für weitere Termine, weitere Tests, weiteres Warten unter dem ausgestreckten Zeigefinger von Judge Judy.

Die Krawatte des Chirurgen schwingt wie ein weiches Pendel, während er meine Brust knetet, sein Kopf neigt sich wie ein Fragezeichen. Sein Urteil lautet, dass es zwar keine Erklärung für die Knoten gibt, sie aber nicht bösartig sind, und sein Skalpell meine Haut daher nicht berühren muss. Meine Fäuste öffnen sich vor Erleichterung. Irgendwo in der Nähe rührt sich eine Fledermaus im Schlaf.

Genau wie ich mich gegen die rote Kritzelei wehren wollte, wollte ich mich dieser Wahrheit meines Körpers widersetzen, doch versuche ich jetzt, die Seltsamkeit zu akzeptieren. In meiner linken Brust trage ich zwei Klumpen, saubere fossile Ammoniten, jeder eine Spur. Wenn mein Körper in einem Sezierraum liegen wird, mag eine Studentin oder ein Student diese Texte so leicht entziffern wie mein Tattoo, meine Kaiserschnittnarbe oder meinen abgebrochenen Zahn, und sie übersetzen in Mengen an Milch, die ich durch die Körper Anderer fließen ließ.

Ich betrachte sie als Kommas, auch wenn sie sich eher wie Punkte anfühlen. Meine Tage mit Milch scheinen in unendlich weite Ferne zu rücken, als ob ich sie nie wieder erreichen könnte, als ob nur andere diese faserige Nähe kennen werden. Undenkbar. Ich sage mir, dass ich, was auch immer geschehen mag, mein Souvenir bei mir tragen werde: die Perle und den Kiesel einer inneren Brosche, fest eingefügt in meine Brust. Ob das ein Makel ist oder Zier, dies ist ein weiblicher Text, und ich trage ihn nah bei mir.

15. eine folge
von schatten

ALS DER NAME von Eibhlín Dubh nicht mehr im Text der Briefe ihrer Brüder auftaucht, gerät auch mein Text ins Stocken. Meine Quellen sind, so fürchte ich, versiegt. Der verriegelte Eingang von Raleigh House kann mir keinen Einlass gewähren, ebenso wenig wie die abgerissenen Räume des alten Derrynane. Alle Gegenstände, die ich gerne sehen würde, sind entweder ausgelöscht oder verborgen, jede Brosche verschwunden, jede Tasse zerschellt, jede Tür verschlossen, jeder Schlüssel verloren. Es gibt keine weiteren Spuren ihres Lebens, es ist nichts mehr zu finden. Und doch. Und doch kann ich mich nicht damit abfinden. Es gibt noch so Vieles, was wir nicht wissen. Wir wissen nicht, wie lange sie lebte, ob sie sich mit ihrer Familie versöhnte, ob sie wieder heiratete, ob sie weitere Kinder oder Stiefkinder hatte. Wir wissen nicht, wo sie ihren Lebensabend verbrachte oder wie sie ihren Lebensunterhalt bestritt. Der Grabstein in Kilcrea gibt zwar an, wo ihr Mann, ihr Sohn und ihr Enkel begraben liegen, aber nirgends ist vermerkt, wo sich Eibhlín Dubhs Gebeine befinden. Im einen Moment hören wir ihre Stimme, real und klar, und im nächsten, *tada!*, verschwindet sie, schnell wie ein Illusionist.

Ich versuche, mich an diese plötzliche Abwesenheit zu gewöhnen, so wie ich gelernt habe, eine weitere Abwesenheit in meinem Leben hinzunehmen. Während ich über die vielen Geheimnisse im Leben von Eibhlín Dubh nachgedacht habe, ist meine Tochter gewachsen. Sie hat jetzt ihren eigenen kleinen Ranzen, den sie auf ihrem eigenen kleinen Rücken trägt. Jeden Morgen halte ich ihre Hand und winke ihr zum Abschied, wenn sie den Kindergarten betritt, und sehe zu, wie sie zu den Farbtöpfen, den Puzzles und der Verkleidungskiste rennt. Die nächsten Stunden verbringe ich damit, vergeblich in denselben alten Archivquellen herumzusuchen. Eibhlín Dubh ist nie da. Meine Vormittage sind zu ruhig, jetzt, da alle weg sind, meine Kinder, mein Lebensinhalt und mein Geist. Ich zähle die Minuten, bis ich meine Tochter wieder in meine Arme nehmen kann, einen sich windenden, lebendigen weiblichen Text. Nachts kuschle ich sie in den Schlaf und denke an Eibhlín Dubh, wie sie die warmen Haare ihrer Söhne streichelt, bis deren Augenlider träumend flackern. Ich stelle mir vor, wie sie ihren Kopf hebt und mit einem letzten Seufzer die Kerze auslöscht. In die Dunkelheit. Das ist es: *Ende*.

Das darf es nicht sein.

Ich bemühe mich weiter, in diesem Dunkel irgendetwas zu erspähen, versuche, das nächtliche Gemälde mit ihr als etwas anderes als ein Ende zu sehen. Ich suche wie verrückt nach einer neuen Spur, nach irgendetwas, das es mir ermöglicht, diesen Weg weiterzugehen. Wenn ich ihrer Mutter schon nicht folgen kann, wie steht es um ihre Kinder? Vielleicht lässt sich ein Echo ihres Lebens auf dem Weg durch die Körper derer vernehmen, die sie gebar. Wenn ich deren Leben erkunde, kann ich vielleicht einen Blick auf ihre Mutter erhaschen – ein Brief, in dem sie erwähnt wird, einen Eintrag in einem Haushaltsbuch oder eine Erwähnung ihres Grabsteins – irgendetwas, denke ich. Egal was.

Diese Verschiebung eröffnet mir neue Wege mit neuen Spuren. Vor dem Kindergarten küsse ich meine Tochter, und noch bevor sich die Tür zwischen uns schließt, wendet sich mein Körper bereits ab. Jede Minute der folgenden Stunden nutze ich, um Archive zu durchforsten, Friedhofsinschriften und alte Kirchenbücher mit Geburten, Eheschließungen und Todesfällen, und erstelle so mit der Zeit meine eigene selbst gebastelte Genealogie der Familie von Eibhlín Dubh. Zuerst kann ich sie nicht richtig erkennen, diese Menschen, die sie kannte – sie sind eine Folge von Schatten, schemenhaft und weit entfernt –, aber im Laufe der Wochen beginnen die Dateien mit den einzelnen Namen zu wachsen. Einer nach dem anderen treten ihre Leute aus der Dunkelheit ins Licht und kommen auf mich zu. Sie beginnen sich zu bewegen und zu atmen – manchmal mit Schwächen und freundlich, manchmal seltsam, manchmal gewalttätig oder wütend –, diese Menschen, die Eibhlín Dubh kannten. Sie sind echt und wahrhaftig. Sie sind.

—

Meine Suche nach dem ältesten Sohn von Eibhlín und Art wird von Anfang an durch konkrete Spuren und Hinweise begünstigt. Da er mit seinem Vater in Kilcrea Abbey begraben liegt, bietet mir der gemeinsame Grabstein verlässliche Daten zum Einstieg, Daten, mit denen ich mich direkt in die vergilbten Papiere der Archive und alte Zeitungen stürzen kann, bis ich langsam anfange, kleine Wellen seines Lebens in Texten zu finden. Ich stelle eine lange Liste von Fakten und Zitaten zusammen, und dann erwecke ich sie, getreu meiner Gewohnheit, tagträumend zum Leben.

Eibhlín Dubh war fünfundzwanzig Jahre alt, als sie sich über ihren Bauch beugte und einen heftigen Schrei ausstieß. Stundenlang krümmte sie sich und kroch und brüllte, bis schließlich ihr erstes Baby, ein Junge, geboren war. Noch bevor er einen Namen hatte, lag er in den Armen seiner Mutter in einem Schlafzimmer in Raleigh House, wo sie, kurz vor Herbstanbruch, seinen Körper in ihren Armen hielt und die Lieder ihrer Kindheit summte. Das einfallende Licht wurde golden, als sie in dem zerknautschten Spiegel seines Gesichts ihre Familie suchte, aber nur das Abbild von Art fand. Auch der Name des Babys stammte von der Familie seines Vaters, denn sowohl sein Großvater als auch sein junger Onkel trugen ihn: *Conchubhar*, was anglisiert zu Cornelius wurde. Dieses Baby sollte zu einem kräftigen Kind heranwachsen in der Wärme des Hauses seiner Großeltern, wo seine ersten Gluckser von allen mit Freude vernommen wurden, wo er von seiner Mutter von Zimmer zu Zimmer getragen und geküsst wurde und Lieder gesungen bekam, gewickelt und durch den gepflasterten Innenhof getragen wurde, über den ein Adler wachte.

Conchubhar wuchs. Er begann, den Kopf zu wenden und sich umzuschauen, sah Blumen, ein Pferd, goldene Blätter, die sich im Wind wiegten. Eines Morgens streckte er seine Arme zu seiner Mutter empor und lächelte ein zahnloses Lächeln. Er begann zu essen, weicher Karottenschleim rann ihm übers Kinn. Ein Zahn bohrte sich durch sein Zahnfleisch. Dann noch einer. Ich lege ihm als erstes Wort das erste Wort aller Babys in den Mund, die ich kannte: *Da-Da*. Er krabbelte, bewegte sich schnell auf Knien und Armen, während Eibhlín Dubh über ihm schwebte. Ein alter Stuhl bot ihm Halt, als er sich an ihm hochzog und zum ersten Mal stand. Er machte einen Schritt. Zwei. Er begann zu rennen. Hin und wieder kam Conchubhars Vater nach Hause. Der Junge wird von Art auf den Arm genommen und im Lauf über die Wiese getragen worden sein, und gequietscht haben vor Freude, wenn Schmetterlinge und Bienen aus dem hohen Gras aufflogen. Er war noch klein, als der Bauch seiner Mutter wieder zu wachsen begann, und bald füllten sich die Räume von Raleigh mit dem Ankunftsschrei eines neuen

Bruders, Fear, ein Name, der laut ausgesprochen nach Ferne klingt: *Far*. Als ihr Vater sterbend zwischen den Löwenzähnen von Carriganima lag, war Conchubhar drei Jahre alt und sein Bruder noch ein Säugling. Egal, wie sehr er weinte, es änderte nichts; sein Papa war fort, und seine Mutter würde nie wieder dieselbe sein.

Nach dem *Caoineadh* verschwindet Conchubhar, Hand in Hand mit seinem kleinen Bruder. Ich finde für mehrere Jahre keine Spur der beiden Kinder, nichts darüber, dass sie auf Bäume kletterten, dass sie schreiben oder lesen oder reiten lernten, nichts über ihre Streiche oder Geburtstage, über ihre Stürze, Spiele und Streitigkeiten. Das Einzige, was ich über den zweiten Sohn in Erfahrung bringen kann, ist, dass sein Name als Ferdinand O'Leary anglisiert wurde und dass er Priester war, obwohl es dafür keine Belege in den Aufzeichnungen des Klerus gibt – was allerdings kaum überrascht, wenn man bedenkt, wie sehr im Verborgenen der katholische Glauben in jener Zeit ausgeübt wurde. Ich suche so lange, bis mir die Augen wehtun von der ruckenden Mikrofilmrolle, und doch kann ich nicht einmal die grundlegendsten Fakten über das Leben dieses jüngeren Sohnes herausfinden. Ich finde keinen Begräbnisort. Ich kann nicht einmal sein genaues Geburtsdatum ermitteln, obwohl ich alle Texte durchforste, die mir dazu einfallen, ohne Erfolg. Wie seine Mutter entzieht sich auch Ferdinand völlig meinem Zugriff. Irgendwann verabschiede ich mich von ihm und kehre zu seinem Bruder zurück.

Als wir Conchubhar das nächste Mal begegnen, stelle ich ihn mir groß und kräftig vor, mit einem entspannten Lächeln. Als er einundzwanzig ist, schreitet er durch die Briefe, die zwischen seinen Onkeln hin- und herfliegen, das ständige Hin und Her von Zuneigung und Klatsch, von Schulden und deren Begleichung. Am 17. April 1789 schreibt Eibhlíns Bruder Daniel aus Paris nach Derrynane: »Ich habe dir vor drei Tagen die Quittungen von Con O'Leary geschickt.« Diese kurze Erwähnung reicht aus, dass ich mir den jungen Con vorstelle, wie er durch die schmutzigen Gassen und die Alleen von Paris schlendert, während die Stadt auf eine Revolution zusteuert. Hat ihn seine Mutter dort vielleicht besucht, reiste sie nach Paris mit Schiff und Kutsche, um ihren Sohn in die Arme zu schließen? Eibhlín Dubh, die jetzt Mitte vierzig ist, wird auf jeden Fall Ränkespiele erduldet haben müssen, um zu erreichen, dass ihre Brüder für die Ausbildungskosten ihres Sohnes aufkamen. Ich schließe meine Augen, um zu sehen.

Die Tasse war zu voll. Sie hatte sich gar nicht bewusst gemacht, wie unwohl sie sich in dieser Situation fühlte, bis sie noch einmal den Mut aufgebracht hatte und jetzt wieder in diesem Zimmer war – mit demselben Spiegel, denselben Vorhängen, denselben Dielen. Sie blies in den Tee und nippte. Nipp Nipp, floss er über die Lippe. Sie trank die kochend heiße Flüssigkeit in kleinen Schlucken und ging noch einmal ihre kleine

Rede durch. Sie würde demütig auftreten, sogar die Schultern etwas hängen lassen, um ein wenig Mitleid zu erregen, falls das helfen sollte. Für ihn würde die Summe, die es bräuchte, um Con zusammen mit seinen Cousins zur Schule zu schicken, keinerlei Unterschied machen. Sie musste ihm klarmachen, dass es bei dieser Geste nicht um ein Geschenk an sie ging; sie musste ihm zeigen, dass sie auch weiterhin leiden würde. Als sie ihr Gesicht im Spiegel sah, versuchte sie, einen demütigen Gesichtsausdruck aufzulegen. Augen gesenkt. Nicht zurückschrecken. Die Schritte kamen näher. Die Tür öffnete sich. Maurice sah streng aus, mit nach unten gezogenen Mundwinkeln und seinem grauen Bart auf dem Kragen. Sie sah ihn kurz als Kind vor sich, wie er auf einem Baum festhing und nach Hilfe plärrte, und versuchte, ihr Grinsen zu unterdrücken.
»Nun?« Er sprach barsch, als wäre sie eine Fremde, die auf dem Markt um eine Münze bettelt. Sie unterdrückte den Fluch, der ihr auf den Lippen lag, und plante stattdessen, seine Hände in die ihren zu nehmen. Aber ihr Arm war so wütend wie sie selbst. Sie schätzte den Abstand zwischen Tasse und Tisch falsch ein, schlug das Gefäß an der Tischkante vom Henkel ab, worauf sich berstend und klirrend ein herrliches Meer von Tee über den Boden ergoss, auf dem ein Wirbel aus Scherben tanzte wie die Teile eines Schiffswracks. Eibhlín starrte auf die Flüssigkeit. Ihr Bruder starrte sie an. Es war ein Versehen, aber sie wusste, dass es nicht als solches

angesehen werden würde; sie konnte entweder warten, bis sie gerügt würde, oder zuerst sprechen. Ein Hauch von Dampf stieg auf und verflüchtigte sich in der Luft. Noch bevor er den Mund öffnete, trugen ihre Beine sie schon fort in den Flur, durch die Küche, vorbei an den Fleischplatten und der Brühe auf dem Herd und hinaus zu den Ställen. Soll Daniel ihn doch zur Vernunft bringen, dachte sie, und wenn er sich weigern würde, dann würde sie schon einen anderen Weg finden, um für ihren Sohn zu sorgen. Erst als sie durch den Küchengarten eilte, merkte sie, dass sie noch eine Scherbe des Henkels der Tasse umklammert hielt, so fest, dass sie eine Fingerkuppe blutig schnitt. Sie schmiss sie im Vorbeigehen auf einen Haufen Küchenabfälle, zwischen Knorpel und Fauliges. Mit mürrischem Blick hielt sie sich im Weggehen die Wunde an den Mund.

—

Auf irgendeine Weise gelang es Eibhlín Dubh, Con eine Ausbildung in Frankreich zu ermöglichen. Danach folgte er seinem Onkel Daniel zum Militär und wurde Mitglied der *Gardes Françaises,* bei denen er es seinem Grabstein zufolge zum Hauptmann brachte. Der Brief, in dem Daniel Cons »Quittungen« erwähnt, wurde nur wenige Monate vor dem Sturm auf die Bastille geschrieben, aber wir wissen nichts darüber, wie Con das anschließende

Chaos erlebte. Auf dem heutigen *Place de la Concorde* würde schon bald eine Guillotine errichtet werden. Vor ihr sollte eine Königin knien, während die Menge der Klinge zujohlte, die für einen schwebenden Moment lang über ihrem Körper gehalten wurde. In Raleigh stößt eine Krähe durch den Hof hinab und landet neben dem Geschenk der Mutter dieser Frau.

Aus Paris verschwindet Con wieder im Schatten, und für einige Zeit verliere ich seine Spur. Während dieser unklaren Jahre lernt er Miss Rebecca Gentleman kennen, die manchmal als seine erste Frau genannt wird. Da ich keinerlei Aufzeichnungen über diese Ehe finden kann, werde ich mich dieser Annahme nicht anschließen, auch wenn ich mir ausmale, wie sich Eibhlín Dubh bei der Hochzeit ihres ältesten Sohnes gefühlt haben könnte und wie sie wohl als Schwiegermutter war. Ich kann fast Rebeccas Haar sehen, lockig, säuberlich hochgesteckt und zu einem Haarkranz gebunden, aber ich kann ihr Gesicht nicht erkennen. Ich suche nach ihr, unnachgiebig, in allen Volkszählungslisten und Taufregistern von England und Irland, aber Rebecca ist unauffindbar. Wieder scheitere ich. Erneut wende ich mich stattdessen wieder Con zu.

Im Winter 1805 hat er Paris hinter sich gelassen. In seinen Dreißigern finde ich ihn bibbernd in einer Liste von Studienanfängern am Gray's Inn, einer Institution in London, die für die Ausbildung und Zulassung von Anwälten zuständig war. Ein Komplex von Backsteingebäuden, in ihrer Mitte zwei malerische Plätze, und dort sehen wir ihn, unseren Con, zu seinem nächsten Kurs schlendern.

Ich klemme ihm einen Bücherstapel unter den Arm und lasse leichten Nieselregen auf seine Schultern fallen. Der Regen wird stärker, und er beschleunigt seinen Schritt, er stellt sich in einem Torbogen unter und schüttelt sich die Tropfen von den Ärmeln.

Wenn man mit dem Finger über die Namen von Cons Studienkollegen fährt und sie laut ausspricht, sieht man sie fast vor sich, diese Söhne der eleganten Häuser von Surrey, Devon und Berkshire, in ihren teuren Mänteln und Hüten: *Gilbert Hele Chilcott, Robert Phipps, Charles Hodges Ware*. Con wurde mit ihnen zusammen am 21. November aufgenommen:

Cornelius O'Leary, 36 Jahre alt, ältester Sohn von Arthur O', zuletzt wohnhaft in Raleigh, Co. Cork, Gent., verstorben.

Wir können uns vorstellen, wie er müde in sein Quartier zurückkehrt, nach einem Lucifer-Streichholz tastet und es krachend anzündet, um es an einen Kerzendocht zu halten. Vielleicht sehen wir ihn Porridge in eine triste Schüssel schütten oder seine Stiefel anziehen, um durch die rußigen Straßen Londons zu laufen, über Pfützen hüpfend und Bekannten zunickend. Kam manchmal ein Brief mit seinem Namen darauf an, geschrieben von der

Hand seiner Mutter? Wie lange würde ein solcher Brief wohl im Besitz eines jungen Mannes verwahrt werden, bevor er in einen Mülleimer entsorgt wurde?

Bis September 1813 waren die Stimmen gegen die grausame Irlandpolitik immer lauter geworden, darunter auch die von Con und seinem Cousin, dem Politiker Daniel O'Connell. Ein Artikel auf der Titelseite der Londoner Zeitung *The Morning Chronicle* schickt den Sohn von Eibhlín Dubh in die Bush Tavern zu einer Sitzung des Cork Catholic Board, »bei der Cornelius O'Leary, Esq., den Vorsitz führte«. Im darauffolgenden Jahr taucht sein Name in einem ganz anderen Text auf, nämlich im Hauptbuch der Heiratslizenzen, der Marriage Licence Bonds. Darin schoben ordentliche rechtsgeneigte Schleifen die Buchstaben von Cons Namen dicht an einen anderen: Mary Purcell. Mary war eines von zehn Kindern einer wohlhabenden und alteingesessenen protestantischen Familie in Cork. Ich durchforste alte Zeitungen, bis ich im *Freeman's Journal* vom 4. Mai 1814 die offizielle Heiratsanzeige der beiden finde: »Am vergangenen Montag heiratete Cornelius O'Leary, Esq., Barrister at Law, in Cork Mary, die einzige Tochter von Goodwin Purcell Esq. aus Kanturk, in ebendieser Grafschaft.« Ich rechne aus, dass Mary vierzig und Cornelius sechsundvierzig Jahre alt gewesen sein mussten, als sie vor den Traualtar traten. Falls Eibhlín Dubh noch lebte und ihrem Sohn in die Augen blickte, als er aus der Kirche schritt, wäre sie einundsiebzig gewesen.

Das frisch vermählte Paar ließ sich in Cork nieder, und am 6. Oktober 1815 wurde Cornelius Ferdinand Purcell O'Leary – Eibhlín Dubhs erster Enkel – geboren. Das Kind war zehn Monate alt, als Mary erneut schwanger wurde, und am 19. März 1817 wurde Goodwin Richard Purcell O'Leary geboren, benannt nach Marys Vater und Bruder. Mary hatte, genau wie Eibhlín Dubh, innerhalb von drei Jahren zwei Jungen zur Welt gebracht. Ich finde einen Hinweis auf einen dritten Sohn, Arthur, der im Säuglingsalter starb, und auch wenn ich keinen offiziellen Eintrag über seine Geburt finden konnte, ist es eine traurige Vorstellung, dass diese Familie über den Verlust eines weiteren Art weint.

Im September 1998 zeichnete Peter O'Leary während eines Vortrags im Dorf Inchigeelagh bei einem Familientreffen mit anderen O'Learys Arts Genealogie nach und bemerkte: »Es ist eine merkwürdige Tatsache, dass Cornelius, als er einen kurzen Bericht über sein Leben in eine Familienbibel aus Manch House schrieb, weder seine erste Frau Rebecca noch seinen dritten Sohn Arthur erwähnte. Der Bericht wurde im Oktober 1827 in Paris verfasst.« Die Erwähnung dieser Bibel macht mich neugierig, aber als ich auf seine Worte stoße, ist der Mann, der sie sprach, leider schon verstorben, und ich kann weder einen Hinweis auf seine Quelle noch irgendetwas über den gegenwärtigen Aufbewahrungsort dieser geheimnisvollen Bibel finden. Ich bin begierig auf die Details über das Leben seiner Mutter, die Con dort festgehalten haben wird. Zumindest würde ich dort aber ihr Sterbedatum und den Ort ihrer Beerdigung erfahren, und so fange ich an, diese Bibel als Generalschlüssel zu sehen: Wenn ich sie nur fände, ließen sich unzählige Türen öffnen. Auf der Suche nach dem Verbleib der Bibel in den Archiven ihrer letzten bekannten Besitzer – den Conners in Manch – lese ich unzählige Artikel zu anderen Themen, die allesamt zu nichts führen. In einem, 1946 von Edward MacLysaght veröffentlicht, fällt mir folgende Zeile auf: »Colonel Conner und sein Bruder Henry Conner, DJ, teilten mir mit, dass eine beträchtliche Menge der Familienpapiere, darunter mehrere interessante Tagebücher aus dem 18. Jahrhundert, vor einer Generation von bestimmten Damen der Familie vernichtet worden waren.« Dass solche namenlos bleibenden Frauen sich die Geschichte einer Familie nehmen und sie mit Flammen umschreiben – dies ist ein weiblicher Text.

Con und Mary zogen bald aus der Stadt aufs Land und ließen sich in Dromore House nieder, einem großen Haus inmitten hügeliger Felder, näher bei Marys Familie. Ich begegne ihm in der Ausgabe des *Freeman's Journal* vom Freitag, dem 9. April 1824, wieder, als drei Männer in der Grafschaft Cork wegen des Fällens und Diebstahls seiner Bäume angeklagt wurden. Im folgenden Jahr taucht er erneut in den von Mrs O'Connell veröffentlichten Briefen auf, nachdem er sich um ein Stipendium bemüht hatte, das seinem ältesten Sohn, Cornelius junior, ein Studium in Paris ermöglichen sollte. Seine Onkel Maurice und

Daniel sind geteilter Meinung darüber, wer Anrecht auf diese Möglichkeit habe. Daniel schreibt:

> *O'Leary ist sehr bestrebt, für seinen ältesten Jungen das nächste Stipendium zu bekommen, das bei der O'Connell-Stiftung in Paris frei wird, und sicherlich hat er auch einen berechtigten Anspruch darauf, doch, Maurice, Conner berichtet mir, dass du und deine Brüder einen jüngeren Bruder von ihm für die nächste frei werdende Beihilfe nominiert habt. Ich muss dir sagen, dass du das niemals tun solltest, nein, dass du kein Recht dazu hast, und dass es äußerst ungerecht wäre, über zwei Stipendien in derselben Familie zu verfügen, zum Nachteil eines näheren Verwandten. Adieu.*

Ich habe viel Zeit damit verbracht, über diesen Brief nachzudenken. Der Ton ist schroff, was an sich schon untypisch ist, aber die Formulierung »einen jüngeren Bruder von ihm« ist für mich besonders rätselhaft. Zunächst frage ich mich, ob damit Cons eigener jüngerer Bruder gemeint ist, aber Ferdinand wäre zu diesem Zeitpunkt in seinen Fünfzigern gewesen, und da er Priester war, scheint es unwahrscheinlich, dass er Nachkommen mit Anspruch auf das Stipendium gehabt haben könnte. Irgendetwas irritiert mich auch an den verklausulierten Formulierungen dieses Briefes. Vermutlich übersehe ich etwas, das ein ausgebildeter Historiker erkennen würde, aber für mich wirft der Brief nur weitere Fragen auf. Wie so Vieles an der gesamten Geschichte deutet auch dieser Text auf eine komplexe, lebendige Realität hin, die sich hinter ihm verbirgt, eine Realität, die für jemanden mit meiner Distanz und Unkenntnis letztlich unergründlich ist.

Am ersten Tag des Jahres 1830 starb Cons Frau Mary. Die Söhne waren erst fünfzehn und dreizehn Jahre alt und gingen zu dieser Zeit in Dublin zur Schule, aber es ist möglich, dass sie zu Weihnachten zu Hause waren, als sie vom Tod ihrer Mutter erfuhren. Weniger als ein Jahr später, am 5. Oktober 1831, erscheint Cons Name in den Heiratsanzeigen der *Kerry Evening Post* neben dem seiner zweiten (oder möglicherweise dritten) Frau. »In Gretna Green, Cornelius O'Leary, Esq., Rechtsanwalt, mit Hannah, Tochter des verstorbenen Pierce Purcell of Altamira, co Cork, Esq.«. Ich habe Zweifel an dieser Bekanntmachung. Zum einen ist Hannah die Einzige von sieben Purcell-Geschwistern, deren Heirat außer in dieser einen Zeitungsmeldung in keinem historischen Dokument verzeichnet ist. Zweitens liegt die schottische Stadt Gretna Green – die dafür bekannt war, dass Paare dort ohne die Erlaubnis Erziehungsberechtigter umgehend heiraten konnten – als Ort ihrer Eheschließung so weit von der Gegend entfernt, in der das Paar lebte, dass es mir verdächtig scheint. Ich sehne mich wieder nach der Bibel, und sei es nur, um zu sehen, wie Con selbst wohl diese Ehe beschrieben haben könnte. So aber versuche ich, mir vorzustellen, wie er, der älteste Sohn von Eibhlín Dubh und Art, jetzt Anfang sechzig, mit einer neuen Braut am Arm in das kalte schottische Sonnenlicht tritt.

—

Ein ganzes Jahrzehnt vergeht ohne jede Spur dieses Sohnes in den mir zugänglichen Texten – keine Zeitungsberichte über Gerichtsverhandlungen, keine Taufeinträge für weitere Kinder. Cons Leben wird ruhig. Er muss stolz auf seine Söhne Goodwin und Cornelius gewesen sein, von denen der jüngere Medizin studiert, während Cornelius sich wie sein Vater dem Recht zuwendet. Auf der Titelseite des *Connaught Telegraph* vom 20. Januar 1836 wird er als Rechtsanwalt und Katholik bezeichnet. Er und Con nehmen jetzt häufig gemeinsam an politischen Versammlungen teil. In einem Artikel in *The Nation* vom 3. Juni 1843 wird über eine Versammlung im Corn Exchange berichtet, bei der Con anwesend war. Dort wurde unter anderem über die Aufnahme neuer Mitglieder des Repeal Movement diskutiert. Als Con an der Reihe ist, verkündet Daniel O'Connell: »Noch ein Anwalt [Beifall]! Ich habe die Ehre, zu beantragen, dass Counsellor Cornelius O'Leary als Mitglied aufgenommen wird. Es gibt keinerlei Einwände gegen ihn, außer, dass er ein naher und lieber Verwandter von mir ist.« Der Antrag wurde angenommen.

Im Juni 1846 starb Cons ältester Sohn Cornelius, zugleich sein engster Vertrauter, im Alter von einunddreißig Jahren in ihrem Haus in Dromore. Con ließ das Grab seines Vaters öffnen und lief hinter dem Sarg seines Sohnes inmitten von Vogelgezwitscher und Bienen über die schmale Brücke zur Kilcrea Abbey her. Schaut Con an, wie er auf demselben Boden steht, auf dem einst seine Mutter stand, und zusieht, wie sein Sohn langsam in den dunklen Raum zu Art kommt. Am Himmel krächzen und kreisen alte Krähen. Ich sehe, wie Con sich vom Grab abwendet, um Kilcrea zu verlassen, wie seine Hand schwer auf dem silbergrauen Stein des Torbogens ruht. Ein paar Monate später würde das Grab erneut geöffnet werden. Dieses Mal würde Con selbst seinem Sohn durch diese dunkle Pforte folgen. Er war 77 Jahre alt, als er starb, nur fünf Tage vor seinem Geburtstag. Nun lagen drei Generationen der Familie beisammen, ihre Gebeine vermischten sich in der letzten Umarmung von Vater und Sohn und Vater und Sohn. Auf dem Grabstein steht kein weiblicher Name, aber die Abwesenheit eines weiblichen Namens ist nicht gleichbedeutend mit der Abwesenheit weiblicher Wesen. Könnte Eibhlín Dubh auch hier sein?

Dass ich ihrem Sohn von seiner Geburt an bis zum Begräbnis gefolgt bin und keine weiteren Hinweise auf ihr Leben gefunden habe, stimmt mich traurig – aber was hatte ich erwartet? Als Akt der Verzweiflung war dieser Ansatz von vornherein zum Scheitern verurteilt. Jetzt sind Ferdinand und Eibhlín spurlos verschwunden, Art ist tot, Máire Ní Dhuibh ist tot, und Con und sein ältester Sohn liegen beide in der Erde von Kilcrea. Obwohl sie alle schon lange tot waren, als ich anfing, hinter ihnen herzuspionieren, trauere ich dennoch an dem Punkt, wo ich miterleben muss, wie sie erneut in Vergessenheit geraten. Der einzige Nachkomme, dem ich jetzt noch folgen kann, ist Eibhlíns Enkel, Cons zweiter Sohn, Goodwin Richard Purcell O'Leary, und so wende ich mich ihm zu in der Hoffnung, dass er etwas über seine Großmutter preisgibt, was sein Vater nicht konnte. Ich beobachte ihn sehr genau dabei, was er aus seinem Leben macht, denn er ist der Letzte aus Eibhlín Dubhs Linie.

Schon in jungen Jahren war der ehrgeizige und frühreife Goodwin von der Funktionsweise des menschlichen Körpers fasziniert. Als einer der vielen Absolventen des Medizinstudiums in Edinburgh im Jahr 1841 wurde er für seine Leistungen mit einer Goldmedaille ausgezeichnet. Er beherrschte mehrere Sprachen und brach zu einer Reise durch Europa auf, wo er seine Studien unterwegs fortsetzte. Nachdem er als Kind seine Mutter verloren hatte, trug Goodwin innerhalb nur eines Sommers sowohl seinen älteren Bruder als auch seinen Vater zu Grabe. Drei Jahre später, zu Beginn des Frühlings, heiratete er Helena Sugrue, die Tochter einer wohlhabenden Kaufmannsfamilie. Das Paar, beide Ende zwanzig, ließ sich in Cork nieder, wo er zum Professor für Materia Medica am Queen's College ernannt wurde, in derselben Abteilung derselben Universität, in der ich später vor einer Leiche stehen würde.

In der Ausgabe des *Freeman's Journal* vom 29. Juli 1858 finde ich direkt über der Meldung, dass eine zehn Fuß hohe Statue der Kaiserin Josephine sich auf dem Weg nach Martinique befinde, eine Liste der »neu eingetroffenen Gäste in Finn's Royal Victoria Lake Hotel«. Zu den Neuankömmlingen im malerischen Ferienort Killarney gehörten auch »Mr und Mrs Purcell O'Leary«. Helenas Hand liegt in der Ellenbeuge ihres Mannes, während sie durch den Frühstückssaal schlendern und den anderen Gästen zunicken: der eleganten Miss Le Hunt, Captain Jacob, den Misses Cliffe, George Martin aus Boston und Alderman Bradley aus New York. Auf jeden Tisch, an dem sie vorbeikommen, lege ich eine frisch gestärkte Tischdecke, silbernes Besteck und lasse aus den Porzellanmäulern der Teetassen gähnend Dampf aufsteigen.

In der Stadt bezog das Paar das Haus Sidney Place 9. Ich habe vor diesem Gebäude gestanden, mit der Hand die Sonne abschirmend, gegen die sich das Haus von Goodwin und Helena mit drei Stockwerken aus leuchtend rotem Backstein abzeichnet. Eine Treppe führt von der Straße zur Tür, und vierzehn Fenster blicken auf die Stadt im Tal hinab. Hinter jedem dieser Fenster befindet sich ein Raum, in dem sie sich einst bewegten. Wenn er das Haus an einem strahlenden Morgen verließ, mit einer schmalen Aktentasche in der Hand und einem Regenschirm über den anderen Arm gehängt, war Goodwins Weg zum College ein gemütlicher Spaziergang durch die Stadt. Als Professor für Materia Medica verbrachte er seine Tage damit, die Wirkung von Substanzen zu lehren, die zu Heilzwecken verwendet werden. Die Prüfungsaufgaben, die Goodwin seinen Studenten stellte, geben uns einen Eindruck der Worte, die er während seines Arbeitstages gesprochen haben könnte.

> *Erläutern Sie die Reaktionen, die bei der Herstellung von Baldriansäure und Wismuttrinitrat ablaufen.*
>
> *Beschreiben Sie die Eigenschaften, die chemischen Merkmale und die Wirkung des Fingerhuts. Nennen Sie seinen lateinischen Namen, seine Zubereitungen, Indikationen, Kontraindikationen und Dosierungen.*
>
> *Was ist die physiologische Wirkung und der Nutzen von Lebertran?*

—

Im Westen Kanadas bilden zerklüftete Gipfel aus Kalk- und Sandstein eine Berglandschaft, tief verborgen unter einer blassen Schneedecke. Goodwin gehörte zu dem Komitee, das Dr. James Hector als Chefgeologen für das Expeditionsteam auswählte, das dieses Gebiet erstmals kartierte, und 1859 benannte Hector diese Berge nach dem Enkel von Eibhlín Dubh. Mich stößt die Arroganz einer Generation weißer Entdecker ab, die sich anmaßte, einer im Proterozoikum entstandenen Gebirgskette einen

»Namen« zu geben, indem sie die Bezeichnungen überschrieb, für die sich die Menschen entschieden hatten, die diese Hänge seit vielen Generationen kannten, und doch steht Goodwins Name auch heute noch in allen Atlanten. Wenn ich meine Fingerspitze auf diese Stelle lege, auf die Buchstaben seines Namens, spüre ich nicht nur einen Rest seines Lebens – und auch dessen von Eibhlín Dubh –, sondern auch des Lebens anderer. An diesen Hängen schlagen gerade viele Herzen: die Herzen von Grizzlybären, die in Höhlen schnarchen, und von Elchen, die unter ihren samtenen Geweihen dahergehen, die Herzen von Bergziegen und Karibus, die an Flechten knabbern, die Herzen von Vielfraßen und die Herzen von Wiesenlerchen, die über dieses steile Weiß herabschießen. Unter meinem Finger befinden sich die Buchstaben von Goodwins Namen, und unter seinem Namen schlägt noch immer ein Puls.

Im Jahr 1862 brach in der Universität ein Brand aus, der von den Räumen der Materia Medica ausging. Es gab Theorien über mögliche Schuldige, aber für meine Zwecke interessiere ich mich weniger für solche Anschuldigungen als für die Einblicke, die das Ereignis in Goodwins Leben gewähren könnte. In seiner Aussage beschrieb Denis Bullen, Professor für Chirurgie, den Schauplatz am Tag, an dem das Feuer ausbrach:

> Im Raum herrschte Ordnung, außer dass ich feststellte, dass auf einem offenen Regal über der Tür mindestens ein Dutzend große Glasgefäße standen, die in Wein-

brand konservierte pathologische Präparate enthielten (einige von ihnen waren mit Brennspiritus versetzt).

Nachdem das Feuer gelöscht war, kehrte Bullen zurück und stellte fest:

> Als ich diese Teile des Fußbodens genauer untersuchte, sah ich sichtbare Flecken, als ob eine brennbare Flüssigkeit (wie Brennspiritus) unter besagter Tür ausgetreten sei, die auf dem Holzfußboden eine deutliche Spur hinterließ, sodass es den Anschein hatte, als ob dieser Teil des Fußbodens in Brand geraten und der mit der Flüssigkeit getränkte Teil durchgebrannt wäre.

Er äußert auch eine Vermutung, wer verantwortlich sein könnte:

> eine Person, die mit den Verfahren des besagten College gut vertraut ist und genaue Kenntnis der im Materia-Medica-Museum aufbewahrten besonderen Substanzen besitzt; jemand, der Zugang zu jenen Räumen hatte, ohne befürchten zu müssen, bemerkt zu werden, und auf gewöhnlichem Wege in besagten Raum gelangte und daher auch nicht entdeckt werden konnte … Man musste lediglich die Manuskripte auf den Boden legen, den Inhalt einiger Gläser darüberschütten, ein brennendes Lucifer-Streichholz daran halten und dann die Tür verschließen.

Wenn ich mir vorstelle, wie der heiße Atem dieses Feuers durch das medizinische Institut gelodert haben muss, kommt es mir seltsam vor, dass der Name seines gegenwärtigen Standorts so viele Jahre später von »Facility for Learning Anatomy Morphology and Embryology« zu FLAME abgekürzt wird. Vielleicht erzittert in der Gegenwart immer auch die Vergangenheit, ob wir es spüren oder nicht.

Die bei dem Brand erlittenen Verluste werden in der *Cork Constitution* vom 16. Mai 1862 ausführlich beschrieben:

> Ein ganzer Flügel des Gebäudes brannte restlos aus, und ein wertvolles pathologisches Museum, das in jahrelanger Arbeit aufgebaut worden war, und eine große Anzahl von Wertgegenständen wurden vollständig zerstört ... Professor O'Leary, in dessen Zimmer das Feuer ausgebrochen sein soll, ist einer der am schwersten Betroffenen, denn neben Manuskripten aus den letzten elf Jahren wurden auch ein wertvolles Mikroskop und eine Sammlung von mikroskopischen Präparaten zerstört, die er selbst hergestellt hat und die als besonders kostbar gelten.

Es war die Zerstörung eines Lebenswerks, und je mehr ich über den Charakter des Enkels von Eibhlín Dubh erfahre, desto stärker wird mein Gefühl, dass der Kummer über diesen Verlust tiefe Spuren bei ihm hinterließ und ihn für den Rest seiner Tage verfolgte.

Goodwin bekam Probleme. Vielleicht hatte er sie schon vorher, aber ab 1862 offenbaren die Universitätsarchive, dass er Schwierigkeiten mit der Erfüllung seiner beruflichen Pflichten hatte. Im Jahr 1865 wurde sein Matrikelbuch zunächst nicht zurückgegeben, dann stellte man fest, dass es Fehler aufwies und abwesende Studenten als anwesend eingetragen worden waren. Als er sich darum bemühte, einen seiner Vorlesungstage auf den Samstag verlegen zu dürfen, gab er an, dass er sich überlastet fühle. Unter der Überschrift »EINE ERNSTE ANGELEGENHEIT« berichtete die *Waterford News*, dass Goodwin in ein Handgemenge vor dem Büro eines Geldverleihers verwickelt gewesen sei. William Lindsay, ein Drucker und Schreibwarenhändler aus Fermoy, hatte Schulden bei Goodwins Begleiter, Edward Freeman, und als

> Mr Freeman Lindsay stellte und ihm sagte, dass er einen Revolver in der Tasche habe, mit dem er ihn erschießen würde, packte Professor O'Leary Mr Lindsay an der Kehle, rammte ihn gegen die Wand und drohte ihm, mit erhobener Peitsche, ihn mit dieser ›abzuledern‹, wenn er die Bürgschaft nicht unterschreibe.

Wie mag Goodwins Arbeitgeber mit dieser Entwicklung umgegangen sein? Was ist mit Helena? Wie wird sie sich gefühlt haben, als über dieses Verhalten in der Zeitung berichtet wurde – war es ein Schock für sie, eine Quelle der Scham oder der Empörung, oder war es nur der öffentliche Höhepunkt eines Verhaltens, das der Frau, die mit ihm das Haus teilte, bereits vertraut war? 1867 erhielt er einen Brief vom Präsidenten seines Arbeitgebers, in dem dieser sich erkundigte, warum seine Vorlesungen bereits am 14. April beendet worden waren. Goodwin war nicht im Raum; er war weg.

In einer Zeitung vom 12. Mai 1869 finde ich den folgenden Bericht:

> Professor Purcell O'Leary vom Queen's College hielt sich gestern Abend in einem Hotel in der Stadt auf, wo sein Diener ihn gegen elf Uhr abholte. Als sie durch die Prince's Street gingen, kamen ihnen drei Männer entgegen. Es ist nicht bekannt, was die drei Männer sagten oder taten, aber der Professor zog seinen Revolver und richtete ihn auf sie, woraufhin *Polizei* gerufen wurde. Der Professor senkte dann die Waffe und ging auf die drei Männer zu, um ihnen die hervorragende Bauart und Form der Waffe sowie ihre Eigenschaften beim Rückstoß zu erklären. Während dies geschah, traten zwei oder drei andere Personen hinzu, und während der Professor den Revolver vor sich in der Hand hielt, griff jemand von hinter seinem Rücken nach der Waffe und entwendete sie ihm. Es kam zu einem Handgemenge, bei dem der Professor geschlagen und zu Boden geworfen wurde, aber es gelang ihm nicht, wieder in den Besitz seines Revolvers zu gelangen.

Goodwins Temperament schwankte zwischen solch seltsamen Ausbrüchen und Nachweisen großer intellektueller Klarheit. 1870 berichtet der *Cork Examiner* über einen Gastvortrag, den er vor der ehrwürdigen Literary and Scientific Society hielt:

> Der Vortrag wurde allgemein als einer der hervorragendsten und interessantesten empfunden, die jemals im Saal dieser Institution gehalten wurden; technisches Detailwissen, sehr klar dargelegt, wurde durch gelegentliche Geistesblitze und Humor, durch anmutige Höhenflüge der Fantasie und Passagen origineller Beredsamkeit belebt, die lauten und häufigen Beifall hervorriefen.

Im Jahr 1873 berichtet die *Cork Constitution* über ein Konzert in der Stadt, bei dem auch das Lied »›The Colleen Dhu‹ – Liedtext von Dr. Purcell O'Leary« vorgetragen wurde. »Dhu« ist eine Abkürzung von »Dubh«. Im selben Jahr veröffentlichte der *Bradford Observer* einen Artikel mit der Schlagzeile »UNGEWÖHNLICHER VORFALL IN QUEENSTOWN«:

> Professor Purcell O'Leary, der am Montag wie ein Verrückter durch die Straßen von Queenstown lief, gekleidet als Schah von Persien, in einem gelben Anzug und Kniebundhosen aus Gamsleder, bewaffnet mit einem Schwert, Bogen, Pfeil und einer großen Keule, auf dem Kopf eine goldene Krone, wurde am späten

Abend verhaftet und den Herren Richtern Macleod und Beamish vorgeführt, die ihn beschuldigten, eine seiner Bediensteten mit einem Revolver bedroht und diesen in Richtung ihres Kopfes abgefeuert zu haben. Der unglückliche Herr lief den ganzen Tag durch die Stadt und wurde von einer Menschenmenge verfolgt, insbesondere von einigen Migranten, die ihn für eine Art wilden Indianer hielten und mehrfach von ihm mit seiner Keule und seinen Pfeilen in alle Richtungen auseinandergetrieben wurden. Colonel Lloyd wurde von ihm in der Nähe des Royal Cork Yacht Club angegriffen, sein Hut wurde ihm vom Kopf geschlagen, und er musste sich in das Cork Clubhouse flüchten. Dann fuhr er mit der Bahn nach Hause und traf vor seinem Haus auf eine junge Frau, die Erdbeeren verkaufte. Er ging auf sie mit geladener Pistole zu, feuerte über ihren Kopf hinweg und brachte die arme Frau vor Schreck fast um den Verstand; danach schlug er einige seiner Möbel mit einem Schwert zu Kleinholz. Er wurde für acht Tage in Bridewell in Untersuchungshaft genommen.

Woher stammten die Möbel, die hier als »seine« bezeichnet werden? Handelt es sich vielleicht um Erbstücke? Der Erbe: die zuckende Impulsivität, die Wutausbrüche, der Groll und die Unverfrorenheit – alles Züge, die dem Gefühlshaushalt dieser Familie nicht fremd sind. Mit jedem weiteren Zeitungsbericht wächst mein Mitgefühl mit Helena. Als ich den *Sligo Champion* vom 5. Juli 1873 lese, zieht sich alles in mir zusammen:

Dr. Purcell O'Leary, Professor am Queen's College in Cork, wurde am Montagabend in Queenstown aufgrund eines Haftbefehls festgenommen. Mrs O'Leary und ihre Dienerin Ellen Daly hatten ihn wegen wiederholter Gewalttaten angezeigt. Er richtete einen Revolver auf die Dienerin und packte seine Frau an der Kehle. Sie sahen sich schließlich gezwungen, vor seiner Gewalttätigkeit aus dem Haus zu fliehen.

1875 legte er seine Professur nieder und ging nach England, um fortan beim Bruder seiner Mutter zu leben, dem Onkel, mit dem er den Namen teilte. Reverend Goodwin Purcell hatte sein Leben ganz in den Dienst seiner Gemeinde in dem Dorf Charlesworth in Derbyshire gestellt. Er sammelte dort Geld für den Bau einer bescheidenen Kapelle, einer Schule und eines Pfarrhauses. In diesem Dorf mit seinen steilen Hängen und Sandsteinhäusern starb Goodwin Purcell O'Leary, der Enkel von Eibhlín Dubh, an einem Sonntagmorgen im Sommer, um 9.30 Uhr am 9. Juli 1876. Er wurde neunundfünfzig Jahre alt. Sein Nachruf in *The Lancet* gewährt uns einen Einblick in seine Zeit in England.

Da er seit zwei Jahren an Phthisis litt, hatte er sich nach Charlesworth zurückgezogen, in der Hoffnung, seine Gesundheit wiederzuerlangen; und nur wenige außer seinen eigenen Verwandten wussten, welch ausgezeichneten Ruf er sich erworben hatte oder welche

Begabungen sich hinter seiner ruhigen und unauffälligen Art verbargen.

»Phthisis« ist offenbar ein veralteter Begriff für Tuberkulose. Goodwins Onkel erhielt die Vollmacht zur Verwaltung seines Nachlasses, aber das Testament wurde angefügt und das Vermögen des Professors mit »weniger als 100 Pfund« angegeben. Als Helena 1889 starb, hinterließ sie jedoch ein Vermögen von 3769 Pfund, 9 Schillingen und 4½ Dimes.

The Nation veröffentlichte einen Bericht über Goodwins Beerdigung, die in Manchester begann,

> mit einem Gefolge von drei Särgen … Um 7.30 Uhr traf der Leichenzug in Kilcrea Abbey ein. Die Prozession ging die schöne Allee hinunter, im Schatten der hohen Ulmen, die sie auf beiden Seiten säumen. Mr Aldworth hielt den Gottesdienst der Church of England ab, während die Trauergemeinde unter dem Turm der grauen Ruine stand, und die Abendsonne in das Kirchenschiff, den Kreuzgang und den Altarraum dieses historischen Ortes schien. Am Ende des Gottesdienstes wurde der Leichnam zur Asche der Vorfahren in die Gruft gesenkt, die dann für immer verschlossen wurde.

Ende. Ein anderer Nachruf auf ihn beginnt mit den Worten: »Ein bemerkenswerter Mann ist von uns gegangen, dessen Name und herausragende Fähigkeiten mehr als nur eine flüchtige Erwähnung verdienen«, und endet mit der Zeile: »Dr. O'Learys Großvater war mit Miss O'Connell verheiratet, der Schwester des Großvaters des verstorbenen Daniel O'Connell, M.P. von Derrinane Abbey, Co. Kerry.« Da ist sie nun endlich, unsere Eibhlín Dubh, wieder in der Rolle von Mutter und Schwester.

Ich habe Goodwins Leben immer wieder durchsucht nach einer Spur von ihr, und dann, im allerletzten Moment, *tada!*, taucht sie auf, erneut am Rand des Lebens von Männern. Ich habe ein weiteres Ende erreicht, und wieder begegne ich ihm mit Widerwillen. Ich habe diesen Professor lieb gewonnen, da ich an ihm beobachten konnte, wie ein Temperament über Generationen hinweg in einer Familie fortwogen kann. Bei der Lektüre über Goodwins Leben habe ich etwas von Arts Wildheit und Impulsivität gespürt, aber ebenso etwas von Eibhlín Dubh: ihren Stolz, ihren Zorn und ihre Intelligenz, als Widerhall in einem anderen Leben.

—

Es kann einem schwindlig werden, wenn man sich über so lange Zeiträume hinweg in Texte aus der Vergangenheit vertieft, und es ist nicht immer ein rein vernünftiges Unterfangen; je länger man der Vergangenheit nachgeht, desto ungewöhnlicher werden die Zufälle, die man sieht. Als Amateurin, die in einem gewaltigen Ozean historischer Forschung paddelt, zweifle ich bei jeder Information, die ich finde, zunächst an mir selbst. Alle wissenschaftlichen Arbeiten über den zweiten Sohn von Eibhlín Dubh behaupten, dass Fear oder Ferdinand Priester wurde und verschwand, aber ich glaube nicht, dass das stimmt, denn ich finde ihn, tatsächlich, und zwar nicht durch Können, sondern durch Zufall.

Als er mich das erste Mal überrascht, durchsuche ich ein Buch mit alten Heiratsurkunden auf der Suche nach einem Beleg für die Heirat seiner Eltern. Stattdessen springt mir aus dem Buch ihr Sohn entgegen, als ich L für *Leary* aufschlage. *Ferdinand!*, denke ich, *Was machst du denn hier?* Ich fahre mit dem Finger über seinen Namen und bemerke, dass ich leise vor mich hin lache. Es kann ja wohl nicht er sein, denke ich, sicherlich hätte schon lange vor mir jemand einen solchen Eintrag gefunden, und doch beginnt neue Hoffnung in mir zu pochen, rot und muskulös wie ein Herz. Wenn dies der Sohn von Eibhlín Dubh sein sollte, könnte er mir zu einer anderen Art von Hinweis auf ihr Leben verhelfen.

Ich fahre mit dem Finger über die anderen männlichen und weiblichen Namenspaare, und jedes Mal, wenn ich zu Ferdinands Eintrag komme, läuft mir ein Schauer über den Rücken.

Leake, George, und Ann Purcell   1763
Leake, Samuel, und Joane Stephens   1680
Leary, Ferdinand, und   1797
Leary, Timothy, und Jane Kilpatrick   1720

Lease, Thomas, und Mary Mara 1779
Leaves, Ann, und Robert Law 1796
Lebat, Margaret, und John Reeves 1777

Noch nie habe ich auf dieser Suche einfache Antworten gefunden; jede Spur ist ein Vorspiel zu weiteren Fragen. Auch dieses Dokument birgt ein Geheimnis – die Zeile mit Ferdinands Namen ist die einzige, wo an der Stelle, an der eigentlich der Name der Frau stehen müsste, eine Lücke ist. Wohin ich auch blicke, wartet eine weitere Auslöschung.

Da Eibhlín Dubh ihn im *Caoineadh* als Baby bezeichnet, rechne ich von dort zurück und komme auf ein Geburtsjahr um 1772. Das bedeutet, dass er (vielleicht) Mitte zwanzig war, als er hier eingetragen wurde. Dafür, dass auch tatsächlich eine Heirat folgte, kann ich keinen Nachweis finden. Ich stolpere jedoch über Hinweise auf eine andere Beziehung.

Ich stoße auf diesen Fund, als ich eigentlich gerade auf der Suche nach seinem älteren Bruder in Kirchenbücher vertieft bin, weil ich einen Taufeintrag für Con finden will. Ich finde zwar einen Cornelius Leary, aber seine Lebensdaten stimmen nicht mit denen des Menschen überein, den ich suche: eine weitere Sackgasse. Ich will gerade neu ansetzen, als mir auffällt, dass der Vater dieses Babys Ferdinand hieß. Die Nähe dieser beiden Namen zueinander erregt meine Aufmerksamkeit. Ich versuche, dem Namen dieses Vaters in den historischen Dokumenten nachzugehen, überfliege eine digitalisierte Seite nach der andern, während ich unablässig »Ferdinand O'Leary, Ferdinand O'Leary« flüstere, es wiederhole wie eine Beschwörung oder wie einen Zauberspruch, aber ohne Erfolg. Nichts zu finden. Trotzdem drücke ich die Tasten: *Suchen. Enter. Suchen. Enter.* Irgendwann kehre ich schließlich zum ursprünglichen Eintrag zurück und notiere den Namen der Mutter dieses Cornelius: Cathe oder Catherine Mullane, und mache mich stattdessen daran, ihr zu folgen, auf Zehenspitzen hinter ihr herzuschleichen, wenn sie die Kirche wieder und wieder betritt, jedes Mal mit einem neuen Baby im Arm. Sie steht 1818, 1820, 1823, 1825, 1828, 1830, 1831 und 1836 vor dem Taufbecken, und bei jeder neuen Taufe scheint der Name ihres Partners in den digitalen Transkriptionen ein anderer zu sein: mal Osmond, mal Terdmand, mal Frederick. Das Ganze erregt so stark meinen Verdacht, dass ich jedes dieser Dokumente mit einem Verweis versehe, um sie mit den schwierig zu entziffernden Kupferdrucken der alten Kirchenbücher zu vergleichen. Ich fahre mit der blassen Skalpellnarbe meiner Fingerspitze über die handgeschriebenen Namen, und siehe da, bei jeder neuen Taufe ist der Name des Vaters derselbe.

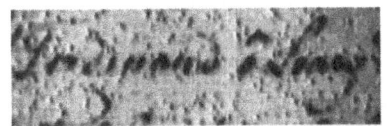

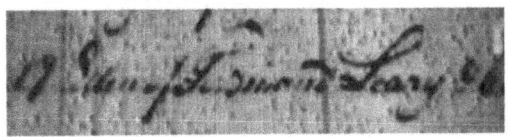

Trotz meiner Begeisterung bin ich mir schmerzlich dessen bewusst, dass ich keine Wissenschaftlerin bin, dass meine Vermutungen alle zu weit hergeholt sein könnten, dass es sich vielleicht gar nicht um den Sohn von Eibhlín Dubh handelt. Mein einziger Beweis ist der Beweis meines Körpers – ich weine, als ich sehe, dass seine erste Tochter Ellen hieß und zwei seiner Söhne Arthur und Cornelius. Diese Feststellung ruft mir wieder die irritierten Briefe seiner Onkel ins Gedächtnis, als sie sich über die *bourse* für die Ausbildung in Paris austauschen: »doch, Maurice, Conner berichtet mir, dass du und deine

Brüder einen jüngeren Bruder von ihm für die nächste freie Beihilfe nominiert habt.«

Ferdinand heiratete Catherine O'Mullane in St Mary's in Cork City am 9. Juli 1817. Je öfter ich den Namen seiner Frau lese, desto mehr verblüfft er mich, denn ich spüre darin ein Echo, dessen Ursprung ich nicht genau bestimmen kann. Es dauert Wochen, bis ich begreife, warum er so vertraut klingt. Ich hatte einmal von einer anderen Verbindung der O'Connells aus Derrynane und den O'Mullanes aus Whitechurch durch eine Eheschließung gelesen, als Eibhlín Dubhs Bruder Morgan eine Tochter der O'Mullanes heiratete. Da zu ihren Kindern auch der Politiker Daniel O'Connell gehörte, haben sich bereits viele Historiker mit dieser Familienlinie befasst, was es mir leicht macht, seine Mutter Catherine zu finden. Sie starb mit Mitte sechzig, nachdem sie ihren Mann um fast ein Jahrzehnt überlebt hatte. Anstatt im Familiengrab der O'Connells beigesetzt zu werden, zog sie es vor, auf dem Friedhof ihrer eigenen Vorfahren in Newberry begraben zu werden, unter einer Grabplatte, auf der ihr Name als Catherina eingraviert wurde. Ich frage mich, ob Eibhlín Dubh sich vielleicht für ein Begräbnis bei ihren Verwandten auf Abbey Island entschied, und sehne mich wieder nach der Bibel, in der ihr Sohn seine Familiengeschichte aufgeschrieben hat.

Es dauert zwar über ein Jahr, aber schließlich finde ich die Bibel, oder die Bibel findet mich. Ich sitze im obersten Stockwerk der Stadtbibliothek, als es passiert, inmitten von Büchern, die so alt sind, dass sie in Glasschränke eingeschlossen werden müssen, und Besucherinnen bei ihrer Lektüre von zwei Männern beaufsichtigt werden. Ich bin da, um ein von dem Historiker John T. Collins genanntes Datum zu überprüfen, als ich feststelle, dass er noch einen Nachtrag zu seinem ursprünglichen Artikel über den Tod von Art veröffentlicht hat. Wie konnte ich das übersehen? In diesem Nachtrag finde ich die Bibel, endlich, von Cons Handschrift in Maschinenschrift übertragen. Ich lese Wort um Wort und fiebere dem Moment entgegen, in dem er seine Mutter erwähnt, in dem alle meine Fragen beantwortet werden und ich Frieden finden kann. Mein Auge galoppiert über den Text vom Anfang bis zum Ende, und dann fällt mein Kopf mit einem dumpfen Schlag auf den Tisch. Vor den Augen zweier Männer, die schweigend dabeistehen, beginne ich zu weinen.

Ich, Cornelius O'Leary, wurde am 25. April 1814 in St. Anne's Shandon von Pfarrer Richard Lee, Vikar der genannten Kirche, mit Mary Purcell verheiratet. Cornelius Ferdinand Purcell O'Leary wurde am 6. Oktober 1815 geboren und von Pfarrer Richard Lee am 11. Februar 1816 gemäß meinen Anweisungen getauft. Er wurde am Tag seiner Geburt in Glade Cottage, Glanmire, in privatem Rahmen getauft, auf dem Anwesen von Miss Lily, wo wir vom 3. Oktober 1815 bis zum 25. März 1816 wohnten, nachdem wir zuvor in Nr. 2 (Grand) Parade Cork gewohnt hatten. Er wurde am

19. September 1824 in der Kirche von Newmarket von Rev. Dr. Warburton, Bischof von Cloyne, gefirmt. (Gestorben in Upper Dromore am 21. Juni 1846)

Goodwin Richard Purcell O'Leary wurde am 19. März 1817 in Clashmorgan Cottage geboren. Ich taufte ihn eine Stunde nach seiner Geburt. Der Taufgottesdienst wurde am 12. Juli 1817 von Rev. Arthur Herbert, Rektor der Mourne Abbey in Clashmorgan, geleitet, in Anwesenheit seiner Tante, Mrs James Purcell, und seiner beiden Cousinen, Susan und Anne Purcell. Es war eine private Taufe. 25. Juli 1817. C. O'Leary.

Ich wurde in Rathleigh in der Gemeinde Tohnadroman in der Baronie West Muskerry am 28. August 1768 geboren (wie mir gesagt wurde), und mein Vater, Arthur O'Leary aus besagtem Rathleigh, esq., wurde am 4. Mai 1773 in Carriganimy erschossen. Meine Frau, Mary O'Leary, vormals Purcell, wurde am 18. März 1774 in Springrove geboren. Geschrieben in Paris. Oktober 1827, Cornelius O'Leary. (Von anderer Hand) Sie starb in Sunday's Well, Cork, am 1. Januar 1830.

(Der besagte Cornelius O'Leary sen. starb in Upper Dromore im Alter von 77 Jahren, 11 Monaten und 23 Tagen am 26. August 1846.)

Ich zwinge mich, den dritten Absatz immer und immer wieder zu lesen, als ob ich durch wiederholtes Lesen ihren Namen aus seinen Worten herauspressen könnte. Da ist sie, unsere Eibhlín, so wie sie immer ist: weg. Eine weitere Auslöschung aus einem weiteren männlichen Text. Wenn ich sie hier nicht finden kann, in der Hand ihres eigenen Sohnes, dann werde ich sie nirgendwo finden. Der vernünftige Teil meines Gehirns besteht darauf, dass ich jetzt aufhöre, aber ich kann es immer noch nicht. Was braucht es, damit ich loslassen kann?

Als ich mich auf dieses Abenteuer einlasse, sind bereits so viele Archive digitalisiert und der Öffentlichkeit online zugänglich gemacht worden, dass meine Neugier nicht an Öffnungszeiten gebunden ist. Um vier Uhr morgens an einem Dienstag bin ich die Einzige, die wach ist im Haus, eingerollt in eine Decke, und folge Arts Bruder, wie er wieder durch unsere Stadt rennt und in ein Boot klettert. Ich folge ihm bis nach Amerika, wo sein Name in Farley Grubbs Zusammenstellung von alten Inseraten aus der *Pennsylvania Gazette* auftaucht, mit denen entlaufene Dienstboten, Sträflinge und Lehrlinge gesucht wurden. Dann folge ich ihm bis zur Tür der Kapelle, in der er heiraten wird, und beobachte, wie sein Name in das Heiratsregister eingetragen wird, Buchstabe für Buchstabe. Ich folge ihm durch die wenig ergiebigen Jahre bis zu seinem Tod so fern von zu Hause. Wie viele Briefe mögen den Weg aus den Räumen von Raleigh über den Ozean bis in seine Hand zurückgelegt haben?

Wie viele Texte mögen aus den Gedanken derer, die er kannte, zu ihm geflogen und in seinen eigenen gelandet sein? Spürte er in einem ruhigen Moment, wenn er sich zum Fenster wandte, je einen Schatten über seine Haut kriechen, fragte er sich, ob ihn jemand verfolgt oder heimsucht? Es wäre nie jemand da gewesen, wenn er dann aufgeblickt hätte, kein Brudergeist, kein Richter, kein Kopfgeldjäger; falls er Augen auf sich gerichtet spürte, dann waren es nur meine, allein meine. Ich bin ihm gefolgt, wie ich allen von ihnen gefolgt bin. Ich bin Eibhlín Dubh gefolgt, bis sie im Dunkel verschwand. Ich bin ihrem Sohn Con durch drei Ehen gefolgt mit zwei Söhnen, und dann bin ich den beiden Söhnen von der Geburt bis unter die Erde gefolgt. Ich bin Ferdinand und Cath Mal um Mal zum Taufbecken gefolgt und habe jedes Mal innegehalten, um zuzusehen, wie ein kleiner Fluss durch die Haare ihrer Babys rann. Ich habe Monate meines Lebens darauf verwandt, diesen Fremden hinterherzukriechen, *und wofür?* Ich weiß noch, wie ich dachte, dass ich mit dieser Arbeit einer Frau, die ich bewunderte, irgendwie zu Diensten sein würde, aber meine kleinen Fähigkeiten, selbst erlernt und lückenhaft, haben sich als unzureichend erwiesen. Ich bin so weit gegangen, wie ich konnte.

Vielleicht, so denke ich, wäre es die erste wahrhaft gütige Geste gegenüber Eibhlín Dubh, wenn ich losließe. Selbst darin versage ich. Ich sage mir immer wieder, dass ich sie gehen lassen muss, aber wenn ich mich schlafen lege, umklammere ich ihre Nichthand so fest, dass ich beim Aufwachen in meiner Handfläche vier rote Monde sehe.

16. wildbienen und ihre summende wissbegier

Cion an chroí seo agamsa

All my heart's fondness

Alle Liebe meines Herzens

Eibhlín Dubh Ní Chonaill

I. BÖSE GETIGERTE KATZE

Eine alte Frau stirbt, und ich komme zu ihrem Haus mit einem Auto voller Kinder und ihren Schlüsseln in meiner Handtasche. Ihr Haus gehört jetzt uns – wie auch all die Nullen auf unseren Hypothekenpapieren –, aber die Räume fühlen sich noch wie ihre an. Nachdem das ZU-VERKAUFEN-Schild entfernt ist, halte ich mich an den kleinen Spuren des Lebens dieser Fremden fest, auf die ich stoße – ihre Plastikklammern, die auf der Wäscheleine zittern, ihre ineinander gestapelten Teetassen, fein wie Träume, der Korb mit weichen Staubtüchern unter ihrer Spüle. Hinter ihren Kleiderbügeln machen die

Tapeten, mit denen sie das Innere ihrer Schränke beklebt hat, eigene kleine Räumen in den Räumen. Ich kümmere mich liebevoll um jede ihrer Maschinen, schrubbe sie und bringe sie wieder zum Laufen, bis sich alle Rädchen wieder drehen, im Wäschetrockner, der Mikrowelle, der Waschmaschine und dem Geschirrspüler. Teil um Teil wird unser zerlegbares Bett an der Stelle montiert, wo ihres fünfzig Jahre lang stand; ich hoffe, dass ich hier schon bald wieder ein Baby im Arm halten werde. Als ich mit dem Inbusschlüssel das Kopfteil festschraube, immer im Uhrzeigersinn im Kreis, frage ich mich, ob ich ihre Träume erben werde.

Im Garten ist ein streunendes Kätzchen, dürr und wild. Süßes kleines Ding, denke ich und hebe sie wider Krallen und Fauchen aus ihrer Wildnis von Brombeerbüschen. Ich drücke sie an meine Brust. Je mehr sie sich sträubt, desto fester drücke ich sie an mich. *Meine*, denke ich. Sie faucht mich an. Ich habe gelesen, dass man streunenden Katzen etwas Gutes tut, wenn man sie kastrieren lässt, aber als ich Tierärzte in der Gegend google, bin ich erst mal erstaunt über den Preis. Ich vereinbare trotzdem einen Termin und kaufe einen Sack Katzenfutter und einen Transportkäfig. Die Katze kostet mich nicht nur Geld, sondern bringt mir auch den Zorn meines Mannes ein. Nicht, dass er Katzen hassen würde, sagt er, oder nicht *nur* das, es gehe vielmehr darum, dass ich uns immer mehr Verantwortung aufbürde, ohne je auch nur zu fragen: weitere Babys, weitere Pläne und weitere Haustiere. Ich zucke mit den Schultern. Soll er doch wütend sein, sie ist diesen Preis wert. Mein wildes Grünauge, und ich erfreue mich an jeder ihrer Freuden. Wenn ich sie heimlich dabei beobachte, wie sie den grausigen Kadaver einer Maus mit ihren Pfoten umherwirft und wie eine Marionette zu neuem Leben erweckt, denke ich, wie ähnlich wir uns sind, wie ähnlich. Auch sie beginnt mich zu mögen und gewöhnt sich an, in unserem Bett zu schlafen und jeden Abend mit ihrer Wange mein Kinn zu küssen, bis ich besoffen bin vom goldenen Whiskey meiner Fürsorge. Mein Mann zuckt im Schlaf.

Der Kalender zeigt den Tag an, an dem der Tierarzt den Eingriff vornehmen wird. Ich sperre sie in den Plastikkäfig und bezahle ihn dafür, mit dem Messer auf sie loszugehen und sie aller zukünftigen Katzenbabys zu berauben. Ihr Misstrauen war berechtigt gewesen.

Als sie zu Hause wieder aufwacht, taumelt sie schnell weg von mir und torkelt wacklig durch den Garten. Ich renne ihr mit ausgebreiteten Armen hinterher. *Komm her, Kätzchen, komm her, du kleines Kätzchen.*

II. WIRBELN UND PLÄTSCHERN

Ich liebe den Garten und der Garten liebt mich, aber er gehört mir nicht, nicht wirklich. Ich werde ihn immer mit der Frau teilen, die ihn angelegt hat, die in einem Sommerkleid in dieses von der Gemeinde neu gebaute

Haus kam und sich ihr Leben lang um diesen Garten kümmerte. Ich weiß nicht, wo sie jetzt ist, aber ihre Zwiebeln sind hier begraben. Am ersten Morgen, an dem ich durch ihren Garten ging, war das saftige Hallo ihrer Narzissen leicht zu übersetzen: Sie nickten. Ich nickte zurück.

Wenn man diesen Boden bearbeitet, wird man zur Archäologin der Gedanken einer Fremden. Jedes Mal, wenn ich eine alte Zwiebel finde oder die Scherbe einer zerbrochenen Tasse als Drainage, bin ich ihr für ihre Arbeit dankbar. Mit jedem Monat strecken weitere ihrer Blumen die Köpfe aus der Erde und grüßen höflich herüber in Rosa, Gelb und Blau. Ich kenne ihre Namen nicht, aber ich denke an die Frau, wann immer ich jäte und beschneide, gieße und dünge. Ich klopfe die Erde mit Liebe fest, ganz sanft. Meine Fingernägel sind immer schmutzig, meine Handflächen voller Schaufelblasen, meine Knie klitschnass, aber das ist mir egal. Ich bin hier glücklich. Alles, was ich auf diesem Grundstück neu hinzufüge, wähle ich mit Bedacht, denn ich habe einen ganz konkreten Wunsch für diesen Ort: Ich will die Bienen zu mir locken.

Schon bald füllen sich unsere Fensterbänke mit Anzuchtschalen, gefüllt mit dunkelviolett leuchtender Erde, aus der winzige Setzlinge hervorlugen. Ich liebe es, wie ihre kleinen Gliedmaßen sprießen, wie sie ihre Samenschalen wie kesse Kappen tragen. Draußen hört man die langsamen Metronomschläge meines Mannes mit der Spitzhacke, wie er sie hebt und zack und hebt und zack und mir so einen Streifen neuer Erde hackt. Als wir eine Kaffeepause einlegen, ist er stiller als sonst, aber wenn ich ihm gerade keine große Beachtung schenke, dann liegt es nur daran, dass ich an die Bienen denke.

Von den vielen Hummelarten, die es in Irland gibt, wird möglicherweise, so habe ich gelesen, in zehn Jahren ein Drittel ausgestorben sein. Die Katze sieht von der Mauer aus zu, wie ich mich an die Arbeit mache, eine unbeholfene Gärtnerin, die nicht mit Blumenschaufel oder Spaten gräbt, sondern mit einem verbogenen Suppenlöffel. Jeden Tag buddele und stöhne und harke ich, hole Kompost vom Schuppen, pflanze pralle Armladungen von Setzlingen und Zwiebeln ein und klopfe sie fest. Jede neue Pflanze, die ich auswähle, wird viel Nektar und Pollen tragen, und ihre gebündelte Farbenfreude wird als blühendes Lockmittel dienen. Hier werden Sonnenblumen und Schneeglöckchen wachsen, sage ich zu meinem Mann, während ich seine Hand halte, und dort drüben Lavendel und Fuchsien. An den Rändern werden Weißdorn- und Haselhecken stehen, ich werde Geißblatt an den Mauern emporlocken, und dahinter werden wir einen breiten Streifen als unberührte Wildnis belassen, wo Brombeeren und Löwenzahn blühen werden. Wird das schön, sage ich und presse meine lächelnden Lippen auf seine vor Aufregung. Ich bin entschlossen, die Luft hier neu zu schreiben, bis sie wieder die Lieder von einst singt; ich will sie zurückspulen und mit Bienengesumm füllen.

Wir mögen glauben, dass wir uns die Vergangenheit vorstellen können, aber es ist ein Ding der Unmöglichkeit. Als Kind war ich so verzaubert von Geschichte, dass ich manchmal an einem Bach saß und versuchte, mich in die Vergangenheit zu träumen. Zum raschen Plätschern des Wassers machte sich meine Fantasie an die Arbeit, musste dafür erst mal das ferne Rauschen des Verkehrs ausblenden und versuchte dann, durch unbeholfene Akte weiterer Auslöschungen, den Nachhall aller anderen Töne der Moderne abzuziehen. Das hier, sagte ich meinen Ohren, diese Klanglandschaft, ja, aber minus Autos, minus Traktoren, minus Flugzeuge, minus das traurige Kuhgebrüll der industriellen Landwirtschaft, minus all das, bis nur noch Bachrauschen und Vogelgezwitscher übrig bleiben. So also, sagte ich mir, *so* muss die Vergangenheit tatsächlich geklungen haben. Ich irrte mich. Noch nie, auch früher nicht, war es so ruhig in der Luft, wie ich annahm. Sie war lebendig und gefüllt mit der Melodie all der schuftenden Schwestern, dem Hintergrundchor derer, die summen, wenn sie ihre Arbeit verrichten.

III. EINE ÖFFNUNG, DIE SICH AUFTUT

Als sich die neuen Pflanzen der Sonne zugewandt öffneten, kamen auch die Bienen. Ich zerrte einen mit Spinnweben überzogenen Liegestuhl aus der Garage und beobachtete ihre geschäftigen Hinterleiber, während sie die Gaben durchstöberten, die ich für sie aufgezogen hatte. Die Katze kam herübergetappt und schnupperte an meinem Schienbein. Ich beobachtete die Bienen und dachte an die Dichterin Paula Meehan. Ich hatte einmal gehört, wie sie beschrieb, welche Wertschätzung Bienen im mittelalterlichen Irland entgegengebracht wurde, als ganze Abschnitte unserer Brehon Laws einen rechtlichen Rahmen für ihr Verhalten festlegten. Auf einer welligen Pergamentseite des Bandes *Senchus Mór* aus dem 14. Jahrhundert im Trinity College sind einige dieser alten »Bechbretha« genannten Bienengesetze überliefert. Sollte jemand zufällig auf einen umherziehenden Bienenschwarm stoßen, so hieß es dort, könne er ihn rechtmäßig in Besitz nehmen. Sollte ein Volk auf ein fremdes Grundstück schwärmen, dürfe es dort einige Jahre leben, im vierten Jahr des Pollendiebstahls stünde dem Grundstücksbesitzer allerdings ein eigener Schwarm als Entschädigung zu. Die Bienen schwirrten durch das Recht und durch die Folklore. Ich habe ihr Lied in einer meiner Lieblingsgeschichten aus dem Archiv der *Schools' Collection* gehört, niedergeschrieben in Waterford in den 1930er Jahren. Siobhán Ní Lonáin war dreizehn, als sie diese Erzählung ihrer Mutter von der Stimme in Schrift übertrug und zu Papier brachte, ein weiblicher Text im Flug. Ich übersetze ihn wie folgt:

Vor langer Zeit gab es tief im Inneren der Klippen von An Rinn ein Ringfort. Eines Tages kletterte ein Mann die Klippe hinunter, ohne zu wissen, was sich in ihrem Innern befand. Plötzlich öffnete sich der Felsen und Hunderte von Bienen flogen heraus. Dann tauchte ein kleiner Mann auf und führte ihn in den Felsen, wo er mit ihm eine lange Treppe hinabstieg. Unten war ein Raum, in dem er viele Feen fand, die sangen und tanzten. Drei Jahre lang wurde er dort festgehalten, und als er schließlich ging, gaben sie ihm einen Topf voll Gold mit. Diese Geschichte habe ich von meiner Mutter. Sie war 40 Jahre alt.

Jedes Mal, wenn ich diese Geschichte lese, spüre ich, wie sie zu einem Klangkörper wird. Spule sie noch einmal zurück. Und jetzt höre noch einmal hin: höre das Wogen und Wehklagen des Meeres, die kalt tropfende, mit blassen Klecksen besprenkelte Klippe, den Atem eines Mannes, stockend und schnaufend, während er den Felsen hinabkraxelt, Ächzen und Greifen und Ächzen und Greifen, und jenseits dieser Geräusche menschlicher Anstrengung, jenseits des wütenden Gekreischs der Seevögel, jenseits des kleinen rollenden Gesangs der Kieselsteine, hebt ein anderes Geräusch an. Es kommt aus dem Innern – nein –, es *summt* aus dem Innern, aus der unergründlichen Ferne in der Tiefe dieses Felsens, durch all seine verborgenen Höhlen und Kammern hindurch. Noch bevor er es hört, spürt der Mann das Geräusch. Er spürt, wie die Luft unter seinen Fingerspitzen weicht, ein plötzliches

Grollen in der Brust, einen Hall hinter dem Brustbein. Trotzdem klammert er sich weiter an den Stein. Jetzt reißt die Klippe mit einem Ruck auf, und gebannt sieht er zu, wie sich die Spalte weitet, eine Öffnung, die sich auftut. Im Innern bewegt sich schnell, schneller als der Nieselregen, ein Bienenstaat. Das satte Summen einer einzelnen Biene ist ein Geräusch, das wir leicht heraufbeschwören können, aber wir müssen dieses Geräusch jetzt vervielfachen, durch immer wiederholte Multiplikation. Mehr. Mehr. Höre: Hier kommen sie.

Der Mann tritt ein.

Die Klippe schließt sich.

All die Jahre, die er in dieser Architektur aus Bienenstock und Wabe eingesperrt ist, bleiben unerzählt. Der Wechsel der Jahreszeiten findet ohne ihn statt. Als es ihm schließlich gelingt, aus diesen Räumen des Tanzes und Gesangs und verzauberter Bienen zu entkommen, erhält er als Abschiedsgeschenk – was sonst? – Gold. Er klemmt sich diese süße Glut unter den Arm, als er den Felsen verlässt und diese Geschichte und in eine zukünftige entschwindet, in die wir Zuhörer nicht eingeweiht werden. Die letzten Worte dieses Textes sind eine Äußerung, die zugleich schlicht und ungeheuer kraftvoll ist: Diese Geschichte habe ich von meiner Mutter.

IV. WAS ICH DEN BIENEN NICHT ZU ERZÄHLEN VERMOCHTE

Es gibt noch so viel mehr an dieser alten Geschichte, was ich unbedingt wissen will. Was hatte der Mann überhaupt auf einer Klippe zu suchen? Wo sind die Bienen hin? Erzählen sich seine Verwandten diese Geschichte noch weiter, oder ist sie in Vergessenheit geraten? Leben die Nachfahren dieser Bienen immer noch an dieser Klippe und wühlen sich dort durch Geißblattblüten?

Die Nebenerzählung der Bienen scheint mir so viel interessanter als der triumphale Erwerb des Goldes durch den Mann, und doch werden sie als Nebenfiguren einfach so aufgegeben zugunsten der menschlichen Erzählung. Die erste Frage, die ich Siobháns Mutter stellen würde, wäre: »Was geschah mit den Bienen?« Ich kann mir ihre leicht genervte Antwort vorstellen, während sie rasch die nächste Hausarbeit beginnt. »Es sind einfach nur Bienen.«

Es sind einfach nur Bienen, das stimmt. Da andere Lebewesen nicht über das neurologische Zierwerk verfügen, das den Menschen zu einem moralischen Wesen macht, gehen wir davon aus, dass ihre Leben – ihre einzigartigen Triebe und Verläufe – weniger wert sind als unsere. Eine Biene aber wird, weil sie eine Biene ist, ihren eigenen Tod in Kauf nehmen, um ihren Schwestern das Überleben zu ermöglichen – eine Entscheidung, mit der Menschen große Schwierigkeiten hätten. Das Gegenteil von Eigennützigkeit also – wenn sie sticht, dann, um andere vor Gefahren zu schützen, wohl wissend, dass sie bald darauf zu Boden fallen wird, durch den Dreck taumeln, und ihr Leben opfert, damit andere überleben können.

Wie einsam wäre ich, wenn die Bienen den Süßwarenladen verlassen würden, den ich für sie eingerichtet habe. Ich habe getan, was ich konnte, um sie zu ermutigen, ich habe ihnen vorgesummt, ich habe sie gefüttert, ihnen Behausungen gebaut und sie geliebt. Ich will um jeden Preis, dass sie bleiben – auch wenn es bedeutet, sie anzulügen. »Erzähl es den Bienen«, sagten die Leute früher, »erzähle ihnen von den Ereignissen im Leben deiner Familie, von Todesfällen, allen Veränderungen. Du musst es den Bienen erzählen, sonst fliegen sie fort.« Ich hatte ein Geheimnis, von dem ich wusste, dass ich es eigentlich den Bienen erzählen müsste, aber ich hatte es für mich behalten, weil ich vor nichts zurückschreckte, um zu verhindern, dass sie wegfliegen.

Was ich ihnen nicht zu erzählen vermochte, war die Absicht meines Mannes, das Wachstum unserer Familie zu beenden. Er wollte eine Vasektomie. Wenn er seinen Willen bekäme, würden alle zukünftigen Babys, die ich mir noch wünschte, ausgelöscht. Seine Gründe waren vielfältig und komplex. Meine hingegen klangen so schlicht, dass ich mich schämte, wenn ich sie laut aussprach, und doch stellte ich immer wieder dieselbe Frage, immer mit traurig zur Seite geneigtem Kopf. »Aber was ist mit mir? Ich will noch ein Baby«, sagte ich, meine gierige Frage an sein blasses Gesicht und seinen ausgelaugten, dunkel umränderten Blick gerichtet. Er schüttelte jedes Mal den Kopf. Ich lag schmollend im Bett, während die Katze auf meiner Brust schnurrte, und überlegte, wie ich ihn davon abhalten könnte.

Wir sprechen hier von einem Mann, der ohnmächtig wurde, wenn man ihm Blut abnahm; schon die bloße Erwähnung einer Spritze ließ ihn die Hände zu Fäusten ballen. Ich hatte gesehen, wie es ihn schauderte, wenn solche Verfahren im Fernsehen erwähnt wurden. Ich hatte gesehen, wie er die Beine übereinanderschlug. Ich versuchte, diese Ängste auszunutzen, um seine Entschlossenheit zu schwächen, indem ich ihn immer wieder fragte, ob er sich der blutigen Realität des Eingriffs bewusst sei, aber er kannte mich zu gut, durchschaute meine Strategie und zuckte nur mit den Schultern. »Du bist so egoistisch«, sagte ich. »Bin ich das wirklich?«, antwortete er. »Denk noch mal drüber nach.«

Das tat ich. Ich sah, dass er eine Frau geheiratet hatte, die die Droge der Geburt liebte, die sich gewohnheitsmäßig in ihrer Liebe zu Säuglingen suhlte, eine Frau, die sich auf die Knie warf für die Hausarbeit und sich freudig zu einem Schatten der Tyrannei von Listen machte. Wenn er sich unsere Familie anschaute, sah er eine erschöpfte Mutter, die bereits überfordert war, und eine Schar von Kindern, die mehr von ihren Eltern brauchten, nicht noch weniger vom wenigen des wenigen. *Denk noch mal darüber nach,* hatte er gesagt, und je mehr ich darüber nachdachte, desto mehr verstand ich sein Argument. Es mag bereits unerfreulich sein, wenn jemand behauptet, er kenne unsere Bedürfnisse besser als wir selbst, aber wirklich schmerzhaft ist die Einsicht, dass er mit seiner Einschätzung richtigliegt und helfen will, selbst wenn er sich dafür einer Operation unterziehen muss. Seine Augen leuchteten vor Liebe, als er mir erklärte, dass er uns beide mit diesem Eingriff aus der Erschöpfung befreien würde, dass wir zum ersten Mal seit zehn Jahren ohne die Milchunterbrechungen der Nächte leben könnten, ohne Fieberanfälle aufgrund durchbrechender Zähne und ohne Windeln. Ich wollte ihn fragen, was ich tun würde, wenn ich mich nicht um ein Baby kümmern könne, konnte mich aber nicht überwinden, ihn zu unterbrechen. Er hatte zugesehen, wie ich vier Kinder gebar, mit dem Skalpell, und verlangte jetzt danach, dass die Klinge in seinen eigenen Körper schnitt. *Ein für alle Mal*, hatte er gesagt. *Für alle*. Ich begann zu verstehen, was er meinte – so eigennützig seine Entscheidung gewesen sein mag, sie war auch selbstlos.

V. SCHNIPP SCHNAPP/HUMPEL HUMPEL

Auf dem Weg zur Klinik nimmt die Frequenz meiner Seufzer minütlich zu. Mein Mann parkt ein und küsst mich, während unsere Tochter in ihrem Kindersitz schnarcht. Wir sehen uns in die Augen. »Bist du sicher?«, frage ich ihn. »Ja. Ja! Warte hier. Ich bin gleich wieder da.« Er lächelt und geht.

Missmutig reiße ich die lilafarbene Folie eines Twirl auf, knalle die Schokolade auf die silberne Innenseite und kaue es sauer, während ich auf meinem Handy herumwische. Ich verschlinge die Spiegelstriche, die die Schritte einer Vasektomie erklären, bis ich mir eine Vorstellung davon machen kann, was sich wohl gerade in diesem Raum abspielt. Ich stelle mir einen Arzt mit einem therapeutischen Lächeln, weißen Kittel und pfiffigen Schnurrbart vor, den ich an den Enden zwirble. Ich lasse ihn eine Betäubungsspritze in das Skrotum meines Mannes geben, dann lege ich ihm eine silberne Schere in die eine und eine Nadel in die andere Hand. Er schneidet in die Haut, während mein Mann die Augen abwendet, um nicht zu sehen, wie sich eine Öffnung auftut. Mit einem raschen und geübten Pikser findet er dann einen winzigen Schlauch unter der Haut und löst ihn vom Hoden und zieht an ihm, so fest wie eine Näherin das Garn von der Spule. Kurz bevor der Arzt den Strang durchtrennt, der uns mit all unseren zukünftigen Kindern verbindet, spürt mein Mann vielleicht, wie die Luft kurz unter seinen Fingerspitzen weicht. *Schnipp*, macht die böse Schere, *schnipp-schnapp*, und der Arzt nickt und fixiert das Ganze mit einer winzigen chirurgischen Klammer. Ich müsste eigentlich noch Nähte und Verbände und Nachbesprechungen erträumen, aber ich war zu langsam mit meinen Vorstellungen, denn da humpelt mein

Mann heran, *humpel humpel* kommt er über den Parkplatz auf unser Auto zu, in dem ich mir Schokolade von den Lippen wische und plötzlich zärtliche Gefühle für diesen Kinderdieb empfinde. Während ich ihn bei seiner langsamen, verwundeten Rückkehr beobachte, scheint er fast zu schweben. Wenn man unter Altruismus versteht, dass man das Wohlergehen anderer über das eigene körperliche Wohlbefinden stellt, dann sehe ich ihn jetzt in Bewegung, rein und heilig, wie er einer leeren Chipstüte ausweicht und zu mir herüber grimassiert.

In diesem Moment bin ich eine sehr widerwillige Empfängerin der Gabe eines anderen. Ich will sie nicht, diese Geste von ihm, ich will mit diesem Ende nichts zu tun haben. Aber so sehr ich auch dagegen gewütet hatte, merke ich jetzt, dass ich es ihm nicht mehr verübeln kann. Diese Entscheidung und die körperlichen Schmerzen, die er dafür auf sich genommen hat, sind eine seltsame Art von Gabe. Er befreit nicht nur sich selbst, er schneidet auch mich frei. Wenn ich keinen weiteren Säugling mehr in den Armen halten werde, dann werde ich vielleicht etwas anderes wachsen lassen – etwas, das ich mir noch nicht vorstellen kann.

VI. ERZÄHL

Ich konnte das Geheimnis nicht lange für mich behalten, nicht vor meinen geschätzten Bienen. So sehr ich ihn auch liebte, ich wusste, dass ich seine Tat melden musste. Ich fand sie, als sie gerade durch die violetten Säle der Fingerhüte taumelten. Ich ging im Kopf durch, was ich zu ihnen sagen würde: dass mein Mann sich für eine Klinge statt für uns entschieden hatte, und dass unsere Familie jetzt nicht mehr wachsen würde, wie ich es eigentlich gehofft hatte, dass ich ihn mehr denn je liebte, aber auch von Trauer erfüllt war. Meine Lippen zitterten leicht vor hässlichem Selbstmitleid, als ich ansetzen wollte, aber dann sah ich, dass die Bienen kein Mitleid mit mir haben würden. Ich hätte besser auf das Summen ihrer täglichen Wiederkehr hören sollen. So sind ihre geheimnisvollen Urteile – sie errieten meine Nachricht, bevor ich sprach, und nickten einfach. Sie blieben.

17. wie verschwommen der ginster

> dúnta suas go dlúth
> mar a bheadh glas a bheadh ar thrúnc
> 's go raghadh an eochair amú.

> keeping it sealed so tightly
> as a lock clasps a chest
> whose golden key has been lost from me.

> und versiegelt es fest
> wie ein Schloss in der Brust,
> der goldene Schlüssel für immer verloren.

> *Eibhlín Dubh Ní Chonaill*

SO WIE EIN HERZ seine Kammern birgt, wie ein Gedicht seine Strophen, so birgt ein Haus seine Räume. In seinem Innern pulsiert es. In einem Raum befindet sich ein Spiegel, in dem man das Spiegelbild einer Frau ein Waschbecken putzen sieht. Sie hält inne, dann beugt sie sich hinunter, um in ihren Lieblingsraum zu schauen. Vielleicht ist es die alte Tapete, die diesem Schrank die Anmutung eines eigenen Raums im Raum verleiht, das

Echo eines anderen, den sie einst kannte, hier in Miniaturform wiederholt, denn hinter der Tür liegt eine Milchpumpe in einer zerknitterten Tüte. Kleiner Motor, kleiner Puls, zärtlich zerlegt und verpackt, ruht sie hier in der Stille, schon lange ist die Kabelschnur zu ihrer Quelle durchtrennt. Ihr Anblick beschwört ihr altes Schnurren und Fauchen herauf: ein für immer erinnerter Refrain. Es wäre das Richtige, sie einer anderen zu überlassen, die sie besser gebrauchen kann, aber ich kann mir ein Leben ohne sie nicht vorstellen, genauso wenig wie ich mir ein Leben ohne Eibhlín Dubh vorstellen kann.

Als ich anfing, mich der Suche nach ihr zu verschreiben, hoffte ich, dass ich ihr eine Ehre erweisen würde, indem ich mich in ihren Dienst stellte. Erst jetzt sehe ich, wie viel ich von ihr im Gegenzug bekommen habe. Bevor mein Leben auf ihres traf, verbrachte ich so viele Stunden damit, zwischen den gekoppelten Anforderungen von Milch und Listen hin und her zu springen, dass ich gar nicht bemerkt hatte, wie unscharf und verschwommen der Ginster um mich herum geworden war. Heute erfreue ich mich an den gelben Blütenblättern, die sich im Wind wiegen, an jeder Dornenspitze und selbst an den kahlen Lücken zwischen ihnen. Teile von Eibhlín Dubhs Leben, das weiß ich jetzt, werden für immer vor mir verborgen bleiben, ganz gleich, wie genau ich hinschaue. Anstatt mich über die vielen Lakunen zu ärgern, in denen ich sie nicht finden konnte, hat meine Hand gelernt, ehrfürchtig über diesen Lücken zu schweben. Mein

Versuch, das Leben einer anderen Frau kennenzulernen, hat sein Ende nicht in der Befriedigung gelungener Entdeckungen gefunden, sondern in der Beharrlichkeit des Geheimnisses.

Diese Jahre haben mir eine verdrehte Form des Haltens gezeigt – ich habe sie gehalten und gehalten, nur um festzustellen, dass sie auch mich hält, so nah wie Tinte dem Papier, beständig wie ein Puls. Erst jetzt verstehe ich, dass ich sie nicht weiter so umklammert halten kann, in stiller Selbstbezogenheit. Wenn ich einen Weg finden könnte, alles mitzuteilen, was ich über ihr Leben erfahren habe, würden vielleicht Andere Spuren entdecken, die mir entgangen sind, und so würde ich vielleicht von ihnen mehr über sie erfahren. Ich müsste dafür etwas sehr Kostbares hergeben. Ich müsste mich auch auf ein Ende einlassen.

—

An meinem letzten sonnenbeschienenen Abend in Kilcrea galoppiert meine Tochter vor mir her, klettert zwischen Steinen hindurch und rast davon, bis sie außer Sichtweite ist und ich wieder allein bin, dem Klang ihrer Stimme nachjagend.

Ich laufe vom Kirchenschiff zum Altarraum, fange sie ein und trage sie huckepack zum Grab, in dem Eibhlíns Männer zusammenliegen: Ehemann, Sohn, Enkel, Enkel; Schädel, Schädel, Schädel, Schädel. Könnte auch sie hier sein, ihre Fingerknochen unter den ihren, alle zergliedert und vereint in der gleichen Dunkelheit? Vielleicht. Vielleicht auch nicht. Ich besinne mich darauf, warum ich gekommen bin. Ich schließe meine Augen, um zu sehen. Ich sage ihren Namen. Ich danke Eibhlín Dubh. Ich sage alles, was gesagt werden muss, und spüre, wie die Worte mit dem Wind von mir davonschweben.

Meine Tochter kichert, als sie sich aus meinem Griff befreit, und dann rennt sie wieder los, springt und quietscht. Ich will nicht gehen, noch nicht, aber ich fürchte, dass das überschwängliche Gebrüll irgendeinen unbemerkten Trauernden stören könnte, also seufze ich, hebe sie hoch und gehe mit ihr zu unserem Auto. Sie wirft ihren Kopf zurück, ihre Fäuste trommeln auf mein Brustbein, ihre Stimme ist laut und heiß in meinem Ohr und brüllt: »NICHT GEHEN. BLEIBEN, BLEIBEN.« Auf dem Weg durch das Tor hinaus und die Allee hinunter, die einst von Totenschädeln gesäumt war, schreit sie weiter. Ich drücke auf den Schlüssel, und irgendwo jenseits der Begrenzungsmauer entriegeln sich die Türen des Autos durch meine vernarbte Fingerspitze. Während ich die Tür mit Knie und Schulter aufhalte, schnalle ich sie in ihren Kindersitz und weise sie kühl zurecht. »Das reicht. Wir fahren jetzt, beruhig dich. Braves Mädchen.«

Als wir uns von Kilcrea entfernen, bereue ich meine strengen Worte, und mein Blick sucht ihren im Rückspiegel. Unter unseren Sommersprossen leuchten unsere Wangen gluthell, aber ihre Augenlider sind geschlossen.

Während ihr Gebrüll noch durch meine Gedanken brandet, ist sie schon woanders.

Ich will nicht weg. Ich fahre langsam. Wenn ich nach Hause komme, denke ich, werde ich mich vielleicht aufzumuntern versuchen, indem ich ein neues Notizbuch aus meinem Vorrat aufschlage. Dieses Mal werde ich nicht damit beginnen, *Staubsauger* oder *Laken* oder *Wischmopp* oder *Pumpe* zu schreiben. Stattdessen werde ich neue Wörter erdenken und ihnen dann folgen. Als ich in unsere Straße einbiege, wird mir klar, dass ich das Echo, mit dem diese erste Seite beginnen wird, bereits weiß.

Dies ist ein weiblicher Text.

caoineadh airt
uí laoghaire

---

the keen for art
ó laoghaire

i.
Mo ghrá go daingean tú!
Lá dá bhfaca thú
ag ceann tí an mhargaidh,
thug mo shúil aire duit,
thug mo chroí taitneamh duit,
d'éalaíos óm charaid leat
i bhfad ó bhaile leat.

ii.
Is domhsa nárbh aithreach:
chuiris parlús á ghealadh dhom,
rúmanna á mbreacadh dhom,
bácús á dheargadh dhom,
brící á gceapadh dhom,
rósta ar bhearaibh dhom,
mairt á leagadh dhom;
codladh i gclúmh lachan dhom
go dtíodh an t-eadartha
nó thairis dá dtaitneadh liom.

iii.
Mo chara go daingean tú!
Is cuimhin lem' aigne
an lá breá earraigh úd,
gur bhreá thíodh hata dhuit
faoi bhanda óir tarraingthe;
claíomh cinn airgid,

i.

O my belovèd, steadfast and true!
The day I first saw you
by the market's thatched roof,
how my eye took a shine to you,
how my heart took delight in you,
I fled my companions with you,
to soar far from home with you.

ii.

And never did I regret it,
for you set a parlour gleaming for me,
bedchambers brightened for me,
an oven warming for me,
plump loaves rising for me,
meats twisting on spits for me,
beef butchered for me,
and duck-down slumbers for me
until midday-milking, or beyond
if I'd want.

iii.

O my companion, steadfast and true!
My mind summons again
that spring afternoon:
how handsome, your hat
with the golden trim,
the silver hilt gripped

lámh dheas chalma,
rompsáil bhagarthach –
fír-chritheagla
ar namhaid chealgach –
tú i gcóir chun falaracht
is each caol ceannann fút.
D'umhlaídís Sasanaigh
síos go talamh duit,
is ní ar mhaithe leat
ach le haon-chorp eagla,
cé gur leo a cailleadh tú,
a mhuirnín mh'anama …

iv.
A mharcaigh na mbán-ghlac!
Is maith thíodh biorán duit,
daingean faoi cháimbric,
is hata faoi lása.
Tar éis teacht duit thar sáile,
glantaí an tsráid duit,
is ní le grá dhuit,
ach le han-chuid gráine ort.

v.
Mo chara thú go daingean!
Is nuair thiocfaidh chugham abhaile
Conchubhar beag an cheana
is Fear Ó Laoghaire, an leanbh,

in your firm fist,
your swagger so menacing
it set enemies trembling
as their foe approached,
oh, and below, the blaze
of your slender mare glowed.
Even the English would bow before you,
bow down to the ground –
moved not by respect,
but by terrible dread – and yet,
by them you'd soon be struck dead,
o my soul's sweet belovèd.

iv.
O, my bright-handed horseman,
how well it suited you, the pin
pressed in cambric, fixed fast,
and your hat, lace-wrapped.
When you returned from overseas,
the streets cleared for you instantly,
all enemies would flee, and not for fondness,
but in deep animosity.

v.
O, my steady companion!
When they come home to me,
our dotey little Conchubhar
and Fear Ó Laoghaire, the babba,

fiafróid díom go tapaidh
cár fhágas féin a n-athair.
'Neosad dóibh fé mhairg
gur fhágas i gCill na Martar.
Glaofaidh siad ar a n-athair,
is ní bheidh sé acu le freagairt ...

vi.
Mo chara is mo ghamhain tú!
Gaol Iarla Antroim,
is Bharraigh ón Allchoill,
is breá thíodh lann duit,
hata faoi bhanda,
bróg chaol ghallda,
is culaith den abhras
a sníomhthaí thall duit.

vii.
Mo chara thú go daingean!
Is níor chreideas riamh dod mharbh
gur tháinig chugham do chapall
is a srianta léi go talamh,
is fuil do chroí ar a leacain
siar go t'iallait ghreanta
mar a mbítheá id shuí 's id sheasamh.
Thugas léim go tairsigh,
an dara léim go geata,
an triú léim ar do chapall.

I know they'll ask me fast
where I've left their Dada.
Wretchedly, I'll tell them
that I left him in Kilnamartra,
but no matter how they roar
their father will never answer …

vi.
O, my companion, my bull calf!
Kin of the Earl of Antrim
and the Barrys of Alkill,
how well your sword became you
with that banded hat,
your slender boots of foreign leather,
and the suit of fine couture
stitched and spun abroad for you.

vii.
O, my steady companion!
Never could I have believed you deceased,
until she came to me, your steed,
with her reins trailing the cobbles,
and your heart's blood smeared from cheek
to saddle, where you'd sit
and even stand, my daredevil.
Three leaps, I took – the first to the threshold,
the second to the gate,
the third to your mare.

viii.
Do bhuaileas go luath mo bhasa
is do bhaineas as na reathaibh
chomh maith is a bhí sé agam,
go bhfuaras romham tú marbh
cois toirín ísil aitinn,
gan Pápa, gan easpag,
gan cléireach, gan sagart
do léifeadh ort an tsailm,
ach seanbhean chríonna chaite
do leath ort binn dá fallaing –
do chuid fola leat 'na sraithibh;
is níor fhanas le hí ghlanadh
ach í ól suas lem basaibh.

ix.
Mo ghrá thú go daingean!
Is éirigh suas id' sheasamh
is tar liom féin abhaile,
go gcuirfeam mairt á leagadh,
go nglaofam ar chóisir fhairsing,
go mbeidh againn ceol á spreagadh,
go gcóireod duitse leaba
faoi bhairlíní geala,
faoi chuilteanna breátha breaca,
a bhainfidh asat allas
in ionad an fhuachta a ghlacais.

viii.
Fast, I clapped my hands,
and fast, fast, I galloped,
fast as ever I could have,
until I found you before me, murdered
by a hunched little furze
with no Pope, no bishop,
no clergy, no holy man
to read your death-psalms,
only a crumpled old hag
who'd draped you in her shawl-rag.
Love, your blood was spilling in cascades,
and I couldn't wipe it away, couldn't clean it up, no,
no, my palms turned cups and oh, I gulped.

ix.
O my belovèd, steadfast!
Rise up now, do, stand,
come home with me, hand in hand,
where I'll order cows slaughtered,
and call a banquet so vast,
with music surging loud and fast.
I'll have a bed dressed
in bright blankets
and embellished quilts,
to spark your sweat and set it spilling
until it chases the chill that you've been given.

x. Deirfiúr Art:
Mo chara is mo stór tú!
Is mó bean chumtha chórach
ó Chorcaigh na seolta
go Droichead na Tóime,
do thabharfadh macha mór bó dhuit
agus dorn buí-óir duit,
ná raghadh a chodladh 'na seomra
oíche do thórraimh.

xi. Eibhlín Dubh
Mo chara is m'uan tú!
Is ná creid sin uathu,
ná an cogar a fuarais,
ná an scéal fir fuatha,
gur a chodladh a chuas-sa.
Níor throm suan dom:
ach bhí do linbh ró-bhuartha,
's do theastaigh sé uathu
iad a chur chun suaimhnis.

xii.
A dhaoine na n-ae istigh,
'bhfuil aon bhean in Éirinn,
ó luí na gréine,
a shínfeadh a taobh leis,
do bhéarfadh trí lao dhó,
ná raghadh le craobhacha

x. Art's sister:
O, my darling, my pal,
many's the lady – buxom and chic –
from Cork of tall sails
all the way to Toomsbridge
who'd have brought you pastures of cattle
and gold by the fistful,
and not one among them would have dared doze
on the night of your wake, as you lay cold.

xi. Eibhlín Dubh
O, my friend and my lamb!
Don't you believe that old babble,
the overheard whispers
and hateful scandals
that claim I was napping.
No slumber hampered me, it was only
that your children were so distressed,
and they wept for your presence
to soothe them to rest.

xii.
O noble kin, listen,
is there in all of Ireland any woman,
having spent sunsets
stretched next to him,
having carried three calves for him,
who wouldn't be tormented

i ndiaidh Airt Uí Laoghaire
atá anso traochta
ó mhaidin inné agam?

xiii.
A Mhorrisín léan ort!-
Fuil do chroí is t'ae leat!
Do shúile caochta!
Do ghlúine réabtha!-
A mhairbh mo lao-sa,
is gan aon fhear in Éirinn
a ghreadfadh na piléir leat.

xiv.
Mo chara thú 's mo shearc!
Is éirigh suas, a Airt,
léimse in airde ar t'each,
éirigh go Magh Chromtha isteach,
is go hInse Geimhleach ar ais,
buidéal fíona id ghlaic –
mar a bhíodh i rúm do dhaid.

xv.
M'fhada-chreach léan-ghoirt
ná rabhas-sa taobh leat
nuair lámhadh an piléar leat,
go ngeobhainn é im' thaobh dheas

after losing Art Ó Laoghaire,
he who lies so cold here now
since early yesterday, when he was ground down?

xiii.
Morris, you runt; on you, I wish anguish! –
May bad blood spurt from your heart and
your liver!
Your eyes grow glaucoma!
Your knee-bones both shatter!
You who slaughtered my bull calf,
and not a man in all of Ireland
who'd dare shoot you back.

xiv.
O my friend and my heart!
Rise up now, dear Art,
hop up on your mare, do,
trot in to Macroom,
then on to Inchigeelagh and back
with a wine bottle in hand,
as you always had at home with your Dad.

xv.
An ache, this salt-sorrow of mine,
that I was not by your side
when that bullet came flying,
I'd have seized it here in my right side,

nó i mbinn mo léine,
is go léigfinn cead slé' leat
a mharcaigh na ré-ghlac.

xvi. Deirfiúr Art:
Mo chreach ghéarchúiseach
ná rabhas ar do chúlaibh
nuair lámhadh an púdar,
go ngeobhainn é im' chom dheas
nó i mbinn mo ghúna,
is go léigfinn cead siúil leat
a mharcaigh na súl nglas,
ós tú b'fhearr léigean chucu.

xvii.
Mo chara thú is mo shearc-mhaoin!
Is gránna an chóir a chur ar ghaiscíoch
comhra agus caipín,
ar mharcach an dea-chroí
a bhíodh ag iascaireacht ar ghlaisíbh
agus ag ól ar hallaíbh
i bhfarradh mná na ngeal-chíoch.
Mo mhíle mearaí
mar a chailleas do thaithí.

or here, in my blouse's pleats, anything,
anything to let you gallop free,
o bright-grasped horseman, my dear.

xvi. Art's sister:
This raw regret is mine:
that I wasn't there too, just behind
when that gunpowder blew bright.
I'd have seized it here, in my right side,
or here, in my gown's deep pleats,
anything to let you to stride away free,
oh grey-gazed horseman,
learnèd and gentlemanly.

xvii.
O, my friend, my belovèd-treasure!
How grotesque to witness
the grimace of death-cap and coffin
on my kind-hearted horseman,
he who fished the green streams
and drank in grand mansions
with bright-breasted ladies.
Oh, my thousand bewilderments,
I'm dizzied by the loss of your company.

xviii.
Greadadh chughat is díth
a Mhorris ghránna an fhill
a bhain díom fear mo thí,
athair mo leanbh gan aois:
dís acu ag siúl an tí,
's an triú duine acu istigh im chlí,
agus is dócha ná cuirfead díom.

xix.
Mo chara thú is mo thaitneamh!
Nuair ghabhais amach an geata
d'fhillis ar ais go tapaidh,
do phógais do dhís leanbh,
do phógais mise ar bharra baise.
Dúraís, 'A Eibhlín, éirigh id' sheasamh
agus cuir do ghnó chun taisce
go luaimneach is go tapaidh.
Táimse ag fágáil an bhaile,
is ní móide go deo go gcasfainn.'
Níor dheineas dá chaint ach magadh,
mar bhíodh á rá liom go minic cheana.

xx.
Mo chara thú is mo chuid!
A mharcaigh an chlaímh ghil,
éirigh suas anois,
cuir ort do chulaith

xviii.

Trouncings and desolations on you,
ghastly Morris of the treachery,
you who thieved my man from me,
the father of my babies,
the pair who walk our home steadily,
and the third, still within me,
I fear will never breathe.

xix.

O, my friend and my pleasure!
Through the gateway, you were leaving
when you turned back swiftly
and kissed your two babies.
Heart of the palm, your kiss for me,
and when you said, 'Rise, Eibhlín,
settle your affairs neatly,
be firm about it, move quickly.
I must leave the home of our family,
and I may never return to ye,'
oh, I only chuckled in mockery,
since you'd made such warnings so frequently.

xx.

O, my friend and my lover!
Dear horseman of the bright sword,
rise up now,
pull on your uniform

éadaigh uasail ghlain,
cuir ort do bhéabhar dubh,
tarraing do lámhainní umat.
Siúd í in airde t'fhuip;
sin í do láir amuigh.
Buail-se an bóthar caol úd soir
mar a maolóidh romhat na toir,
mar a gcaolóidh romhat an sruth,
mar a n-umhlóidh romhat mná is fir,
má tá a mbéasa féin acu –
's is baolach liomsa ná fuil anois …

xxi.
Mo ghrá thú is mo chumann!
's ní hé a bhfuair bás dem chine,
ná bás mo thriúr clainne;
ná Domhnall Mór Ó Conaill,
ná Conall a bháigh an tuile,
ná bean na sé mblian 's fiche
do chuaigh anonn thar uisce
'déanamh cairdeasaí le ríthe –
ní hiad go léir atá agam dá ngairm,
ach Art a bhaint aréir dá bhonnaibh
ar inse Charraig an Ime!
Marcach na lárach doinne
atá agam féin anso go singil –
gan éinne beo 'na ghoire
ach mná beaga dubha an mhuilinn,
is mar bharr ar mo mhíle tubaist
gan a súile féin ag sileadh.

of noble, bright cloth
and the dark beaver-skin,
then tug up your gloves.
Look, your whip is hung up above.
Your mare waits beyond.
Hit that narrow road east
where each tree will kneel for you,
each stream will narrow for you,
and all men and women will bow for you,
if they remember the old manners,
though I fear they no longer do …

xxi.
O, my friend, my companion,
neither my deceased kin,
nor my family's three dead belovèds –
not Domhnall Mór Ó Conaill,
nor Conall drowned by flooding,
not even the twenty-six-year-old lady
who went overseas
to become a companion to royalty –
oh no one else do I grieve now,
but my own Art, struck down at dusk
and torn from us!
Only the brown mare's horseman
do I still hold, he, alone –
and now none will come close,
only the dark-cloaked little mill-women,
and to multiply my thousand cataclysms,
not one of them will summon a tear for him.

xxii.
Mo chara is mo lao thú!
A Airt Uí Laoghaire
Mhic Conchubhair, Mhic Céadaigh,
Mhic Laoisigh Uí Laoghaire,
aniar ón nGaortha
is anoir ón gCaolchnoc,
mar a bhfásaid caora
is cnó buí ar ghéagaibh
is úlla 'na slaodaibh
'na n-am féinig.
Cárbh ionadh le héinne
dá lasadh Uíbh Laoghaire
agus Béal Átha an Ghaorthaigh
is an Guagán naofa
i ndiaidh mharcaigh na ré-ghlac
a mbíodh an fiach á thraochadh
ón nGreanaigh ar saothar
nuair stadaidís caol-choin?
Is a mharcaigh na gclaon-rosc –
nó cad d'imigh aréir ort?
Óir do shíleas féinig
ná maródh an saol tú
nuair cheannaíos duit éide.

xxiii. Deirfiúr Art:
Mo chara thú is mo ghrá!
Gaol mhathshlua an stáit,
go mbíodh ocht mbanaltraí déag ar aon chlár,

xxii.
O, my friend and my bull calf!
Dear Art Ó Laoghaire,
son of Conor, son of Keady,
son of old Laoiseach Ó Laoghaire
from back west in The Gearagh,
of those who came east from sheer peaks
where sheep grow plump, and branches
grow heavy with clusters of nuts,
where apples spill lush
when their sweet season rises up.
What wonder, now, to anyone
should they all blaze up, all the people
of Iveleary, Ballingeary,
and those of Gougane Barra's holy streams,
howling in grief for our steady-handed horseman,
he who exhausted the hunt
that day in Grenagh, when his exertions were such
that even the most muscular hounds gave up?
And o, my horseman of firm stare,
what went awry last night?
I never imagined
as I chose your clothes — so elegant and fine —
that you could ever be torn from this life.

xxiii. Art's Sister:
O, my pal, o, my brother!
Kin of nobility,
you kept eighteen wet nurses toiling

go bhfaighidís go léir a bpá –
loilíoch is láir,
cráin 's a hál,
muileann ar áth,
ór buí is airgead bán,
síodaí is bheilbhit bhreá,
píosaí tailimh eastáit,
go nídís cíocha tál
ar lao na mascalach mbán.

xxiv.
Mo ghrá is mo rún tú!
'S mo ghrá mo cholúr geal!
Cé ná tánag-sa chughat-sa
is nár thugas mo thrúip liom,
níor chúis náire siúd liom
mar bhíodar i gcúngrach
i seomraí dúnta
is i gcomhraí cúnga,
is i gcodladh gan mhúscailt.

xxv.
Mara mbeadh an bholgach
is an bás dorcha
is an fiabhras spotaitheach,
bheadh an marc-shlua borb san
is a srianta á gcrothadh acu
ag déanamh fothraim

and they each earned their salary,
paid in heifers and mares,
in sows and in piglets,
in mills fording rivers,
in bright golds and silvers,
in silks and in velvets,
in vast estate pastures –
all that suckling staff
who worked to serve our fine bull calf.

xxiv.
O my love and my dear!
O my love and my bright dove!
Though I could neither come to your aid
nor bring troops your way,
that's no cause for shame –
for they were all restrained
in their dark place, locked
in coffins and tightly sealed
by wakeless sleep.

xxv.
Were it not for the smallpox,
the Black Death
and the fever-spots,
those gruff hordes would surely have come,
shaking their reins
and raising glorious tumult

ag teacht dod' shochraid
a Airt an bhrollaigh ghil ...

xxvi.
Mo ghrá thú is mo thaitneamh!
Gaol an mharc-shlua ghairbh
a bhíodh ag lorg an ghleanna,
mar a mbainteá astu casadh,
á mbreith isteach don halla,
mar a mbíodh faobhar á chur ar sceanaibh,
muiceoil ar bord á gearradh,
caoireoil ná comhaireofaí a heasnaí,
coirce craorach ramhar
a bhainfeadh sraoth as eachaibh —
capaill ghruagach' sheanga
is buachaillí 'na n-aice
ná bainfí díol ina leaba
ná as fásach a gcapall
dá bhfanaidís siúd seachtain,
a dheartháir láir na gcarad.

xxvii.
Mo chara is mo lao thú!
Is aisling trí néallaibh
do deineadh aréir dom
i gCorcaigh go déanach
ar leaba im' aonar:
gur thit ár gcúirt aolda,
gur chríon an Gaortha,

as they arrived at your funeral,
dear Art, whose chest was once luminous ...

xxvi.
O, my belovèd, my pleasure!
Kin to the rough horde
who hunted the gorge,
how you led them twisting and turning,
all, then steered them back to the hall,
where blades were sharpening
over pork set for carving,
with countless ribs of mutton,
and oats so tasty
they'd draw speed from each steed,
the stallions, slender and thick-maned,
all attended by stable-boys with care,
and not a soul charged for their beds,
for expenses, or for board of their horses,
even should they stay for a week's rest,
o dear brother of many friends.

xxvii.
O, my friend and my calf!
Last night, such clouded reveries
appeared to me, come midnight
in Cork as I lay awake late.
Alone, I dreamt
our bright-limed home tumbling,
the Gearagh all withering,

nár fhan friotal id' chaol-choin
ná binneas ag éanaibh,
nuair fuaradh tú traochta
ar lár an tslé' amuigh,
gan sagart, gan cléireach,
ach seanbhean aosta
do leath binn dá bréid ort
nuair fuadh den chré thú,
a Airt Uí Laoghaire,
is do chuid fola 'na slaodaibh
i mbrollach do léine.

xxviii.
Mo ghrá is mo rún tú!
'S is breá thíodh súd duit,
stoca chúig dhual duit,
buatais go glúin ort,
Caroilín cúinneach,
is fuip go lúfar
ar ghillín shúgach –
is mó ainnir mhodhúil mhúinte
bhíodh ag féachaint sa chúl ort.

xxix.
Mo ghrá go daingean tú!
'S nuair théitheá sna cathracha
daora, daingeana,
bhíodh mná na gceannaithe
ag umhlú go talamh duit,

without a growl left of your hounds
nor the sweet chirp of birds,
like when I found you
out on that mountain ground,
with neither priest nor clergy
to keep you company, only the crumpled old lady
who folded her cloak over your body.
That soil clung to you fiercely
dear Art Ó Laoghaire,
as your blood drenched streams
through your shirt so bleakly.

xxviii.
O, my love and my darling!
You looked so striking
in your five-folded stockings,
with your boots, knee-high,
and your hat, the cornered Caroline.
Whenever you flicked your whip,
nimble-quick on a merry gelding,
many modest gentlewomen
found their eyes shyly following.

xxix.
O my belovèd, steadfast and true!
When you strolled
those fine city avenues,
merchants' wives always
stooped their curtsies low for you.

óir do thuigidís 'na n-aigne
gur bhreá an leath leaba tú,
nó an bhéalóg chapaill tú,
nó an t-athair leanbh tú.

xxx.
Tá fhios ag Íosa Críost
ná beidh caidhp ar bhathas mo chinn,
ná léine chnis lem thaoibh,
ná bróg ar thrácht mo bhoinn,
ná trioscán ar fuaid mo thí,
ná srian leis an láir ndoinn,
ná caithfidh mé le dlí,
's go raghad anonn thar toinn
ag comhrá leis an rí,
's mara gcuirfidh ionam aon tsuim
go dtiocfad ar ais arís
go bodach na fola duibhe
a bhain díom féin mo mhaoin.

xxxi.
Mo ghrá thú is mo mhúirnín!
Dá dtéadh mo ghlao chun cinn
go Doire Fhíonáin mór laistiar
is go Ceaplaing na n-úll buí,
is mó marcach éadrom groí
is bean chiarsúra bháin gan teimheal
a bheadh anso gan mhoill

How well, they could see
what a hearty bed-mate you'd be,
what a man to share a saddle with,
what a man to spark a child with.

xxx.
Jesus knows
I'll allow no bonnet to crown me
no silk slip to cover me,
no shoe to sole me
not a stitch of home furnishings
not even a rein for the chestnut mare, no,
I'll spend every cent on law-men instead.
I'll even go overseas
to confront royalty,
and if the king won't entertain me,
I'll turn again wildly
to the black-blooded lout
who thieved my treasure from me.

xxxi.
O my love and my sweetheart!
Should my howl reach as far
as grand Derrynane
and gold-appled Ceaplaing,
strong, the slim horsemen
and pale-hankied women
who would thunder in,

ag gol os cionn do chinn
a Airt Uí Laoghaire an ghrinn.

xxxii.
Cion an chroí seo agamsa
ar mhnáibh geala an mhuilinn
i dtaobh a fheabhas a níd siad sileadh
i ndiaidh mharcaigh na lárach doinne.

xxxiii.
Greadadh croí cruaidh ort
a Sheáin Mhic Uaithne!
Más breab a bhí uaitse
nár tháinig faoim thuairim,
's go dtabharfainn duit mórchuid:
capall gruagach
'dhéanfadh tú fhuadach
trí sna sluaitibh
lá do chruatain;
nó macha breá 'bhuaibh duit,
nó caoire ag breith uan duit,
nó culaith an duine uasail
idir spor agus buatais –
cé gur mhór an trua liom
í fheiscint thuas ort,
mar cloisim á luachaint
gur boidichín fuail tú.

and their wails would be boundless
over Art, our own sweet scoundrel.

xxxii.
All my heart's fondness
to the bright little mill-women,
so skilled was their weeping
for the chestnut mare's horseman.

xxxiii.
Your heart, I wish broken,
John Cooney, you villain!
If it was a bribe you were seeking,
you should have come straight to me,
for I'd have given you plenty:
a horse of thick-mane
to dash you away
from the wild mobs
who await your judgment day;
pastures of cattle
or plump ewes in lamb,
or perhaps even the suit of my own gallant man,
with his own bright spurs and his fine boots too,
although it'd be a wrench
to see you wear them instead,
since you're a right pissy bodkin,
or so I've heard said.

xxxiv.

A mharcaigh na mbán-ghlac,
ó leagadh do lámh leat,
éirigh go dtí Baldwin,
an spreallairín gránna,
an fear caol-spágach,
is bain de sásamh
in ionad do lárach
is úsáid do ghrá ghil.
Gan an seisear mar bhláth air!
Gan dochar do Mháire,
agus ní le grá dhi,
ach is í mo mháthair
thug leaba 'na lár di
ar feadh trí ráithe.

xxxv.

Mó ghrá thú agus mo rún!
Tá do stácaí ar a mbonn,
tá do bha buí á gcrú;
is ar mo chroí atá do chumha
ná leigheasfadh Cúige Mumhan
ná Gaibhne Oileáin na bhFionn.
Go dtiocfaidh Art Ó Laoghaire chugham
ní scaipfidh ar mo chumha
atá i lár mo chroí á bhrú,
dúnta suas go dlúth
mar a bheadh glas a bheadh ar thrúnc
's go raghadh an eochair amú.

xxxiv.

O my white-grasped horseman,
Since your hand's been struck down,
why not rise up to Baldwin now,
that shit-talking clown,
that bockety wimp, all mean frowns,
to demand satisfaction
for the loss of your mare
and your beloved's heartache.
May none of his six children blossom for him!
Only let no harm fall on Mary,
and not for much sisterly love,
but only that my own mother
made her a first bed within her,
where we shared three seasons together.

xxxv.

O, my love and my darling!
Your barley has risen thick and golden,
your fair cows are well-milked,
but such pain grips my heart still
that all of Munster cannot fix me a remedy,
nor even Fair Island's gifted smithery.
Unless Art Ó Laoghaire returns to me
this grief will never be eased,
it weighs on my heart so brutally,
keeping it sealed so tightly
as a lock clasps a chest
whose golden key has been lost from me.

xxxvi.

A mhná so amach ag gol
stadaidh ar bhur gcois
go nglaofaidh Art Mhac Conchubhair deoch,
agus tuilleadh thar cheann na mbocht,
sula dtéann isteach don scoil –
ní ag foghlaim léinn ná port,
ach ag iompar cré agus cloch.

xxxvi.
Oh, you women who cry outside,
halt your feet a while,
let Conor's son Art call a drink
and more for the other poor souls,
for soon, they'll all enter that school together –
in pursuit of neither learnèd song nor verse,
but only to raise cold stone and earth.

klagelied für art ó laoghaire

i.
O mein Geliebter, wahrhaftig und stark!
Als ich dich einst sah
beim Reetdach auf dem Markt,
mein Aug' hell erleuchtet,
mein Herz voller Freude,
floh mit dir die Meinen,
so weit von daheim.

ii.
Und nie hab ich's bereut,
du ließest den Saal erstrahlen für mich,
erhelltest das Schlafgemach für mich,
der Ofen war warm für mich,
üppige Brote hoben sich,
Bratspieße drehten sich,
Rinder wurden geschlachtet für mich,
in Entendaunen schlummerte ich
bis zur Melkstunde mittags oder noch länger,
wenn mir danach war.

iii.
O mein Geliebter, wahrhaftig und stark!
Ich ruf ihn mir wach
jenen Frühlingsnachmittag:
so stattlich, dein Hut
mit dem goldenen Rand,
den silbernen Schwertgriff
fest in der Hand,

dein Schritt so bedrohlich,
dass er die Feinde erzittern ließ,
wenn du nahtest,
oh, und darunter
der ranken Stute blitzender Glanz.
Selbst Engländer machten einen Diener vor dir
und gingen auf die Knie –
nicht aus Achtung,
aus Angst und Schrecken – und doch
würdest du bald von ihnen erschlagen,
o meiner Seele Geliebter.

iv.
O mein weißbehandschuhter Reiter,
wie gut dir das ziemte – die Nadel
im Batist festgesteckt,
der Hut spitzenbesetzt.
Als du wiederkamst von der Fahrt übers Meer,
leerten sich gleich die Straßen vor dir,
die Gegner wichen, nicht aus Ergebenheit,
nein, aus tiefer Feindseligkeit.

v.
O mein treuer Gefährte!
Wenn sie zu mir kommen,
unser Goldschatz Conchubhar
und Fear Ó Laoghaire, mein Kleinster,
weiß ich, sie fragen gleich
nach ihrem Papa.

Ich Elende werde erzählen
ich ließ ihn in Kilnamartra,
doch wie sie auch brüllen,
ihr Vater wird niemals antworten.

vi.
O mein Gefährte, mein Stierkalb!
Nachfahr des Earls von Antrim
und der Barrys von Alkill,
wie gut dein Schwert dir stand
und der Hut mit dem Band,
die schlanken Stiefel aus fremdem Leder
und der Anzug nach feinster Mode,
für dich im Ausland genäht und gewoben.

vii.
O, mein treuer Gefährte!
Nie hätt' ich geglaubt, dass du stirbst,
bis sie zu mir kam, deine Stute,
die Zügel hingen zu Boden,
verschmiert war dein Herzblut von ihrer Wange
bis zu dem Sattel, auf dem du einst saßest
oder sogar – mein Tollkühner – standest.
Ich machte drei Sätze,
den ersten zur Schwelle,
den zweiten zum Tor,
den dritten zum Ross.

viii.
Schnell klatschte ich in die Hände
und ritt so schnell,
so schnell ich nur konnte,
bis ich dich fand, ermordet
von einem kleinen bucklingen Ginster,
kein Papst, kein Bischof,
kein Pfarrer, kein Geistlicher
war da, dir die letzten Psalmen zu lesen,
nur ein altes schrumpeliges Weib
hat dich in Lumpen gewickelt.
Liebster, dein Blut floss in Sturzbächen,
ich konnt' es nicht wegschaffen, konnt' es nicht aufwischen, nein,
ich machte die Hände zu Tassen und, oh,
ich trank und trank.

ix.
O mein Geliebter, aufrecht!
Erhebe dich, los, in den Stand,
komm mit mir nach Haus, Hand in Hand,
Kühe lasse ich schlachten
und richten ein Festbankett
mit wogender wilder Musik.
Ich lasse die Betten machen
mit weißem Linnen
und verzierten Quilts,
die lassen den Schweiß dir rinnen,
die erfahrenen Schrecken jagt er von hinnen.

x. Arts Schwester:
O mein Schatz, mein Vertrauter,
zahllose Damen – drall und schick –
von Cork mit seinen hohen Segeln
ganz bis nach Toomsbridge
hätten ganze Weiden voll Vieh dir gebracht
und dir Gold nachgeschmissen,
und nicht eine von ihnen hätt' es gewagt,
einzuschlafen in jener Nacht,
als kalt du im Totenbett lagst.

xi. Eibhlín Dubh
O mein Freund und Lamm!
Glaub dem Geschwätz nicht,
dem heimlichen Flüstern,
den gehässigen Gerüchten,
dass ich eingenickt sei.
Kein Schlummer ließ mich säumen,
nur deine Kinder waren außer sich,
und sie schluchzten und wünschten, du wärest
   bei ihnen,
um sie zur Ruhe zu bringen.

xii.
O edler Sohn, hör,
gäb's in ganz Irland auch nur eine Frau,
die bei Sonnenuntergang
sich hätt' an ihn geschmiegt

und hätte drei Kälber für ihn gewiegt
und die dann nicht tödlich getroffen wär',
verlöre sie Art Ó Laoghaire,
den, der jetzt so kalt hier liegt,
gestern im Morgengrauen niedergestreckt.

xiii.
Morris, du Gnom, dir soll Qual widerfahren!
Schweres Blut soll dir sprotzen aus Herzen und Leber!
Der Star soll dich plagen!
Deine Knie sollen splittern!
Dir, der du geschlachtet mein Stierkalb,
und kein Mann in ganz Irland,
der sich traut, dich dafür zu erschießen.

xiv.
O Freund, o mein Herz!
Steh auf jetzt, lieber Art,
auf die Stute gesprungen,
im Trab nach Macroom,
und dann nach Inchigeelagh und zurück,
die Weinflasche gezückt,
aus der du mit deinem Vater so gerne genippt.

xv.
Meine Sorge, mein salziger Gram,
dass ich nicht an deiner Seite gegangen,
als die Kugel geflogen kam,

ich hätte sie mit meiner rechten Seite gefangen,
in den Falten meiner Bluse, hätte alles getan,
was freien Galopp dir beschert,
mein Reiter mit glänzendem Schwert.

xvi. Arts Schwester:
Diese Reue nagt in mir:
Dass ich nicht da war, hinter dir,
als hell der Schuss knallte.
Ich hätt' ihn aufgehalten, mit meiner rechten Seite
in den Falten meines Kleides.
Hätte alles getan, dass in Freiheit du schreitest,
o grau blickender Reiter,
hochgescheiter Gentleman.

xvii.
O mein Freund, geliebter Schatz!
Grotesk und fratzenhaft
wirken Sarg und Totenmütze,
mein gutherziger Reiter,
der in grünen Flüssen fischte
und trank in feinen Häusern
mit blassbrüstigen Damen.
O tausendfach meine Entgeisterung,
dein Fehlen macht mich schwindelig.

xviii.
Dir wünsch ich Ruin und Vernichtung,
grässlicher Morris, für deinen Verrat,
dir, der mir den Mann
und den Vater meiner Kinder nahm,
zwei laufen im Haus herum Tag für Tag,
das dritte, das ich in mir trag,
wird, fürchte ich, niemals atmen.

xix.
O mein Freund, meine Freude!
Du warst schon auf dem Weg
und hast dich noch mal umgedreht
und hast unsere Kinder,
hast meine Hände geküsst,
und als du sagtest »Auf, Eibhlín,
tu, was zu tun ist,
sorgsam und fleißig,
ich muss weit von euch weg,
und vielleicht komm ich nie zurück«,
lachte ich nur spöttisch,
denn solche Warnungen kannte ich.

xx.
O mein Freund und Geliebter!
Lieber Reiter mit glänzendem Schwert
steh jetzt auf,
zieh die edle Uniform aus glänzendem Stoff,
das dunkle Biberfell

und die Handschuhe an.
Sieh, die Peitsche hängt oben.
Die Stute harrt unten.
Nimm den schmalen Pfad nach Osten,
wo jeder Baum sich vor dir verneigt,
wo jeder Fluss sich für dich verjüngt,
wo Mann und Frau sich vor dir verbeugen,
falls sie noch wissen, was sich ziemt,
da bin ich nicht mehr überzeugt.

xxi.
O mein Freund, mein Gefährte,
nicht um meinen eignen Stamm
noch um die drei lieben Verwandten –
um Omhnall Mór Ó Conaill
oder um Conall, den die Flut ertränkte,
und noch nicht mal um die Dame
von sechsundzwanzig Jahren,
die gereist war übers Meer
mit Königen zu verkehren,
um niemanden wein ich,
als um meinen Art,
in der Dämm'rung erschossen
und von uns gerissen!
Nur den Reiter der braunen Stute,
ihn allein halt ich im Arm –
niemand wird sich ihm nahen,
nur die kleinen schwarz gekleideten
Frauen von der Mühle,

die ins Unermessliche steigern mein Unglück,
da keine von ihnen eine Träne verschüttet.

xxii.
O mein Freund, mein Stierkalb,
lieber Art Ó Laoghaire,
Sohn des Conor, Sohn des Keady,
Sohn des Laoiseach Ó Laoghaire
aus The Gearagh, tief im Westen,
Sohn derer von den schroffen
Gipfeln im Osten,
wo die fetten Schafe gedeihen,
vor lauter Nüssen biegen sich die Zweige,
saftige süße Äpfel reifen
zu ihrer Zeit.
Wäre es ein Wunder, wenn jetzt all diese
erschienen, sämtliches Volk
von Iveleary, Ballingeary,
von Gougane Barras heiligen Strömen,
und heulten vor Trauer um unseren Reiter,
den sicheren Schützen,
der die Jagdpartie aufrieb
eines Tages in Grenagh, wo er's derart trieb,
dass selbst die drahtigsten Hunde aufgaben?
Doch, oh, mein Reiter mit festem Blick,
was ging schief letzte Nacht,
ich hätte niemals gedacht,
als ich deine Tracht wählte – fein und elegant,
dass dich je etwas aus dieser Welt reißen kann.

xxiii.
Arts Schwester:
O mein Getreuer, mein Bruder!
Von adligem Stamm,
achtzehn Ammen hieltst du in Atem,
und alle verdienten sich redlich den Lohn,
bezahlt in Färsen und Stuten,
in Säuen und Ferkeln,
in Mühlen an Flüssen,
in Gold und in Silber,
in Samt und in Seide,
in Weidländereien –
die ganze Mannschaft,
die unser edles Stierkalb gesäugt.

xxiv.
O mein Lieber, mein Herz!
Mein Lieber, meine Taube!
Ich konnte dich nicht retten,
und es kamen keine Truppen,
doch es ist nicht meine Schuld –
sie saßen alle fest
in ihrem dunklen Gefängnis,
in Särgen versiegelt
in traumlosem Schlaf.

xxv.
Wär'n die Pocken nicht gewesen,
der Schwarze Tod
und das Fleckenfieber,
wäre die wilde Horde ganz sicher
unter gloriosem Tumult
eingeritten bei deinem Begräbnis,
lieber Art, dessen Brust einstmals strahlte ...

xxvi.
O mein Geliebter, meine Freude!
Sohn der rauen Horde,
die in der Schlucht jagte,
wie du sie führtest kreuz und quer
und schließlich alle zurück in den Saal,
wo Klingen sich schärften
über den Schweinen,
unzählige Lammrippen,
köstlicher Hafer
den Pferden zum Festmahl,
die Hengste, kräftig mit dichten Mähnen,
alle von Stalljungen sorgsam betreut,
und keine Seele bezahlte fürs Bett,
Verpflegung der Pferde, sonstige Kosten,
sollten sie selbst eine Woche noch bleiben,
o lieber Bruder vieler Freunde.

xxvii.

O mein Freund und mein Kalb,
ich lag von wachem Traum umwölkt
allein in Cork um Mitternacht,
ich sah unser weiß getünchtes Haus einstürzen,
The Gearagh verödet,
es schwiegen die Hunde,
und die lieblichen Vögel,
so wie als ich dich fand
an jenem Hang,
kein Priester, kein Gottesmann
an deiner Seite, nur die schrumpelige Dame,
die ihren Mantel über dich faltete.
Der Boden klebte so furchtbar
an dir, lieber Art Ó Laoghaire,
denn dein Blut floss in Strömen und tränkte
so grausam dein Hemd.

xxviii.

O mein Liebling, mein Schatz!
Du sahst hinreißend aus,
in den fünffädigen Strümpfen
und den Stiefeln bis zum Knie
und deinem Hut, einem Dreispitz.
Und wenn du schnell wie der Blitz
auf dem munteren Wallach
deine Peitsche knallen ließest,
folgten die vornehmsten Damen
dir mit scheuen Blicken.

xxix.
O mein Geliebter, wahrhaftig und stark!
Wenn du in der Stadt
durch die Prachtstraßen liefst,
knicksten die Frauen
der Kaufleute tief.
Denn sie erkannten in dir gleich den Mann,
mit dem man das Bett
und den Sattel gern teilt
und Kinder zeugt.

xxx.
Jesus weiß,
ich leiste mir keine Haube zum Schmuck,
keinen seidenen Unterrock,
keinen Schuh mich zu besohlen,
nicht das winzigste Möbelstück,
nicht mal neue Zügel
für die kastanienbraune Stute,
nein, ich geb jeden Cent für Anwälte aus.
Ich fahr übers Meer,
um den König zu treffen.
Wenn er mich nicht empfängt,
wend ich mich rasend wieder um
zu dem pechschwarzen Abschaum,
der meinen Schatz mir geraubt.

xxxi.
O mein Lieber, mein Herz!
Reichte mein Schmerzensschrei
bis nach Derrynane,
bis zu den goldenen Äpfeln Ceaplaings,
strömten die schönen Reiter
und die Frauen mit den Taschentüchern
in Scharen herbei,
und ihr Jammer wäre grenzenlos
um unseren Art, unseren süßen Schurken.

xxxii.
Alle Liebe meines Herzens
den kleinen weißen Mühlenweibern,
so kunstvoll weinten sie
um den Reiter der braunen Stute.

xxxiii.
Dir sei dein Herz gebrochen,
John Cooney, du Dreckschwein!
Ging's dir nur um das dreckige Geld?
Warum kamst du nicht zu mir?
Ich hätte reichlich spendiert:
ein Pferd mit dichter Mähne,
das mit dir davonspränge,
weg von der Meute,
lechzend nach Abrechnung:
Weiden von Vieh,

trächtige Schafe,
vielleicht gar den Anzug meines eigenen Galans,
mit den glänzenden Sporen und edlen Stiefeln,
obgleich's eine Pein wär,
dich darin zu sehen,
einen schäbigen Zwerg,
wenn es stimmt, was man hört.

xxxiv.
O mein weißbehandschuhter Reiter,
nun, da man die Hand dir niederschlug,
willst du nicht auferstehn und Baldwin heimsuchen,
den kleinen, gemeinen,
nichtsnutzigen Clown, der nur Scheiße verbreitet,
und Entschädigung fordern
für dein Pferd, für den Herzschmerz
deiner Geliebten.
Keins seiner sechs Kinder möge erblühen!
Mary allein soll verschont sein,
nicht aus großer Geschwisterliebe,
doch ihr erstes Bett war der Schoß meiner Mutter,
wo wir drei Jahreszeiten gemeinsam verweilten.

xxxv.
O mein Geliebter, mein Schatz,
deine Gerste wächst golden und fett,
reichlich Milch geben die prächtigen Kühe,
doch immer noch beherrscht solches Weh mein Herz,

ganz Munster könnte nicht lindern den Schmerz,
nicht Fair Islands kunstreich geschmiedetes Erz,
solang nicht mein Art Ó Laoghaire wiederkehrt.
Dieser Kummer wird niemals vergehen,
er lastet mit roher Gewalt auf dem Herzen
und versiegelt es fest
wie ein Schloss in der Brust,
der goldene Schlüssel für immer verloren.

xxxvi.
O ihr Frauen, die ihr draußen weint,
haltet ein Weilchen ein,
Conors Sohn Art gibt einen aus,
und den anderen armen Seelen auch,
sie besuchen bald alle dieselbe Schule –
dort lernt man nicht lehrreiche Lieder noch Verse,
sondern nur, wie man aufsteigt aus Steinen und Erde.

DANK

Ich danke der Lannan Foundation für ihre außergewöhnliche Großzügigkeit, die mir die Fertigstellung des Buches ermöglicht hat, und dem Arts Council of Ireland für ein Stipendium, das mir in einem entscheidenden frühen Stadium ermöglichte, das Buch vom Samen zum Setzling zu erträumen. In den Jahren, in denen ich diese Seiten schrieb, wurde ich freundlich von Lorraine Maye und dem Cork Midsummer Festival unterstützt, und von den wunderbaren Frauen, die auf meine Kinder aufpassten, wenn ich mich zum Schreiben davonschlich: Rose, Michelle und Marian. Mein Dank gilt auch Clíodhna Shaffrey und Michael Hill von der Temple Bar Gallery, Words Ireland, dem Clare Arts Office und Joanna Walsh für ihre großzügige Unterstützung. Seit Langem bewundere ich die Arbeit von Lisa Coen, Sarah Davis-Goff und Laura Waddell bei Tramp Press, und es war mein Traum, dass sie dieses Buch veröffentlichen würden – vielen Dank. *Mo bhuíochas leo siúd a spreag misneach ionam* – an diejenigen, die mich ermutigt haben, weiter über Eibhlín Dubh zu schreiben, besonders wenn ich an mir selbst gezweifelt habe: Cal Doyle, Clara Dupuis-Morency, Anakana Schofield, Patricia Coughlan, Clair Wills, Linda Connolly und Sarah-Maria Griffin. *Mo bhuíochas freisin le* Eoin Seartal, John Fitzgerald, Seán Ua Súilleabháin, Seán Cronin, Timmy O'Connor, Tadhg O'Sullivan, Dr. Aoife Bhreatnach, *agus* Maureen Kennelly *as ucht a gcuid nodanna*. Ich bin Brendan Barrington von *The Dublin Review* zu Dank verpflichtet, der frühe Versionen von zwei Kapiteln veröffentlichte und dabei ein außergewöhnlich hilfreicher Lektor war. Und Dr. Dermot Mahony, in Bewunderung. Dr. Michael Crotty, in Dankbarkeit. Dr. Suzanne O'Sullivan, einer Heldin. Allen, die für Humanmilchbanken und auf Neugeborenen-Intensivstationen arbeiten. Paula Meehan, der Bienenliebhaberin. Den großzügigen Bibliothekarinnen von Cork City, die viele, viele Arme voller Bücher für mich geschleppt haben. Sara Baume, deren Freundschaft mich jeden Tag aufs Neue stärkt. Amy und Saoirse, die sich um mich kümmerten, als ich Angst hatte. Sinéad Gleeson, wegen ihrer Güte. Matthew Turner für seine Beratung. Meinen Eltern: Es ist sicher nicht immer einfach, die Peinlichkeit zu ertragen, eine Schriftstellerin in der Familie zu haben, und doch versteht ihr, dass ich mein eigenes Leben schreiben muss, ein Geschenk, für das ich für immer dankbar sein werde. Meiner Nana Mae, einer Frau mit großem Herzen und großem Mut, von der ich so viel gelernt habe. Meine ganze Liebe für meine Kinder, wie immer, und Tim für den Schnipp. *Míle buíochas ó chroí libh go léir.*

LITERATUR

Als Grundlage für meine Übersetzung diente mir die Version, die 1961 von Seán Ó Tuama in *Caoineadh Airt Uí Laoghaire* veröffentlicht wurde, und ich bin seiner genauen Gelehrsamkeit zu Dank verpflichtet. Es gibt viele weitere Bücher, Übersetzungen und wissenschaftliche Arbeiten, die sich eingehend mit der Epoche und Literatur beschäftigt haben, die hier im Buch erkundet werden. Die folgenden Veröffentlichungen waren für mich von besonderem Interesse, um ein eigenes Verständnis des Gegenstands zu entwickeln, und könnten auch für Leser:innen von Interesse sein, die mehr erfahren möchten.

Mrs Morgan John O'Connell (1892) *The Last Colonel of the Irish Brigade: Count O'Connell and Old Irish Life at Home and Abroad, 1745–1833*

Méadhbh Nic an Airchinnigh (2012) *Caointeoireacht na Gaeilge: Béalaireacht agus Literathacht*, Doktorarbeit, NUIG

Eugene O'Connell (2009) »The House of Art O'Leary«, *Cork Literary Review*, Bd. 13

Peter O'Leary (1998) »The Life and Times of Art Ó

Laoghaire«, Vortrag, gehalten am 13. September 1998 auf dem dritten Treffen der Familie O'Leary in Inchigeelagh, veröffentlicht im *Journal of the Ballingeary & Inchigeela Historical Society,* 1998

Eavan Boland (2011) *A Journey with Two Maps*

Peter Levi (1984) *The Lamentation of the Dead*

Seán Ó Tuama (1995) *Repossessions*

Angela Bourke (2017) »›A Bhean Úd Thall!‹ Macallaí Idirghaelacha i bhFilíocht Bhéil na mBan«, in *Scottish Studies,* Bd. 37

Angela Bourke (1993) »More in Anger than in Sorrow: Irish Women's Lament Poetry«, in *Feminist Messages: Coding in Women's Folk Culture*

Angela Bourke (2002) *The Field Day Anthology of Irish Writing,* Bd. IV, S. 1372–1384

Edward MacLysaght (1944) »Survey of Documents in Private Keeping: First Series – Conner Papers«, *Analecta Hibernica,* Bd. 15, S. 153, 155–159

James O'Leary (1993) »A Dead Man in Carriganorthane«, in: *A Time that Was in Clondrohid, Macroom, Millstreet, Kilnamartyra and Ballyvourney*

John T. Collins, »›Arthur O'Leary, the Outlaw‹ and subsequent supplements«, in *Journal of the Cork Historical and Archaeological Society,* Bd. 54 (1949), Bd. 55 (1950) und Bd. 61 (1956)

Zu den Übersetzern

CORNELIUS REIBER, geboren 1973, studierte Germanistik, Geschichte und Kulturwissenschaften in Köln, Berlin und Princeton und lebt als Übersetzer in Berlin. Daneben Lehrtätigkeit an der Universität Basel. Zuletzt übersetzte er *Freiheit* von Maggie Nelson, *Figuren in der Landschaft* von Paul Theroux und *Momentum* von David Vann.

Ausführliches Verzeichnis der Übersetzungen und sonstiger Tätigkeiten: corneliusreiber.com

JENS FRIEBE ist ein in Berlin lebender Musiker, gelegentlicher Autor und Übersetzer. Zuletzt erschien sein siebtes Studioalbum *Wir Sind Schön* auf *Staatsakt*. Er übersetzte zusammen mit Florian Glässing *Das sagt einem ja keiner* von Hollie McNish (Rowohlt).

Geschichte ist der Pulsschlag meiner Arbeit:
Ein Gespräch mit Doireann Ní Ghríofa aus der PARIS REVIEW finden Sie unter www.btb.de